»Versprich mir, dass du am Leben bleibst«

Das Buch

Mit 19 Jahren beginnt für Isaak Behar ein dramatischer Kampf um Leben und Tod. Nach der Deportation seiner Familie muss er, der Jude aus Berlin-Charlottenburg, als »U-Boot« in die Illegalität abtauchen. Mit einer Mischung aus Glück, Chuzpe und einem unbändigen Lebenswillen übersteht Behar zwei Verschickungen in Todeslager, Gefängnisaufenthalte und die Schattenjahre in der Hauptstadt des Naziterrors. Immer wieder fordert er sein Schicksal heraus – und immer wieder erfährt er die selbstlose Hilfe mutiger Menschen, die ihn bei sich aufnehmen, auch wenn dies ihr eigenes Todesurteil bedeuten könnte. Und schließlich findet Isaak auf seiner rastlosen Odyssee durch Berlin auch noch eine große Liebe … Mitreißend und lebendig erzählt Isaak Behar seine Lebensgeschichte, in der Einzelschicksal und Zeitgeschehen auf eindringliche Weise miteinander verschmelzen.

Der Autor

Isaak Behar wurde 1923 als einziger Sohn eine Familie sephardischer Juden in Berlin geboren. 1942, nach der Deportation seiner Eltern und Schwestern in ein Vernichtungslager, geht er in den Untergrund und überlebt als Einziger seiner Familie den Holocaust. Seit 1987 arbeitet er in der politischen Bildung und erzählt seine Lebensgeschichte unter anderem vor Schülern, Polizeianwärtern und Bundeswehrsoldaten. Seine Biographie wurde von Steven Spielberg für die »Shoa Foundation« ausgewählt.

Inhalt

Meiner geliebten Mutter Lea Behar

Zum Andenken an Nissim, Alegrina und Jeanne

Für meine Frau Lea
und unsere Söhne Daniel und Benjamin

Isaak

Es ist dunkel. Bitterkalt. Ich kauere in der Ecke. Habe mich vollständig unter meiner Decke verkrochen. Ich atme flach. Auf keinen Fall bewegen. Heute Abend darf niemand mehr in den Keller kommen. Mein Herz schlägt so laut und schnell wie eine Trommel. Jeder kann es hören.

Es ist Sonntag, der 13. Dezember 1942. Heute musste ich ein neues Leben beginnen. Ab jetzt bin ich ein »U-Boot«. Ich habe keine Familie mehr. Keine Freunde. Kein Zuhause. Ich muss allein leben. Im Untergrund, im Versteck. Nur so habe ich eine Chance zu überleben. Ich bin 19 Jahre alt.

An jenem Morgen war ich bester Laune aufgewacht. Nach einer Woche würde ich endlich, wie jeden Sonntag, meine Freundin Inge treffen. Ich rasierte mich sorgfältig, klebte meine schwarzen Locken mit Wasser und etwas Pomade an den Kopf. Schöner ging's nicht mit den wenigen Mitteln, die ich noch zur Verfügung hatte. Wie jeden Sonntag verabschiedete ich mich im Flur von meiner Mutter. In ihren alten rosa Morgenrock gehüllt, umarmte sie mich wie immer lange und heftig. Mit tränenerstickter Stimme flüsterte sie: »Isaakito, da attention, y no me dejes asperar!« Sei vorsichtig, Isaakito, lass mich nicht warten! Ihr Blick fiel auf meine linke Seite. Wie stets trat ich meinen Sonntagsausflug ohne den gelben Stern an meinem Mantel an. Wie jeden Sonntag sagte meine Mutter: »Ich werde die ganze Zeit um deine Rückkehr beten, mein Junge.« Wie jeden Sonntag versprach ich: »Mama, in zwei Stunden bin ich wieder da! Hab keine Angst. Du kannst dich auf mich verlassen!« Wie immer schloss ich die Wohnungstür mit einer Mischung aus Vorfreude auf die nächsten zwei Stunden und einem schlechten Gewissen meiner Mutter gegenüber.

Am Fahrstuhl, dem alten klapprigen Gefährt, hing leider wieder einmal das Schild: »Außer Betrieb«. Obwohl es uns Juden schon seit einiger Zeit verboten war, den Lift zu benutzen, nahm ich ihn oft, denn einmal in Fahrt gesetzt, konnte man bis zum Erdgeschoss nicht mehr angehalten werden. Das minderte mein Risiko, einem anderen Hausbewohner in die Arme zu laufen. Einer weniger, dem auffallen konnte, dass ich ohne Stern das Haus verließ.

Ich lief rasch die Treppen hinunter. Vom letzten Absatz aus konnte man die Haustür sehen. Mir stockte der Atem. An der Tür standen zwei Männer. Gestapo. Wie immer in Zivil. Aber wir hatten längst gelernt, sie zu erkennen. Wir konnten sie geradezu riechen. Mit ihren langen dunklen Ledermänteln mit Gürtel, den Schaftstiefeln darunter und auf dem Kopf die Hüte mit den heruntergeschlagenen Krempen. An den beiden »Schlapphüten«, wie wir sie nannten, musste ich vorbei. Jetzt war Chuzpe gefragt. Ich ging zielstrebig auf die Haustür zu. Als ich mit den Männern auf gleicher Höhe war, packte mich der eine am Mantelärmel. Ich trat die Flucht nach vorn an: »Was erlauben Sie sich? Lassen Sie mich sofort los!«

»Beruhig dich. Wir wollen ja nur wissen, ob du hier wohnst«, fragte der Zweite.

»Nein! Und außerdem, was geht Sie das an? Was wollen Sie von mir?«

Der Erste grinste: »Wenn du nicht hier wohnst, was machst du denn dann hier?«

Laut und patzig erwiderte ich: »Stellen Sie sich vor: Vielleicht wollte ich jemanden besuchen. Macht man ja sonntags!«

»Wen denn? Vielleicht die Juden da oben?«

»Welche Juden?«

»Wen denn dann?«

Zu meiner eigenen Überraschung brüllte ich: »Sie lassen mich jetzt sofort los!«

»Was schreist du denn so?« Der Griff wurde fester.

»Und warum halten Sie mich fest?«, plusterte ich mich auf.

Im ersten Stock ging eine Tür auf. Eine Stimme rief durchs Treppenhaus: »Geht's am Sonntagmorgen nicht ein bisschen leiser?«

Der Gestapo-Mann zerrte mich Richtung Haustür und stieß mich hinaus: »Mach, dass du weiterkommst! Und pass bloß auf, dass ich dich nicht noch mal in die Finger kriege ...«

Ich lief los. Langsam gehen. Bloß nicht rennen. So unauffällig wie möglich sein. Zu Inge waren es nur ein paar Minuten. Doch da konnte ich keinesfalls hin. Ich würde meine Freundin nur in Gefahr bringen. Ich schlug die andere Richtung ein. Schritt für Schritt entfernte ich mich von meinem Elternhaus. Ich wagte nicht, mich umzusehen.

Meine erste Angst beim Anblick der Gestapo-Männer war gewesen, dass sie mich ohne Stern erwischen würden. Sie hätten mich sofort kassiert. Doch nun kamen mir sehr viel schrecklichere Gedanken: Sollte das vielleicht eine Hausdurchsuchung bei uns werden? Oder waren wir heute am Ende dran? Meine Eltern und meine beiden Schwestern saßen oben in der Wohnung. In der Falle. Ich war hier auf der Straße. Konnte sie nicht warnen. Ich versuchte, mich zu beruhigen. Sicher war es nur ein »Besuch«, wie wir unter uns eine Gestapo-Hausdurchsuchung nannten. So etwas war jederzeit drin. Tag und Nacht. Die Gestapo brauchte dafür schon lange keine Erlaubnis mehr, die Männer mussten nur »Lust« dazu haben.

Wo sollte ich hin? Unsere jüdischen Verwandten und Freunde lebten am anderen Ende Berlins. Oder sie waren überhaupt nicht mehr da. Und die meisten unserer nichtjüdischen Freunde hatten sich schon lange von uns abgewendet. Wenn wir ihnen jetzt auf der Straße begegneten, wechselten sie auf die andere Seite oder liefen rasch in Läden hinein, die wir Juden zu dieser Tageszeit nicht betreten durften. Ich passierte die Kaiser-Wilhelm-Gedächtniskirche. Lief den Tauentzien entlang. Ich fror. Ich durfte nicht den ganzen Tag auf der Straße umherwandern. Jederzeit konnte ich aufgegriffen werden. Ich hatte nichts bei mir. Keine Kennkarte, keinen Pfennig Geld, keine Lebensmittelmarke. Keinen Stern.

Mir kam eine Idee. In der Augsburger Straße, keine fünf Minuten von hier, lebten frühere Freunde meiner Eltern. Petar und Sultana Dimitrow, Bulgaren, keine Juden. Vor zwei Jahren schon hatten sie den Kontakt zu uns abgebrochen: Als Ausländer, die in Deutschland mittlerweile auch einen schwierigen Stand hatten, war es ihnen zu riskant, mit »Judensternen« zu verkehren. Immerhin hatten Petar und Sultana den Anstand gehabt, uns das zu erklären und sich von uns zu verabschieden.

Ich klingelte bei Dimitrows. Petar öffnete. Er sah unwillkürlich auf die Stelle, wo eigentlich mein Judenstern hätte prangen sollen. Er bat mich herein. »Gut, dass du ohne Stern gekommen bist«, wisperte er erleichtert. Wir gingen ins Wohnzimmer. Sultana, eine kleine, zierliche Frau Mitte fünfzig, empfing mich herzlich. Petar und sie erkundigten sich nach meinen Eltern. Immer wieder betonten sie, wie sehr sie sich über meinen Besuch freuten. Doch es war nicht zu übersehen, dass Petar und Sultana verlegen und nervös waren. Wir setzten uns und ich erzählte ihnen ohne große Umschweife, warum ich zu ihnen gekommen sei, wieso ich ohne Stern herumlief und was gerade geschehen war.

»Kannst du in unsere Wohnung gehen und nachschauen, ob alles in Ordnung ist?«, bat ich Petar.

Der baumlange, kräftige Mann wurde blass: »Isaak, wie stellst du dir das vor? Wenn die Männer noch da sind, was soll ich denen sagen? Dass ich mit Juden verkehre? Kommt überhaupt nicht in Frage. Ich gehe da nicht hin!«

Sultana und Petar redeten auf mich ein, versuchten mich zu beruhigen. Doch die Pausen in unserer Unterhaltung wurden immer länger. Plötzlich, es war gegen Mittag, sprang Petar auf: »Also gut. Ich lauf jetzt mal zu eurem Haus. Aber hinauf in die Wohnung gehe ich auf gar keinen Fall!«

Nach einer Ewigkeit klappte die Wohnungstür. Ich stürzte in den Flur. Petar war ein wenig außer Atem, aber ruhig. Wir gingen ins Wohnzimmer und schlossen die Tür. Mit leiser Stimme berichtete Petar: Er habe unser Haus an der Ecke Kantstraße/Fasanenstraße von der gegenüberliegenden Straßenseite, vom Delphi-Palast aus, beobachtet. Er habe nichts Auffälliges bemerkt. Im Haus schien alles ruhig. Weder in der Kantstraße noch in der Fasanenstraße habe ein Lastwagen gestanden, wie sie beim Abholen von Juden meist eingesetzt wurden. Also doch nur eine Hausdurchsuchung? Mein inneres Zittern ließ ein wenig nach.

Petar fuhr fort. Nach einigen Minuten habe er den Rückweg Richtung Gedächtniskirche angetreten. »Irgendwas in mir sagte mir, dreh dich noch einmal um. Und prompt sehe ich, wie sich die Balkontür am Schlafzimmer deiner Eltern öffnet. Dein Vater tritt auf den Balkon hinaus, beugt sich herunter, geht wieder zurück ins Zimmer und schließt die Tür.«

Mein Herz begann zu rasen.

»Was hat er angehabt?«

Petar guckte verwundert: »Du stellst Fragen. Ist doch egal, oder?« Aber er fuhr fort: »Einen dunklen Kragen, glaube ich, aber ob der von einer Jacke oder einem Mantel war, weiß ich nicht. Ach ja, einen Hut hatte er auf.«

Mir wurde übel. Einen Hut? Vater zog sich sonntags nie an. Er verbrachte den Tag in seinem abgeschabten blauen Bademantel. Er blieb unrasiert, betrieb so wenig Aufwand wie möglich. Er brauchte den Tag, um sich von der Schufterei, die er als Zwangsarbeiter zehn Stunden, sechs Tage die Woche verrichten musste, zu erholen. Und wozu sollte er sich zurecht machen? Besuch kam schon lange nicht mehr zu uns.

»Er hat sich runtergebeugt, sagst du?«

Petar winkte ab: »Das ist doch nicht so wichtig.«

Das war sehr wichtig!

Denn auf dem Balkon hatten wir eine Kiste deponiert, in der wir, gut mit Lumpen abgedeckt, ein paar verbotene Lebensmittel, manchmal auch Zigaretten, versteckten. Niemals gingen wir tagsüber auf den Balkon, denn das war uns Juden verboten. So schlichen wir nur nachts auf den Balkon hinaus, was Juden ebenfalls untersagt war, um uns von unserer versteckten Ration etwas zu holen. Wenn Vater tagsüber den Balkon betrat, bedeutete das also nichts Gutes.

Eine furchtbare Unruhe ergriff mich. »Petar, das sind schlechte Nachrichten. Bitte geh noch einmal hin. In die Wohnung. Schau nach! Bitte!«

Petar schüttelte den Kopf. »Nein. Jetzt warten wir erst mal. Du bleibst hier. Heute Abend gehen wir dann vielleicht zusammen hin.«

Die Uhr auf dem Schrank tickte laut. Stunde um Stunde. Sultana hatte von ihren wenigen Vorräten aufgetischt. Keiner von uns rührte auch nur einen Bissen an. Draußen wurde es dunkel. Plötzlich fing Sultana an zu weinen. Auch ich schluchzte los. Petar herrschte uns an: »Hört auf mit dem Geheule. Das hilft jetzt auch nichts.« Sultana schneuzte sich: »Petar, was soll dir denn passieren? Du bist weder Jude noch Deutscher. Wie lange willst du den Jungen noch schmoren lassen? Geh jetzt sofort hin und sieh nach, was da los ist.«

Petar schüttelte den Kopf.

»Du bist ein Feigling!«, rief Sultana.

»Halt den Mund!«

Ich redete auf Petar ein: »Nimm deinen Pass mit. Wenn die noch da sind und dich fragen, wer du bist, zeig ihn einfach vor. Einem Ausländer tun die nichts. Und wenn sie dich fragen, was du bei uns willst, sag die Wahrheit. Sag, dass du dich schon vor zwei Jahren von uns verabschiedet hast. Und heute seist du zufällig vorbeigekommen. Da wolltest du mal schauen, ob wir noch hier wohnen. Da ist doch nichts dabei. Petar, bitte ...«

Sultana sprang auf, holte Petars Mantel, drückte ihm seinen Hut in die Hand: »Geh jetzt!«

Sultana und ich warteten. Sie streichelte meine Hand. Immer wieder versicherten wir einander, dass Petar bestimmt mit guten Nachrichten zurückkommen würde. »Alles ist in Ordnung. Und dann kannst du wieder nach Hause gehen. Zu Mama und Papa, zu Alegrina und Jeanne.« Sultana versuchte zu lächeln.

Petar stürzte ins Wohnzimmer. Er riss sich den Hut vom Kopf, den Mantel vom Leib, warf beides in die Ecke. Mein Herz raste. Petar trat auf mich zu, legte mir die Hand auf die Schulter: »Mein Junge ... Du musst jetzt ganz tapfer sein ...«

Ich fiel in Ohnmacht.

Als ich wieder erwachte, tätschelte Petar meine Hand und versuchte mich mit sanfter Stimme zu beruhigen. Ich richtete mich auf, unterbrach ihn: »Petar, sag mir, was los ist. Ich muss es wissen. Sofort. Ich muss doch was tun ...«

Petar räusperte sich: »Ich bin raufgegangen und habe bei euch geklingelt. Die Tür wurde geöffnet. Jemand packte mich am Kragen und zerrte mich in den Flur. Er drückte mich gegen die Wand und brüllte: ›Na also, jetzt haben wir dich auch!‹ Dann guckte er mich genauer an, ließ mich los und sagte: ›Der ist doch viel zu alt! Papiere!‹ Ich gab ihm meinen Pass und sagte, dass ich euch nur mal schnell ›Guten Tag‹ sagen wollte. Er klappte den Pass zu, reichte ihn mir rüber und sagte: ›Sagen Sie denen besser Auf Wiedersehen. Die Juden verreisen nämlich heute!‹ Dann im Befehlston: ›Aber nur Auf Wiedersehen. Kein Wort mehr. Und keine Mätzchen mit Handzeichen. Mein Kamerad steht drinnen und passt auf.‹ Ich bin dann ins Wohnzimmer gegangen. Deine Eltern und deine Schwestern saßen um euren Esstisch herum. Sie hatten Mäntel an. Dein Vater hatte einen Hut auf, deine Mutter und die Mädchen trugen Kopftücher. Ganz ruhig saßen sie da. Deine Mama hat mich gleich erkannt. Laut aufgeschluchzt hat sie. Da haben sich auch dein Vater und deine Schwestern zu mir umgedreht. Dann hat mich der Gestapo-Mann am Mantelrücken gepackt und aus dem Zimmer gezerrt. ›Vorstellung beendet‹, hat er gesagt. Neben Alegrina lag ein zusammengeschnürtes Kleiderbündel auf dem Boden. Und an der Tür stand ein Koffer.«

Ich war gelähmt, leer.

Der Tag, von dem wir gehofft hatten, er würde nie kommen, war da!

In meine Verzweiflung trat ein klarer Gedanke: Warum schluchzte meine Mutter laut auf, als sie Petar sah? Jeden Sonntag hatte sie zwei Stunden lang gebetet: »Lieber Gott, lass meinen Jungen wieder zurückkommen.« Irgendwann klingelten die Gestapo-Männer an der Tür. Mutter wird geöffnet haben, denn sie wartete doch immer unruhig auf meine Rückkunft. Die Männer sind in die Wohnung eingedrungen. »Alle anziehen!« oder »Reisefertig machen!« werden sie meine Eltern, meine Schwestern angeherrscht haben. Was das bedeutete, wussten wir alle. Betete meine Mutter nun: »Lieber Gott, lass meinen Jungen jetzt nicht zurückkehren«? Oder betete sie, ich möge kommen und ihr und meiner Familie in dieser schrecklichen Stunde beistehen? Oder flehte sie, dass die Reise losgehen möge, bevor ich wieder nach Hause kam?

Dann, nach Stunden, klingelte es an der Tür. Fürchtete sie, ›kommt der Esel jetzt doch noch‹, oder jubelte sie, ›endlich ist er da‹? Als dann die Zimmertür aufging und Petar hineintrat, war es mit ihrer Beherrschung vorbei. Sie schluchzte laut auf. Ein vertrautes Gesicht, das nach langer Zeit plötzlich auftauchte, musste ihr signalisieren, dass ich bei Petar und Sultana war. In Sicherheit. Dann wäre ihr Aufweinen Erleichterung, vielleicht Freude gewesen. Oder hatte sie aus Enttäuschung, Verzweiflung geschluchzt?

»Denk nicht gleich das Schlimmste«, meinte Petar. »Vielleicht ist das alles nicht so, wie ...« Ich fiel ihm ins Wort: »Ich muss in die Wohnung. Sofort. Ich muss was machen. Ich muss ihnen doch helfen.«

»Isaak, du begibst dich nur in Gefahr«, mahnte Sultana. »Heute Nacht schläfst du erstmal bei uns ...«

»Kommt nicht in Frage.« Petars Blick brachte seine Frau zum Schweigen. »Hier kann er auf keinen Fall bleiben. Die haben doch meinen Pass gesehen. Als erstes werden sie hierher kommen. Du musst dich irgendwo verstecken. Sultana, hol Geld.«

Petar stellte sich mit dem Rücken zu mir ans Fenster und sah in die Dunkelheit hinaus.

Kurz darauf kam Sultana und gab mir eine kleine Tasche.

»Ein Pullover für dich und eine Decke. Und Schnitten.« Sie reichte mir ein Geldbündel: »Fast 400 Reichsmark. Das ist alles, was wir haben ...«

Petar meinte: »Damit kommst du erstmal durch.« Im Flur flüsterte er mir zu: »Wir treffen uns Mittwoch um sechs, am KaDeWe, Seiteneingang Ansbacher Straße.« Petar schob mich zur Tür hinaus.

Ich trat in die kalte Nacht. Um acht Uhr, das wusste ich von meinem Elternhaus, wurden in Berlin die Haustüren abgeschlossen. Bis dahin musste ich irgendwo untergekommen sein. Ich lief los. Lief. Irgendwohin. Zu irgendeinem Haus. Ich schlüpfte hinein. Drückte vorsichtig die Klinke der Kellertür hinunter. Offen! Ich schlich die Treppe hinab in die Finsternis.

Lea und Nissim

Meine Eltern, Nissim und Lea, wuchsen in ärmlichen Verhältnissen am Stadtrand von Konstantinopel auf. Sie beherrschten gerade einmal umgangssprachliches Türkisch, um sich im Alltag verständigen zu können. Zu Hause aber redeten sie Ladino, die Sprache der sephardischen Juden. Andere Sprachen zu erlernen schien nicht notwendig, denn wohin auch immer es die Mitglieder des riesigen Familienverbandes verschlagen sollte, sie würden stets wieder Anschluss an eine sephardische Gemeinschaft finden, die ihre vertraute Sprache sprechen würde.

Die Sepharden sind Nachfahren der Juden, die 1492 mit der endgültigen christlichen Rückeroberung der Iberischen Halbinsel aus Spanien vertrieben wurden. Die Juden hatten hier jahrhundertelang gelebt und der Kultur ihrer Heimat zu einer nie zuvor gekannten Blüte verholfen. Diese Heimat mussten sie nun verlassen. Die meisten Flüchtlinge ließen sich in den Anrainerstaaten des Mittelmeeres nieder: in Italien, in Griechenland, dem Osmanischen Reich und in Nordafrika. Besonders große Gemeinden entstanden in Konstantinopel und Saloniki. Ihre Sprache, Ladino, ein mit arabischen, türkischen und hebräischen Wörtern durchmischtes Spanisch, nahmen die Vertriebenen mit.

Die Schulbildung meiner Eltern, 1886 und 1890 geboren, war minimal. Wie die meisten Kinder im damaligen Osmanischen Reich waren sie gezwungen, von klein auf ihr Scherflein zum Unterhalt der Familie beizutragen. Mein Vater erlernte bereits als winziger Junge das Handwerk des Teppichknüpfens, meine Mutter arbeitete im Haushalt mit.

Mein Vater Nissim war ein gradliniger, bescheidener und sehr humorvoller Mann. Die Herzen der Menschen flogen ihm zu. Er hatte die Aura eines Staatsmannes. Sein graumeliertes Haar und der kleine Schnurrbart waren immer korrekt frisiert und gestutzt. Auf seiner rechten Wange prangte eine kleine Narbe, die wie ein Schmiss aussah. Schon in Jugendjahren hatte sie meinem Vater den Spitznamen »Student« eingebracht. Die Tatsache, dass Nissim eher schlecht als recht Lesen und Schreiben konnte, kümmerte dabei niemanden.

Ein wenig wunderlich mochte auf den ersten Blick der steife Gang meines Vaters anmuten. Wahrscheinlich versuchte er durch kerzengerade Haltung und gemessene Bewegungen zu überspielen, dass er um einiges kleiner war als meine Mutter. So achtete er beim Fotografen auch stets darauf, dass er im Stehen neben seiner sitzenden Frau abgelichtet wurde.

Die Heirat meiner Eltern wurde, wie damals üblich, arrangiert. Meine Mutter stammte aus einer sehr angesehenen, wenn auch nicht wohlhabenden Familie, den Jaeschs. Hin und wieder ließ sie meinen Vater ihre unterschiedliche Herkunft spüren, wenn sie uns dünkelhaft bedeutete: »Papa müsst ihr nicht fragen, der war ja nicht in der Schule. Den Jungen, den Isaak, den müsst ihr fragen«. Ich konnte dieses Getue nicht leiden, denn ich wollte meinen Vater bewundern, seine Ehre gewahrt und ihn nicht herabgesetzt sehen. Doch Nissim war durchaus in der Lage, sich zu wehren. So spöttelte er, gerne auch vor anderen Leuten, über die »französische Macke« seiner Frau. Der Hang zum Frankophilen rührte von der Erziehung in der Familie Jaesch her. Wer Französisch sprach, hielt das Billett zur besseren Gesellschaft in der Hand – oder wenigstens die Hoffnung auf einen sozialen Aufstieg. So hatte meine Mutter eine Schwäche für alles, was aus Frankreich kam. Die Pariser Damenmode war für gertenschlanke Figuren geschneidert. Also zwängte sich Mama in eine Bluse, deren Knöpfe jeder Atemzug wegzusprengen drohte. Meine Mutter war der felsenfesten Überzeugung, dass alle Französinnen kleine, zierliche Füßchen hätten – »mignon« eben, eines ihrer Lieblingsworte. Prompt kaufte sie sich Schuhe, die ihr viel zu klein waren und in denen sie keine fünf Meter laufen konnte.

Meine Mutter gab sich sehr damenhaft, achtete immer auf beste Manieren und versuchte stets, Haltung zu wahren. Meine Eltern stellten in mancher Hinsicht mehr dar, als man aufgrund ihrer sozialen Herkunft vermutet hätte.

1915 entschlossen sie sich, Konstantinopel zu verlassen. Sie fürchteten sich vor den Feindseligkeiten, denen die im Osmanischen Reich lebenden Minderheiten – Griechen, Armenier und Juden – zunehmend ausgesetzt waren. Doch vor allem hatten sie genug von ihren armseligen Lebensumständen. Der Zeitpunkt, den Nissim und Lea für ihre Emigration wählten, war allerdings denkbar unglücklich. In Europa tobte der Erste Weltkrieg. Doch das militärische Bündnis zwischen Deutschland und Konstantinopel gewährte meinen Eltern, die mittellos, ohne Beruf und keiner Fremdsprache mächtig waren, Unterschlupf beim nördlichen Bündnispartner, in Berlin.

Das Leben im Familienverbund hat bei Juden einen extrem hohen Stellenwert: Man möchte auf alle Fälle eng beieinander bleiben. Kaum hat sich einer irgendwo angesiedelt, drängt er die Verwandten nachzukommen. Zwei Brüder und zwei Schwestern meines Vaters hatten sich bereits in Berlin niedergelassen und ihre ersten Erkundungen in der

Teppichbranche schienen verheißungsvoll. Außerdem waren sie selbstverständlich in der kleinen, aber eng verbundenen sephardischen Gemeinde von ungefähr 150 Familien herzlich aufgenommen worden.

Mein Vater reiste zunächst allein nach Deutschland, um die Lage zu sondieren. Seine Begeisterung war grenzenlos: Alles in der Weltstadt an der Spree erschien ihm besser, schöner, größer als in Konstantinopel. Tief beeindruckt schilderte er, dass die Straßen schon früh morgens, bevor die Arbeiter sich auf den Weg in die Fabriken machten, von Straßenfegern mit breiten Besen gereinigt wurden. Nicht wie in den engen Gassen seiner Heimatstadt, wo Unrat und Fäkalien einfach vor die Tür geschüttet wurden und den Rinnstein entlangflossen.

Meine Mutter lauschte begeistert seinen Ausführungen. Auch wäre es ihr nie in den Sinn gekommen, Nissim nicht zu begleiten. So packten sie ihre wenigen Habseligkeiten zusammen, verabschiedeten sich vom Familienclan und bestiegen den Zug gen Norden. Nach tagelanger Bahnreise erreichten sie im Februar 1916 endlich Berlin. Nissims Geschwister hatten ihnen ein möbliertes Zimmer in der Nürnberger Straße besorgt.

Bei näherem Hinsehen erwies sich die deutsche Metropole als nicht ganz so schillernd und wohl geordnet wie in den Erzählungen meines Vaters. Man befand sich im zweiten Kriegsjahr, die Versorgungslage wurde zunehmend prekär. Rationierungen und die damit stets einhergehenden Wucherpreise und Hamsterwirtschaft bestimmten den Alltag. Der Krieg zog sich hin, der anfängliche patriotische Begeisterungstaumel war längst verflogen. Und zwei Gerichte der deutschen Küche sollten meine Eltern schneller und ausgiebiger kennen lernen, als ihnen lieb sein konnte: Der eisige Winter 1916/17 ging als »Steckrübenwinter« in die Geschichte ein, da das kleine knorzige Gemüse bald zum

Grundnahrungsmittel wurde. Ein weiterer kulinarischer Genuss, der meinen Eltern bislang fremd war, sollte nun auch fast täglich auf dem Tisch stehen: »Sauerkraut, Sauerkraut – es kam uns schon zu den Ohren heraus«, seufzte mein Vater noch Jahre später.

Bei ihrer Ankunft in Berlin war meine Mutter hochschwanger. Voller Freude und gleichzeitig beklommen sah sie der Geburt ihres Kindes entgegen; denn eineinhalb Jahre zuvor hatte Lea schon einmal ein Kind zur Welt gebracht – einen Sohn. Traditionsgemäß gaben ihm die glücklichen Eltern den Namen des Großvaters väterlicherseits, Abraham. Doch der Kleine starb nach nur eineinhalb Tagen. Ein Junge, der ersehnte Kaddisch, war ihnen geschenkt und gleich wieder genommen worden.

Das Kaddisch – Jisgadal we jiskadasch sch'me raba ... /Erhoben und geheiligt werde Sein großer Name – ist das jüdische Totengebet. Ein Sohn wird »der Kaddisch« genannt, weil er dereinst am Grabe seiner Eltern dieses letzte Gebet sprechen wird. Diese Tradition ist von allergrößter Bedeutung und prägt das Verhältnis der Eltern zu ihrem Jungen, und umgekehrt, ein ganzes Leben lang.

Am 2. März 1916 brachte Lea eine Tochter zur Welt. Meine Eltern gaben ihr den sephardischen Namen Alegrina. So wie der erstgeborene Sohn traditionell den Namen des Großvaters väterlicherseits erhielt, so bezog sich der Name der Tochter auf die Großmutter. Sie hieß Simcha, hebräisch für »Freude«. So wurde meine Schwester nach der spanischen Version dieses Namens benannt.

Obwohl meine Eltern glücklich mit ihrem kleinen Mädchen waren, ließ sich nicht verbergen, dass ihre wirtschaftliche Lage immer schwieriger wurde. Meinem Vater gelang es trotz aller Anstrengungen nicht, in Berlin ein Bein auf den Boden zu bekommen. Seine handwerkliche Meisterschaft im

Knüpfen von Teppichen und Brücken, die er quasi mit der Muttermilch eingesogen hatte, war nicht gefragt. Die Kultur der echten Orientteppiche, die in der Heimat meiner Eltern gepflegt wurde, war in Deutschland noch kaum entwickelt. Darüber hinaus scherte man sich in Zeiten wirtschaftlicher Not nicht um Löcher in Teppichen und schon gar nicht um einen Meister aus dem Osmanischen Reich, der sie stopfen konnte. So kam 1920 eine Einladung der Schwester meiner Mutter, Rachel Alsafrana, die mit ihrem Mann nach der Hochzeit in Konstantinopel nach Paris gegangen war, meinen Eltern gerade recht.

Nissim, Lea und Alegrina machten sich auf nach Paris. Rachels Ehemann arbeitete bei der Credit Lyonnaise, was den beiden ein komfortables Auskommen bescherte. Meine Eltern schauten sich in der Seine-Stadt um. Sie spielten mit dem Gedanken, einen Fahrradhandel zu eröffnen. Aber das war schwieriger als gedacht. Zudem war meine Mutter wieder einmal schwanger. Am 29. Juli 1920 brachte sie ein gesundes Kind auf die Welt – wieder nicht den ersehnten Kaddisch! Meine Eltern freuten sich über ihre zweite Tochter und Mutter entschied, dass die Kleine Jeanne heißen sollte. Ihre »französische Macke« rechtfertigte Mutter diesmal damit, dass die Kleine ja schließlich in Paris geboren sei. Doch die glückliche kleine Familie wusste allmählich nicht mehr, wie sie sich ernähren sollte. Auch Tante Rachel und ihr Mann sahen sich außer Stande, ihnen zu helfen. Mit dem Säugling im Arm und der kleinen Alegrina an der Hand kehrten meine Eltern nach Berlin zurück.

Kaum dort wieder eingelebt, hatte meine Mutter einen schweren Unfall. Auf dem Heimweg vom Einkaufen wurde sie von einer Kraftdroschke überfahren. Meine Mutter hatte schon immer einen Heidenrespekt vor den vorbeirauschenden Autos gehabt. Voller Angst betrat sie zögernd die Straße.

Immer wieder sprang sie am Bordsteinrand vor und zurück. Schließlich rannte sie blindlings los. Das wurde ihr an diesem Tag zum Verhängnis: Sie wurde an der Kaiser-Wilhelm-Gedächtniskirche von einem Taxi erfasst, das ihr über beide Beine fuhr. Meine Mutter trug komplizierte Brüche davon. Einen längeren Krankenhausaufenthalt konnten sie sich nicht leisten und so wurde Mama nur notdürftig versorgt nach Hause entlassen. Sie blieb zeitlebens stark gehbehindert. Ihre Beine, die nur sehr krumm wieder zusammengewachsen waren, versteckte sie immer unter langen, weiten Kleidern.

Mit Beginn der zwanziger Jahre kam auch wieder Leben in das vom Krieg geschüttelte Berlin. Trotz der Reparationszahlungen an die Siegerstaaten begann sich die wirtschaftliche Lage zu konsolidieren und Optimismus kehrte in die Herzen der Menschen zurück. Und nach all den Entbehrungen wollte man seinen Spaß haben! Die große Zeit Berlins, die »Goldenen Zwanziger«, in denen die deutsche Hauptstadt zur Metropole der Kunst, Kultur und des Amüsements wurde, brach an. Licht durchflutete die Stadt, überall schossen Restaurants, Kneipen und Bars aus dem Boden, man ergötzte sich an den Frechheiten unzähliger Kabaretts, staunte über gewagte Filme, tanzte, lachte und liebte, was das Zeug hielt.

Doch das gleißende Amüsement warf auch seine düsteren Schatten: Auf trostlose Mietskasernen, armselige Lebensbedingungen in Hinterhöfen, vom Krieg körperlich und seelisch gezeichnete Menschen, die keinen Platz mehr in der Gesellschaft finden konnten, auf Arbeitslose und eine galoppierende Geldentwertung. Meine Eltern werden sich kaum in die Vergnügungen, mit denen die Metropole lockte, gestürzt haben. Die Sorge um das tägliche Überleben ließ ihnen keine Zeit dazu.

Am 6. September 1923 gesellte sich ein neuer Behar zur Familie. Nach 20 Stunden Wehen kam ein Sohn zur Welt! Endlich! Der langersehnte Kaddisch! Immer wieder erzählte mir meine Mutter in späteren Jahren von dem Freudentaumel, den meine Ankunft auslöste: »Dein Vater, der sonst schon vom Angucken einer Schnapsflasche beschwipst war, war drei volle Tage lang betrunken ...«, berichtete sie lachend. Mein Vater stimmte zu: »Ich hatte ja auch den besten Grund der Welt! Mein Sohn! Mein Isaak!«

Der Name Isaak, hebräisch Yitzhak, hat eine schöne Tradition: Als Sara, die Frau des Patriarchen Abraham erfährt, dass sie in hohem Alter noch ein Kind gebären wird, »lachte sie in ihrem Innern«. Als der Knabe geboren war, nannte sie ihn Yitzhak: Er wird lachen! Fröhlicheres kann man einem Kind kaum auf seinen Lebensweg mitgeben. Auch gedachte meine Mutter mit der Namensgebung ihres Großvaters mütterlicherseits.

Einige Tage nach der Geburt fand, wie üblich, die Beschneidung statt. Die Brit Mila ist die erste Mitzwa, die erste Begegnung eines jüdischen Jungen mit Gott. Mit diesem Ritual wird ein kleiner jüdischer Junge in den Kreis der Gemeinde aufgenommen, in den er für immer eingebunden sein wird. Natürlich wurde zu diesem Ereignis ein riesiges Fest für die Familie und Freunde meiner Eltern ausgerichtet.

Zu dieser Zeit fand mein Vater endlich am Hausvogteiplatz eine Arbeit als Teppichstopfer. Nissim war in der Lage, anhand der Muster oder der Knüpftechnik nicht nur den Zeitpunkt der Herstellung, das Dorf, sondern manchmal sogar die Familie, die ihre »Handschrift« in den Teppich eingewoben und in jahrhundertelanger Tradition ihr Wissen weitergegeben hatte, zu identifizieren. Teppiche waren Nissims Leidenschaft. Es war ihm ein sinnlicher Genuss, das Gewebe zwischen den Fingern zu befühlen. Er konnte sich vollkommen in die Schönheit und Vielfalt der Muster und Farben versenken, oder mit genauem Blick Schäden und Mängel feststellen. Meiner Mutter war es immer furchtbar peinlich, dass er beim Betreten einer Wohnung sein Augenmerk zunächst auf die Teppiche richtete. Mehr oder minder diskret schob er mit dem Fuß eine Ecke hoch, betrachtete die Rückseite, die ihm Auskunft über die Knüpfung gab.

Doch das Expertenwissen meines Vaters wurde miserabel entlohnt. Der kleine Laden unweit des Gendarmenmarktes gehörte einem anderen sephardischen Juden. Mein Vater musste sich mit einem Arbeitsplatz im Korridor begnügen und mit einfachsten Mitteln seine Kunst ausüben. Er musste Löcher stopfen, neu knüpfen oder nachfärben. Den Teppich über die Knie gezogen, hockte er dort im Schneidersitz von früh bis spät. Die Stelle mit dem Loch nagelte er auf ein Brett, ergänzte Schuss und Kette, anschließend verknotete er die Fäden neu. Wenn nötig, färbte er die Wolle selber, um den ursprünglichen Farbton genau zu treffen.

Der plötzliche Tod von Vaters Schwager Isaak Cohen brachte eine Wende in unserem Leben. Tante Esterina, die ältere Schwester meines Vaters, und ihr Mann betrieben ein florierendes Teppichgeschäft in der Kantstraße 160 in Charlottenburg. Als Isaak starb, suchte Esterina jemanden aus der Familie, der das Geschäft weiterführen konnte, einen Teilhaber, der gleichzeitig den Laden leiten sollte. Ihre Wahl fiel merkwürdigerweise nicht auf meinen Vater, sondern auf den jüngeren Bruder Mois. Dieser bot meinem Vater eine Anstellung als Teppichstopfer in dem Laden namens »Cohen & Behar Orientteppiche« an, den er nunmehr leitete. Mein Vater ging auf die Offerte ein. Auch wenn die Konstellation reichlich Zündstoff bot: Der ältere Bruder, der erstgeborene Nissim, dem Mois eigentlich Respekt zu zollen hatte, war nun sein Angestellter, der Jüngere der Herr im Hause. »Cohen & Behar Orientteppiche« machte durchaus etwas her. Hinter dem schmucken, sorgsam dekorierten Schaufenster erstreckte sich ein weitläufiger Laden, an den sich ein geräumiger Hinterraum anschloss, der zum Hof hinausführte. Hier konnte mein Vater sich nun endlich eine funktionelle Arbeitsstätte einrichten. Hin und wieder nahm er den Teppich, an dem er gerade arbeitete und setzte sich damit ins Schaufenster, um mit diesem malerischen orientalischen »Stillleben« Kunden anzulocken.

Aus der neuen Anstellung meines Vaters ergab sich für unsere Familie eine höchst willkommene Veränderung. Wir zogen in das Haus, in dem sich der Laden befand. In der 4. Etage im Quergebäude mieteten wir ein großes möbliertes Zimmer. Die Vermieterin, Frau Hillel, war ungefähr 40 Jahre alt und alleinstehend. Auf den ersten Blick erschien sie etwas abweisend, da sie sehr hager war und ein strenges Gesicht hatte. Sie trug meist hochgeschlossene Hemdblusenkleider mit einer Schürze darüber. Doch bald stellte sich heraus, dass Frau Hillel weit weniger zugeknöpft war, als sie schien: Sie war eine herzensgute Person, die uns Kinder liebte und verwöhnte. Schon als kleiner Junge empfand ich einen weiteren Gegensatz in Frau Hillel sehr interessant: Die scheinbar so beherrschte Dame war eine Kettenraucherin – überall lagen Zigarettenschachteln der teuren Marke Muratti herum. Auch beobachteten wir Kinder, dass Frau Hillel oft das Wettbüro in der Joachimsthaler Straße frequentierte. Die vermeintlich sittenstrenge alte Jungfer war also eine leidenschaftliche Zockerin!

Verglichen mit unserer Behausung in der Nürnberger Straße war unsere neue Bleibe ein Luxus. Zwar mussten wir fünf uns nach wie vor ein einziges Zimmer von etwa 30 Quadratmetern teilen, aber wir durften Küche und Bad mitbenutzen und uns mitunter sogar im Wohnzimmer von Frau

Hillel aufhalten. Dank der neuen Stelle meines Vaters und der Unterkunft bei Frau Hillel erfreute sich unsere Familie erstmals eines wenn auch sehr bescheidenen Wohlstandes und einer lang ersehnten Sicherheit.

Unser Familienverbund war, wie häufig bei sephardischen Juden, eindeutig ein Matriarchat. Meine Mutter war der Mittelpunkt der Familie. Von ihr ging alle Kraft aus. Sie umschlang uns mit Fürsorge und Liebe. Mutter achtete auf die Wahrung der religiösen Bräuche, sie erzog uns im jüdischen Glauben. Und sie fällte alle wichtigen Entscheidungen. Doch sie war klug genug, meinem Vater das Gefühl zu vermitteln, dass er der Herr im Hause sei. So konnte sich Nissim in die weiblichen Machtstrukturen, die er bereits von seiner Mutter her kannte, fügen, ohne sein Gesicht zu verlieren. Meine Mutter verstand es, ihm stets das Gefühl zu vermitteln, dass seine Ehre gewahrt war und er immer in glänzendem Licht stand.

Keiner von uns wagte es, Mutter zu enttäuschen. Sie traurig zu sehen, konnte niemand ertragen. Und die Welt brach endgültig zusammen, wenn Mama unsertwegen sogar Tränen vergießen musste.

Meine Eltern führten eine glückliche Ehe. Ihre wenigen Auseinandersetzungen fanden auf Türkisch statt. Ein »Sus, cocuk var!« ihrerseits ließ uns sofort aufhorchen, denn jetzt kam etwas, das offenkundig nicht für unsere Ohren bestimmt war. Erwachsenenwitze? Oder ein Streit? Doch schnell bekamen wir heraus, dass die Worte nichts anderes bedeuteten als: »Psst, die Kinder sind dabei!« Auch anderen türkischen Ausdrücken kamen wir allmählich auf die Schliche, indem wir immer wieder nachfragten und meine Eltern schließlich, wenn auch widerwillig, Auskunft erteilten: »Ekmek« und »su« klangen geheimnisvoll, bedeuteten aber nichts anderes als Brot und Wasser. Und was war das »domuz«, als das meine Mutter stolz lächelnd immer meinen Vater bezeichnete, wenn er ihre Kochkünste nach dem Essen mit einem kräftigen Rülpser kommentierte? Wir Kinder bogen uns vor Lachen, als wir eines Tages herausfanden, dass sie ihn schlicht als »Schwein« titulierte! So eroberten wir Stück für Stück die »Geheimsprache« unserer Eltern.

Mein Vater verdiente als Teppichstopfer 35 Reichsmark die Woche. Hinzu kamen noch zehn bis zwanzig Mark an Trinkgeldern, mit denen dankbare und zufriedene Kunden meinem Vater gegenüber ihre Wertschätzung ausdrückten. Ein Ei kostete drei Pfennige, die Nachtausgabe der *BZ* fünf Pfennige. Für zehn Pfennige gab es entweder vier Zigaretten oder vier Schrippen.

An den Abenden, an denen Vater seinen Wochenlohn nach Hause brachte, versammelte sich immer die ganze Familie um den Tisch. Dann begann meine Mutter das Geld in kleine Häufchen aufzuteilen: für die Miete, das Essen, das Gas, den Strom, kleine Anschaffungen. Jeder von uns versuchte noch schnell, den einen oder anderen Wunsch unterzubringen. Die wenigen Groschen, die am Ende übrig waren, wanderten in eine angeschlagene Vase, die auf einer kleinen Kommode stand: unser »Konto« für die Kohlen im Winter. Diese Vase war für uns Kinder eine schwere Versuchung: Da die meisten unserer Wünsche unerfüllt bleiben mussten, war die Verlockung eines schnellen Griffes in das Porzellangefäß sehr groß. Doch die Angst, entdeckt zu werden und, schlimmer noch, Mutter dann traurig zu sehen, wog schwerer als der Reiz.

Mein Vater war ein Familienmensch. Meist kam er nach der Arbeit sofort nach Hause. Nur gelegentlich gönnte er sich einen kleinen Abstecher. Entweder ging er nach rechts wenige Schritte bis zur »Konditorei Meudtner«, einem großen, sehr beliebten Café in der Kantstraße 161. Bei Sonnenschein saß man an kleinen Tischen auf der Terrasse, die seitlich von Glasscheiben begrenzt war. Ilse Meudtner, die Tochter des Kaffeehausbesitzers, war eine bekannte klassische Balletttänzerin. In ihren wunderbaren Kostümen lächelte sie von den vielen Plakaten und Ankündigungen ihrer Auftritte, die ihr stolzer Vater an die Wände gehängt hatte.

Ging mein Vater in die entgegengesetzte Richtung, landete er in der Kneipe »Lorenz«. Im Sommer saß er gerne in dem kleinen Vorgarten, der sich mit einem niedrigen Geländer und ein paar Blumenkästen von der Straße abgrenzte, und spielte Karten oder Backgammon, was in seiner Heimat Tavla hieß. Darin war er ein ganz großer Stratege. Gelegentlich aber übernahm er sich beim Spiel, was dann zu Ärger mit meiner Mutter führte, weil das Geld bei uns ohnehin schon äußerst knapp war und selbst kleine fehlende Beträge die Kalkulationen ins Wanken brachten.

Obwohl die Haushaltskasse meiner Mutter nicht eben üppig gefüllt war, spielte gutes und sorgsam zubereitetes Essen in unserer Familie wie bei vielen Sepharden eine große Rolle. In der sephardischen Küche treffen die unterschiedlichsten kulturellen und kulinarischen Traditionen aufeinander: spanisch, orientalisch und jüdisch. Am Schabbat kamen bei uns oft Avas con Aros, ein typisches Armeleuteessen, auf den Tisch: weiße Bohnen mit Fleisch in Tomatensoße, dazu Reis. Unsere kleine Tafel war festlich mit weißem Tuch gedeckt. Meine Mutter zündete zwei Kerzen an, hielt die Hände darüber und sprach mit ihrer sanften Stimme den Segensspruch. Dann war es an meinem Vater, die Bracha, den Segen, über Wein und Brot zu sagen.

An den Hohen Feiertagen Rosch Haschana und Jom Kippur wurde, wenn an letzterem das Fasten vorüber war, natürlich entsprechend aufwendiger getafelt: In den Nächten zuvor stand meine Mutter in der winzigen Küche und fabrizierte Blätterteig, rollte ihn hauchdünn aus, bestrich die Platten mit Fleisch, Gemüse oder Käse, schichtete sie aufeinander oder faltete sie zusammen und buk sie im Ofen. Fertig waren die heiß begehrten Filas, Borekas und Bulemas. Zum Festmahl gehörten natürlich auch Fritadas und Pescado al orno, Fisch im Ofen gebacken, oder Pescado con huevo y limon, Fisch mit einer Eier-Zitronen-Soße. Da zweimal am Tage warm gegessen wurde, blieb meiner Mutter nur die Nacht zum Backen. Nach ihren Nachtschichten weckte sie mich rechtzeitig für die Schule und schlüpfte dann meistens unter meine warme Decke, um wenigstens noch ein Stündchen zu schlafen. Ich verließ das Haus nicht, ohne mir schnell zwei oder mehr der leckeren Pasteten in Mund und Tasche zu stecken. Vorsichtig schichtete ich die anderen Borekas und Filas wieder auf, damit meine Mutter den »Raub« nicht bemerkte.

Feiertage begingen wir gemeinsam mit der ganzen Familie. Da kamen schnell 25 und mehr Personen zusammen. Dies war keineswegs eine Pflichtübung, sondern entsprang dem tiefen Zusammenhalt der Familie und der gegenseitigen Zuneigung. Wir waren ein verschworener Clan, liebten das Beisammensein und das gemeinsame Begehen der festlichen Rituale. Am Vorabend des Neujahrsfestes segnete mein Vater uns Kinder. Dann gingen wir in die Synagoge. Traditionsgemäß fanden sich danach alle Familienmitglieder beim ältesten Bruder zum Festmahl ein. Mein Vater war zwar der Erstgeborene, aber keineswegs der Wohlhabendste. Unsere Mittel reichten nicht aus, die ganze Familie angemessen zu bewirten. Die Verwandten ersparten uns die Peinlichkeit, indem jeder etwas mitbrachte und auf die gemeinsame Tafel stellte.

An Feiertagen tauchte auch Onkel Marco bei uns auf, über den allerhand Geschichten die Runde machten. Marco, ein kleiner Lebemann, war der Gemahl der jüngeren Schwester meines Vaters, Rebecca Mizrahi. Ursprünglich hieß Marco auch Nissim, doch als er einmal lebensbedrohlich erkrankt war, erhielt er im Rahmen eines Gebetes in der Synagoge den Namen Mercado, »Gekauft«, in der Hoffnung, dass der neue Name die Krankheit abwenden würde. So geschah es.

Tante Rebecca kränkelte häufig und wollte das Haus nicht verlassen. Ihr Gemahl schon: Onkel Marco wurde nämlich hin und wieder dabei ertappt, wie er sich in der »Orientbar« oder »Kakadu-Bar« in der Joachimsthaler Straße prächtig amüsierte. Ein schneller, da verbotener Blick in die Schaukästen dieser Etablissements hatte uns Kindern leicht bekleidete Damen gezeigt. Was die mit Onkel Marco taten, malten sich unsere kleinen Fantasien in den schillerndsten Farben aus.

Aus heiterem Himmel verkündete mein Vater kurz vor den Sommerferien des Jahres 1933, wir würden nach Spanien auswandern. Spürte Nissim, der ein unpolitischer Mensch war, dass sich mit dem Machtantritt der Nationalsozialisten für uns Juden die Zeiten ändern würden?

Hitler hatte aus seinem fanatischen Antisemitismus niemals einen Hehl gemacht. Wer ihn wählte, musste zwar nicht zwangsläufig Antisemit sein, nahm aber seinen Judenhass in Kauf. Unmittelbar nachdem Hitler von Hindenburg zum Reichskanzler ernannt worden war, begann die systematische Entrechtung der jüdischen Deutschen. Noch im März 1933 wurden jüdischen Anwälten und Notaren, wenig später auch Richtern, Berufsbeschränkungen auferlegt, am 1. April wurden jüdische Lehrer an Berliner Schulen umgehend beurlaubt. Ebenfalls am 1. April 1933 rief die NS-Führung zu einer »Boykott«-Aktion jüdischer Geschäfte, Ärzte, Anwälte, Lehrer und Professoren auf. Es entging uns nicht, dass viele Geschäfte beschmiert waren: »Deutsche! Wehrt

Euch! Kauft nicht beim Juden!« Doch nach ein paar Tagen war alles wieder ganz normal. Jeder kaufte ein, wo er sich am besten versorgt und bedient fühlte. Und jeder suchte wieder den Arzt auf, dem er am meisten vertraute.

Eine Woche später aber erging das »Gesetz zur Wiederherstellung des Berufsbeamtentums«, das den Ausschluss von jüdischen Beamten und Angestellten aus dem Erwerbsleben legalisierte und die Grundlage für antijüdische Beschränkungen auf allen Ebenen bildete.

Doch bei der Entscheidung meines Vaters dürften sicherlich einmal mehr auch Familienbande den Ausschlag gegeben haben. Albert, der Sohn von Vaters Bruder Elia, lebte in Barcelona. Bei einem Besuch in Berlin pries er das Leben in Spanien in den höchsten Tönen. Mein Vater wurde nachdenklich. Lea und er hatten, obwohl sie nun seit über 15 Jahren in Deutschland lebten, die Sprache nie richtig gelernt. Spanisch hingegen war Nissim und Lea von Kindesbeinen an vertraut. Zu Hause sprachen wir mit den Eltern und diese untereinander Ladino, während wir Geschwister in unseren Unterhaltungen Deutsch und Ladino mischten. Auch die wirtschaftlichen Verhältnisse, die Albert pries, lockten. Und eine große sephardische Gemeinde gab es ebenfalls in Barcelona. Viel Zeit, ihre Entscheidung zu fällen, hatten meine Eltern nicht: Im September würde ich zehn Jahre alt werden, das würde meine Bahnfahrkarte erheblich verteuern. Alegrina, Jeanne und ich waren begeistert von der Aussicht, eine so weite Reise zu machen. Barcelona – allein den Namen auszusprechen machte Spaß, er klang geheimnisvoll, fremd, verlockend. Vor dem Einschlafen übertrafen wir uns gegenseitig mit Schilderungen unseres zukünftigen, herrlichen Lebens in Spanien.

Der Tag unserer Abreise rückte näher. Unsere wenige Habe war schnell in fünf Koffern verstaut. Mit Zwischenstation in Paris bei Tante Rachel reisten wir nach zwei Tagen weiter nach Barcelona. Ich starrte die ganze Zeit fasziniert aus dem Zugfenster und betrachtete die vorbeiziehende Landschaft. Bislang hatten mich unsere Ausflüge bis zum Wannsee oder nach Schildhorn geführt. Und nun das: hin und her eilende Passagiere auf den Bahnsteigen, bepackt mit Koffern, Schachteln, Körben und Säcken, Händler, die, während der Zug bereits losfuhr, durch das Fenster Getränke und Süßigkeiten feilboten.

Albert erwartete uns natürlich am Bahnhof in Barcelona. Wir fuhren in seinem Auto durch die Stadt. Meine Schwestern und ich klebten an den Scheiben. Ein riesiges Gedränge und ein toller Lärm herrschten auf den Straßen, überall wurden Waren lautstark angepriesen. Es roch nach Fisch und Autoabgasen. Ich war begeistert: Das war noch besser als auf dem Rummel!

Albert hatte uns in einer einfachen, preiswerten Pension an einer ordentlich belebten Straße untergebracht. Völlig erschöpft von der Reise, die immerhin fast eine Woche gedauert hatte, fielen wir am frühen Abend in die Betten. Doch da ging das Spektakel auf den Straßen erst richtig los. Das kannten wir aus Berlin nicht. Mit der Dunkelheit kehrte sogar auf der geschäftigen Kantstraße Ruhe ein. Hier, vor unserem Fenster, tobte jetzt das Leben. Wir Kinder, die wir völlig übermüdet waren, heulten und jammerten; meine Mutter bedrängte meinen Vater, für Ruhe zu sorgen. In hilfloser Wut kippte mein Vater einen Eimer Wasser auf den lärmenden Menschenpulk – und erzielte damit genau die gegenteilige Wirkung! Wir fürchteten, die aufgebrachte Menge würde unsere Herberge stürmen.

Doch noch anderes sollten wir gewöhnungsbedürftig finden.

Auf dem Markt wollte Vater Oliven für uns kaufen. Der Händler griff mit bloßen Händen in das Fass! Wir Kinder waren entsetzt – Essen mit den Fingern anlangen, das war uns immer streng verboten! Und das, was wir gleich in den Mund nehmen sollten, wurde jetzt in einfaches Zeitungspapier eingeschlagen! Die Butter, die mein Vater auf unser Drängen hin kaufte, roch ranzig und die Würste sahen aus wie getrockneter Hundedreck! Und dabei waren Butter wie Wurst sündhaft teuer!

Unsere Eltern versuchten uns zu beruhigen. Sicher sprachen sie sich damit auch selbst Mut zu. Denn obwohl er sich redlich bemühte, hatte Albert keine Arbeit für meinen Vater finden können. Nissim wandte sich an die Gemeinde und wurde dort ebenfalls bitter enttäuscht. Hier erläuterte man ihm lediglich, dass das Leben in Spanien im Moment nicht nur für Exilanten schwierig sei. Es blieb meinen Schwestern und mir nicht verborgen, dass die Stimmung unserer Eltern immer gedrückter wurde, dass mein Vater bei seiner Arbeitssuche kein Glück hatte und unser kleines finanzielles Polster rasch dahinschmolz. So fingen Alegrina, Jeanne und ich an, meine Eltern zu löchern. Wir wollten wieder heim in unser Berlin!

Schließlich gaben meine Eltern, auch von der eigenen Glücklosigkeit zermürbt, auf. Nach vier Wochen saßen wir wieder im Zug Richtung Deutschland.

Frau Hillel war froh, dass wieder Leben in ihre Wohnung kam. Vater nahm seine Arbeit bei seinem Bruder und »Cohen & Behar Orientteppiche« wieder auf. Alles schien beim Alten; unsere Auswanderung war nur eine Ferienreise gewesen.

Meine Schwestern waren in ihrem Charakter und Wesen sehr unterschiedlich. Alegrina konnte sich ein Tuch oder einen Stofffetzen um die Hüften raffen und mit einer Sicherheitsnadel feststecken – sie kam darin einher wie die Königin von Saba in vollem Hofstaat. Jeanne hingegen hätte

Gewänder aus purem Gold besitzen können, sie hätte sie nicht zu tragen gewusst. Während Alegrina eine Meisterin der Selbstinszenierung war, blieb Jeanne eher ein Hausmütterchen, das sich vor dem Leben außerhalb ihrer vier Wände ein wenig fürchtete. Jeanne half meiner Mutter im Haushalt und handarbeitete gern. Alegrina hingegen liebte es auszugehen und verfügte stets über einen Schwarm von Verehrern, die sie mit ihrer Koketterie ordentlich piesackte. Sie genoss es, ihre Galane abblitzen zu lassen. Einmal warb ein junger Mann um sie, der aus einer sehr angesehenen Familie, den Alfandaris, stammte, die ihren Wohlstand dem Handel mit Orientteppichen verdankte. Ich war mit dem jungen Alfandari besonders einverstanden, denn er besaß ein Auto und ließ mich gelegentlich mitfahren. Doch meine Schwester wies auch ihn ab. Meine Mutter war entsetzt, dass sie solch eine gute Partie einfach laufen ließ. Aber Alegrina war nicht zu beirren.

Die Berufswahl meiner ältesten Schwester entsprach ihrem Naturell: sie wollte Putzmacherin werden. Ihre Lehre absolvierte sie im Modehaus Klyhs gleich schräg gegenüber auf der anderen Straßenseite. Dort lernte sie, exklusive Damenhüte zu arbeiten. Alegrina bewies schnell ihr Talent.

Sie dämpfte die vorher zurechtgeschnittene Filzstumpen, klopfte sie auf einem Holzkopf in Form, steckte sie mit Nadeln fest und ging schließlich daran, die Modelle mit Federn, Bändern, Blumen und Schleifen zu verzieren. Alegrina hatte den Schwung einfach raus. Bald konnte sie sich etwas dazuverdienen, indem sie in ihrer freien Zeit zu Hause Hüte für Bekannte und Verwandte herstellte und dabei ihre Kreationen preiswerter anbot als bei Klyhs. Alegrina, sonst für Spaß und Schabernack jederzeit zu haben, war vollkommen konzentriert, wenn sie an ihren Modellen arbeitete.

Jeanne war sehr viel sanfter, zurückhaltender und vorsichtiger. Sie konnte sich nicht recht entschließen, welchen Beruf sie erlernen wollte.

1936 tauchten eines Tages bei meinem Vater drei Herren auf, die mit ihm ins Geschäft kommen wollten: Herr Reinhard, ein italienischer Jude, und die Herren Gregoriades und Andrutsopulos, die beide aus der Türkei stammten. Sie planten, einen Teppichhandel im großen Stil aufzuziehen und suchten dafür einen Partner in Berlin. Der gute Ruf meines Vaters als Teppichspezialist war zu ihnen gedrungen: Er sollte ihr Geschäftsführer werden. Die drei Kaufleute wollten das Unternehmen finanzieren. Schnell wurden sie mit meinem Vater handelseinig. Die Ware, echte Orientteppiche, sollte aus Persien und der Türkei nach Berlin in ein angemietetes Lager vor dem Zollamt am Moabiter Freihafen geliefert werden, wo die Kunden meines Vaters direkt einkaufen konnten und den Zoll vor Ort entrichten mussten. Parallel dazu war noch ein Geschäft in der Innenstadt vorgesehen. Zufällig wusste mein Vater, dass in der Kantstraße 154a, wenige Schritte von unserem Haus entfernt, gerade ein Ladengeschäft frei geworden war. Die Kantstraße war wegen ihrer unmittelbaren Nähe zum Kurfürstendamm eine Vorzugsadresse. So prangte innerhalb weniger Wochen ein Schild mit der Aufschrift »Orientteppiche« über dem Eingang des Geschäftes.

Vater war glücklich ob der neuen Herausforderungen. Er setzte alles daran, seine Kompagnons nicht zu enttäuschen und erfolgreich zu sein. Manchmal hatte er nun an den Abenden, die er sonst immer zu Hause verbracht hatte, geschäftliche Termine wahrzunehmen, Klienten zum Essen in ein Restaurant einzuladen. Einer seiner wichtigsten Kunden wurde der Hamburger Teppichhändler Bessuodo, ein sehr gebildeter Mann, der durch seine ebenso stattliche wie angenehme Erscheinung alle Sympathien gewann. Bessuodo, ebenfalls ein sephardischer Jude, führte seit Jahren am Alsterdamm, einer der ersten Adressen in Hamburg, ein großes renommiertes Teppichgeschäft. Bessuodo mochte meinen Vater, und wir mochten Bessuodo. Immer häufiger kaufte er in Berlin ein und nutzte die fachlichen Kenntnisse meines Vaters. Nissim und Bessuodo verband mehr als nur ihre Herkunft und ihre Geschäfte; zwischen ihnen stimmte einfach alles. Sie hatten die gleichen beruflichen Interessen, spielten leidenschaftlich Tavla, lachten nicht nur gerne, sondern vor allem laut und viel.

Bessuodo, der mit einer Nichtjüdin verheiratet war, kam oft während seiner kurzen Aufenthalte in Berlin zu uns zum Essen und genoss die sephardische Küche meiner Mutter. Unsere wirtschaftliche Situation blieb ihm keineswegs verborgen, er war aber vornehm und klug genug, meinen Vater nicht durch offensichtliche Großzügigkeiten in Verlegenheit zu bringen. Bevor er Berlin verließ, ging Bessuodo in den Lebensmittelladen im Erdgeschoss unseres Hauses und kaufte dort einen halben Sack Apfelsinen oder Äpfel, den er zu uns heraufschicken ließ. Wir brachten den Sack dann zurück und holten uns die Früchte pfundweise ab. So verfaulte kein einziges Stück Obst.

Bessuodo und mein Vater waren geradezu besessene Backgammon-Spieler. Meistens setzten sie sich nach dem opulenten Abendessen zusammen. Mein Vater, der sich für unschlagbar hielt, wurde von Bessuodo oft eines Besseren belehrt. Noch spät in der Nacht hörte ich durch die Tür das Klackern der Würfel, die Rufe »schech, bech« und das Knallen der Steine auf dem Brett. Wenn ich morgens aufstand, um zur Schule zu gehen, saßen sie oft noch immer beim Spiel. Am Gesicht meines Vater konnte ich erkennen, dass es nicht seine Nacht gewesen war. Erst allmählich kamen wir dahinter, dass Bessuodo es gut verstand, meinen Vater herauszufordern. Aber ihm, wie auch meinem Vater, ging es nur um den Sieg, nicht um den Gewinn. Geld hatte für ihn in dieser Hinsicht keine Bedeutung. Ganz gleich, wie viel mein Vater verloren hatte, jedes Mal steckte Bessuodo am nächsten Tag stillschweigend genau diese Summe in einen Umschlag, den er dann, an meine Mutter adressiert, in unserem Briefkasten hinterließ.

Isaakito

Schließlich war ich an der Reihe! Ostern 1930 wurde ich in die 19. Volksschule in der Bleibtreustraße eingeschult. Besonders stolz war ich, dass ich nun endlich meine bereits erworbenen Lesekünste unter Beweis stellen konnte. Denn Lesen war leicht: Überall auf der Straße gab es große Buchstaben zu sehen, man musste sie nur zusammensetzen: IMI, ATA, JU-NO, PER-SIL. Ein Schriftzug aber hatte es mir ganz besonders angetan: In einer Leuchtreklame an der Ecke Kurfürstendamm/Joachimsthaler Straße thronte inmitten eines langen, schweren Wortes ein lachender Mohrenkopf mit einem Turban, der von einer prächtigen Feder geschmückt wurde. Die Augen des schwarzen Buben klimperten verheißungsvoll und leuchteten dabei auf: S-AA-R-OO-TTI!

Während ich mich freute, litt ein anderer: Robert Gaffron, der wenige Häuser von uns entfernt in der Kantstraße 158 wohnte. Dort hatte sein Onkel ein Obst- und Gemüsegeschäft. Robert war zwei Jahre jünger, aber zu meinem Leidwesen genauso groß wie ich. Robert suchte meine Nähe, während er mir als Freund natürlich viel zu jung war. Ich reichte ihn lieber an meine kleine Cousine Fufu weiter. Nun, mit meiner Einschulung, mussten die beiden zusehen, wie sie ohne mich zurecht kamen. Oft strich Robert mittags vor dem Laden herum, um mich abzupassen und das letzte Stück meines Heimweges zu begleiten.

Die Größe der Schultüte entsprach durchaus meinen Vorstellungen. Und in meinem neuen Matrosenanzug mit großem Kragen gefiel ich mir auch sehr gut. Nur die Strümpfe! Unbedingt musste ich ein neues Paar haben. Mein Vater stöhnte: »Wozu denn auch noch neue Strümpfe?« Aber meine Mutter erfüllte umgehend meinen Wunsch. Wie üblich.

Ich war der Mittelpunkt und das verzogenste Mitglied unserer Familie. Vom Vater verwöhnt, von den beiden älteren Schwestern verhätschelt. Am meisten aber hing ich an meiner Mama. Und sie an mir. Ich war ihr Vertrauter, ihr Ratgeber, ihr Augenstern. Ich war sehr stolz, wenn ich ihr zur Hand gehen durfte. Aufgrund ihrer Behinderung fiel es ihr schwer, Treppen zu steigen oder schwere Lasten zu tragen. »Isaakito darf die Kohlen aus dem Keller holen«, war ihr Signal, auf das ich sofort losstürzte. Mir war ein Privileg zuteil geworden, ich »durfte« die Kohlen aus dem Keller, die Kartoffeln aus dem Laden holen, ich, niemand anderes. Denn auf mich konnte sich meine Mama verlassen. Sie belohnte mich, indem sie mich mit ihrer Liebe, Zärtlichkeit und Zuwendung überschüttete.

Wenn meine Mutter fragte, was wir uns am nächsten Tag zum Mittagessen wünschten, Nudeln oder Kartoffeln, quäkte ich gleich: »Reis, Reis!« »Eigentlich«, lächelte meine Mutter, »hat Isaakito Recht: Wir sollten wieder einmal Reis essen.« Die langen Gesichter meiner Schwestern, die ihre Wünsche nie so gut durchsetzen konnten wie ich die meinen, nahm ich triumphierend wahr. Doch auch wenn Alegrina und Jeanne mich manches Mal einen Tyrannen oder ein Muttersöhnchen schimpften, hingen wir Kinder mit zärtlicher Liebe aneinander.

Sehr zu meinem Leidwesen wurde ich oft für ein Mädchen gehalten. Meine Mutter erzählte mir immer wieder, wie bildhübsch ich sei und so niedlich konnte eben nur ein Mädchen sein. Gerne strich sie mir ganz zart mit ihrem Finger über die Wimpern und murmelte: »So lang und schön und dicht – wie bei einem Pferdchen.« Meine Frisur, den damals üblichen Pagenschnitt, hatte Mama dem amerikanischen Kinderstar Jackie Coogan nachempfunden. Zu meinem Kummer war ich für mein Alter nicht allzu groß, offen gestanden: ich war winzig klein. Meine Kleidung wurde immer ein bis zwei Nummern zu groß angeschafft. Zum »Hineinwachsen«, wie meine Mutter zu sagen pflegte. So war auch der Matrosenanzug für meine Einschulung derart reichlich bemessen, dass das Hemd die Hose verdeckte. »Was für ein süßes Mädchen!«, hieß es prompt! Zum Gegenbeweis riss ich mein Hemdchen hoch und rief: »Ich bin kein Mädchen! Ich habe Hosen an!«

Die 19. Volksschule, gleich neben der 20. Mädchenschule gelegen, sah aus wie ein Gefängnis. Die Schule gibt es als »Uhland-Grundschule« heute noch. Schöner ist sie dadurch nicht geworden. Ein großer dunkelroter Backsteinbau, mit lang gestreckten zugigen Korridoren und breiten Steintreppen.

Mein erster Schultag unterschied sich grundlegend von dem meiner Mitschüler. Meine Eltern waren außer sich vor Stolz, dass nun auch das jüngste ihrer Kinder in die Schule ging, und noch dazu in eine deutsche Schule. Mich zu begleiten, trauten sie sich jedoch nicht. Von den Ansprachen würden sie kaum etwas verstehen. Und wenn mein Lehrer sie etwas fragen würde, wären sie nur verunsichert. So gab mich meine älteste Schwester kurzerhand an der Schulpforte ab. Ich wurschtelte mich, mitsamt meinem Schulranzen, in dem eine Schiefertafel und ein daran befestigter Griffel klapperten, durch die Flure, die von den vielen Neuankömmlingen und ihren Eltern gesäumt wurden. Schließlich fand ich meinen Klassenraum. Zielsicher platzierte ich mich in der vordersten Reihe. Als ich mich umsah, erschrak ich zutiefst: Alle anderen Kinder waren mindestens einen Kopf größer als ich!

Beinahe schon zu spät drückte sich ein Junge schnell und unauffällig neben mich in die Bank. Ich sah ihn lieber nicht an und dachte mir nur: »Sicher auch so ein Riese.« Mein Nachbar stieß mich an: »Ick bin Fritze.« »Ich heiße Isaak«, flüsterte ich zurück. Nun musste ich ihn angucken: Fritz war nicht nur einen, sondern mindestens zwei Köpfe größer als ich!

Die freundschaftlichen Bande, die ich zu Fritz Müller, oder »Ritze«, wie ihn bald alle nannten, knüpfte, sollten von großem Vorteil für mich sein. Wir waren 45 Schüler in der Klasse, für eine Großstadt eine ganz normale Klassenstärke. Rasch bildeten sich Banden, schon damit man beim Bolzen, Hopsen, Knöpfewerfen oder Indianer-und-Trapper-Spielen in Gruppen gegeneinander antreten konnte. Eine solche Bandenzugehörigkeit bot gerade einem Knirps wie mir einen gewissen Schutz. Natürlich hatte Ritze schnell seine eigene Bande beisammen. Und da wollte ich unbedingt hinein. Ritze berlinerte, dass sich die Balken bogen. Also fing auch ich an, stärker zu berlinern, um mich bei Ritze einzuschleimen. Und ich hatte Erfolg: Bald wurde ich in Ritzes Truppe aufgenommen.

Dieses Privileg wirkte sich auch beim Turnunterricht rasch zu meinen Gunsten aus. Fortan blieb ich nicht mehr bis zum Schluss stehen. Wenn Ritze mich lautstark verpflichtete: »Isaak, los, zu mir!«, war ich selig. Ritze war ein wichtiger Freund für mich.

Der Unterricht in der 19. Volksschule verlief nach dem Nürnberger-Trichter-Prinzip: Wir Schüler machten den Mund auf, ein Trichter wurde darauf gesetzt, der Pauker packte seinen Schulstoff hinein, wir mussten schlucken und unten sollten dann die Lernergebnisse wieder herauskommen. So mussten wir oft Gedichte von zehn oder zwanzig Strophen auswendig lernen. Ich hoffte immer, es würde ausreichen, wenn ich mich auf die ersten zwei und ein paar in der Mitte konzentrierte. Jeder Schüler musste nämlich immer nur eine Strophe aufsagen. Das Zufallsprinzip war mir nicht immer gnädig.

Meine Begeisterung für die Schule erhielt rasch einen Dämpfer in Form des Rohrstocks. In unserer Familie wurden Kinder nicht geschlagen. Hier im Klassenraum aber wurde nicht lange gefackelt. Wenn man frechkam, sich verspätete, schmutzige Fingernägel hatte, die Schiefertafel oder das Heft vergessen hatte, tanzte sofort der Rohrstock. Der Lehrer war die unangefochtene Autorität. Dieser Meinung waren die Eltern übrigens auch.

Von den 45 Kindern unserer Klasse waren sieben jüdisch. Jeder wusste, wer katholisch, wer evangelisch oder jüdisch war, denn der Religionsunterricht wurde getrennt abgehalten. Die Konfessionszugehörigkeit stand auf jeder Kennkarte und auch bei der Anmeldung im Kindergarten, im Sportverein oder sonst wo, wurde die Religion angegeben. Nichts folgte daraus. Wir hatten doch auch jüdische Lehrerinnen und Lehrer. Wenn mal ein Schulkamerad kam und sagte: »Bist Jude, wa!«, dann war das ein Anlass so gut wie jeder andere, ihm gleich eine zu schmieren und eine Rauferei anzufangen. Damit war die Sache erledigt. Sich als Jude beleidigt zu fühlen, kam uns nicht in den Sinn. Im Gegenteil: Wenn der Lehrer kurz vor einem jüdischen Feiertag, an dem wir sieben natürlich schulfrei haben würden, fragte: »Wer von euch ist jüdisch?«, meldete sich stets die halbe Klasse.

Eines Sonnabends stürzte ich heulend aus der Schule geradewegs ins Café Meudtner, wo mein Vater mit Freunden zusammensaß. »Albert ... die Uhr ...!«, schluchzte ich. Albert, der eigentlich Abraham hieß, war mein Cousin, der Sohn meines Onkels Mois und meiner Tante Eugenie. Albert war gerade sitzen geblieben und so gingen wir, obwohl er anderthalb Jahre älter war als ich, in die gleiche Klasse. In gewisser Weise spiegelte sich in uns die Situation unserer Väter wider: Albert war der Sohn begüterter Eltern, meine waren ewig knapp bei Kasse. Albert war der Verträumte, ich der Pfiffige. Er war älter, ich immer nur der Kleine und Jüngere. Zum Abschreiben und Vorsagen aber war ich Albert sehr recht! Dafür konnte ich mich allerdings auch immer auf ihn verlassen. In brenzligen Situationen beschützte er mich wie ein großer Bruder.

Mit tränenerstickter Stimme pries ich meinem Vater gegenüber das Objekt meiner Verzweiflung: »So 'ne Glocke. Wie 'ne Zwiebel so groß. So eine muss ich auch haben«, heulte ich. Mein Vater begriff, dass mir diese Uhr geradezu lebenswichtig war. Albert bekam immer alles, was er wollte, weil sich seine Familie mehr leisten konnte. Dieses Mal wollte ich nicht hintanstehen. Mein Vater kapitulierte vor meinen Tränen. Mit der Straßenbahn 76, die vor unserer Tür hielt, fuhren wir zum KaDeWe am Wittenbergplatz. Hier hatte Alberts Vater die Uhr erstanden. Mein Vater kaufte mir also die gleiche Uhr, die zwei Mark siebzig kostete. Mein Seelenfrieden war wieder hergestellt. Stolz und glücklich trug ich die ›Glocke‹ am Arm.

Bis zum nächsten Sonntagmorgen! Denn sonntags besorgte mein Vater immer frische Schrippen bei unserem Bäcker um die Ecke in der Joachimsthaler Straße. Doch an jenem Sonntag gab es keine Brötchen bei den Behars! Wegen der Uhr mussten alle auf ihre Schrippen verzichten. Ausnahmsweise konnte ich an jenem Tag weder bei meinen Schwestern noch bei meiner Mutter auf Verständnis rechnen. Sie waren sich einig: Isaak wird immerfort verwöhnt – und zwar meist auf unsere Kosten!

Allmählich traute ich mich auch an schwerere Worte und ganze Sätze an den Häuserwänden und Litfass-Säulen heran: »Deutschland erwache!«, las ich da. Wieso, überlegte ich, schlafen wir denn alle? Auf einem Transparent an einer Eisenbahnbrücke entzifferte ich: »Die Juden sind unser Unglück!« Das stimmte doch gar nicht! Meine Familie und ich, wir hatten doch niemandem etwas getan!

Eines Tages tauchte mein Mitschüler Peter in einem weißen Hemd mit einem schwarzen Tuch um den Hals auf, dessen Enden von einer geflochtenen Lederschlaufe zusammen gehalten wurden. Das sah toll aus! So ein Tuch und vor allem so eine Lederschlaufe musste ich auch haben. Doch mir war auch klar, dass ich meinen Eltern mit solchen Kinkerlitzchen nicht schon wieder zu kommen brauchte. Als wenig später ein Mädchen mit ebensolchem Tuch und Schlaufe auf dem Schulhof erschien, war es mit meiner Zurückhaltung vorbei. Noch am gleichen Tag begann ich, meinen Vater zu bearbeiten.

Und richtig! Vater gab nach und wir spazierten in die Meineckestraße, wo in der Nummer 10 mehrere jüdische Organisationen untergebracht waren. Darunter auch der Sportverein Maccabi, bei dem ich später in der Abteilung Boxen Mitglied werden sollte. An jenem Tag aber sprachen wir beim Jüdischen Pfadfinderbund Deutschlands (JPD) vor. Ich trat dem Verband bei und als Zeichen meiner Zugehörigkeit erhielt ich kein schwarzes, sondern ein blaues Tuch mit einer metallenen Schlaufe. Ich war furchtbar enttäuscht: Keine Lederschlaufe! Aber ich tröstete mich rasch: Schön poliert machte auch die Metallschlaufe, auf der eine Lilie eingraviert war, eine Menge her. Am nächsten Tag stolzierte ich damit in die Schule: Nur ich, und kein anderer, durfte das blaue Tuch mit der funkelnden Schlaufe tragen!

Meine Leidenschaft für Uniformen war damit keineswegs gestillt: Auch die SA-Uniformen hatten es mir angetan. Besonders die Schulterriemen, die quer über dem Hemd getragen wurden. So ein Lederriemen musste her! Zu Hause experimentierte ich mit einer Schnur, die ich quer über mein Hemdchen knotete. Im Spiegel meiner Mutter musste ich feststellen: Das sah nach nichts aus! Auch Alegrina, die in Kostümfragen eine Autorität war, befand, dass es ohne Riemen besser sei. Das Lachen über meinen Aufzug konnte sie sich dabei nur mühsam verkneifen.

Eines Montags, ich war mittlerweile in der dritten Klasse, berichtete Peter in der großen Pause, als wir wie üblich in Gruppen auf dem Hof herumstanden, er sei am Wochenende »auf Fahrt« gewesen.

»Wohin bist du denn gefahren?«, wollte ich gleich wissen.

»Wir sind gelaufen, nicht gefahren«, erläuterte Peter.

»Also was: auf Fahrt oder gelaufen?«

»Auf Fahrt, Mensch, das heißt eben so. Schon am Sonnabend haben wir uns mit unserem Führer getroffen.«

Ich war baff: »Was? Mit Adolf Hitler???«

»Nein! Ein anderer Führer, wir haben einen ganz jungen.«

Bislang dachte ich, Adolf Hitler würde als Einziger diesen Titel tragen. Während ich noch darüber nachgrübelte, drehte Peter richtig auf:

»Jeder von uns hatte einen Rucksack dabei. Mit Futter. Und einer Decke.«

»Wozu denn mitten im Sommer eine Decke?«, hakte ich nach.

»Na, für die Nacht.«

Ich traute meinen Ohren nicht! »Du bist über Nacht von zu Hause weggeblieben?«

»Klar«, plusterte Peter sich auf.

Das war doch glatt gelogen! Nie im Leben hätte ich das gedurft.

»Gehört dazu«, lächelte Peter stolz. »Zuerst haben wir uns einen guten Platz für das Zelt gesucht. Dann haben wir's aufgebaut, uns auf die Decken gehauen, unseren Proviant ausgebreitet und Picknick gemacht. Jeder konnte sich von allem nehmen, nicht nur das, was er mitgebracht hatte.«

Das war Musik in meinen Ohren, dessen Schulbrote mindestens einmal die Woche nur dünn mit Tomatenmark bestrichen waren. Ich würde meine Stullen auf die Decke legen und mir schnell das Salami- und Käsebrot eines anderen schnappen.

Jetzt kam der Bursche richtig in Fahrt: »Dann haben wir Holz gesucht, und als die Nacht kam, ein Lagerfeuer gemacht ...«

»Ihr durftet aufbleiben, bis es dunkel war?« Schon wieder eine Schwindelei!

»'türlich! Und bis ganz spät haben wir dann Lieder gesungen. Unser Führer hatte nämlich eine Gitarre dabei.«

Das nun reizte mich weniger. Meine musikalische Begabung hielt sich nämlich in engen Grenzen! Im Musikunterricht verzichtete man gerne auf meine Mitwirkung, weil ich außer einem unmelodischen Gebrumm nichts herausbrachte.

»Später sind dann alle schlafen gegangen. Außer mir natürlich!«

Bestimmt!

»Ich hatte nämlich die erste Wache!«

Der war doch übergeschnappt. »Wozu das denn? Waren denn Feinde unterwegs?«, grinste ich.

»Ich musste die anderen eben beschützen!«

»Und womit?«

»Mit einer Uhr und einer Taschenlampe. Sobald ich ein Geräusch gehört habe, bin ich aus dem Zelt raus und hab mit der Taschenlampe alles abgeleuchtet«, Peters fuchtelnde Hände untermalten seine Heldentaten im dunklen Wald.

»Und wozu die Uhr?«

»Man darf nur eine Stunde Wache schieben. Dann ist der nächste dran, uns zu beschützen, und du kannst schlafen gehen.«

Ich war vollkommen aus dem Häuschen. »Nächstes Mal bin ich dabei. Ich frag nur noch meine Eltern«, verkündete ich.

»Da musst du aber erst mal bei uns eintreten.«

»Mach ich!«

Peter blickte auf die Erde. »Das geht nicht so einfach. Du bist doch Jude. Und Juden, glaube ich, nehmen wir nicht«, sagte er verlegen.

»Wir sagen denen einfach nicht, dass ich Jude bin.«

»Nee, nee«, meinte Peter jetzt sehr entschlossen, »das mach ich nicht.«

Wenig später kam Peter mit einer Tüte Nägel, einem Hammer und einem Holzbrett in die Schule, auf dem die Umrisse eines Hakenkreuzes vorgezeichnet waren. Sein »Verein« hatte ihn beauftragt, für das Einschlagen der Nägel Geld zu nehmen. Fünf Pfennig pro Nagel. Im Nu war er umzingelt. Jeder kramte nach einer Münze, drängelte sich, um unbedingt noch einen Nagel zu ergattern. Endlich steckten die Nägel alle im Holz. Krumm und schief, aber das fertige Hakenkreuz sah trotzdem sehr hübsch aus. Alle Kinder, auch die jüdischen, hatten mitgemacht. Nur ich hatte mich zurückgehalten. Keineswegs aus Klugheit oder weil ich über prophetische Fähigkeiten verfügte. Meine gesamte Barschaft betrug nämlich nur zehn Pfennig, mein ganzes Taschengeld. Ich kämpfte mit mir: einen Sechser für einen blöden Nagel oder den Groschen für eine Tüte Bonbons ...

1936 war ein ereignisreiches Jahr für mich. Ich wurde Bar Mitzwa, wir zogen in unsere erste eigene Wohnung, die Olympischen Spiele fanden in Berlin statt und ich musste die Schule wechseln.

Bar Mitzwa ist das große Ereignis im Leben eines jüdischen Jungen und besonders seiner Familie. Bar Mitzwa ist nach der Beschneidung die zweite Begegnung des jüdischen Jungen mit Gott. Mit 13 Jahren wird der Knabe zum Manne erhoben, ein vollwertiges Mitglied der Gemeinde, mit allen Pflichten und Rechten. Die Vorbereitungen zu meiner Einsegnung begannen schon über ein Jahr zuvor. Da jede Familie selbst bestimmen kann, wie umfangreich die Bar Mitzwa sein soll und meine religiös traditionell eingestellten Eltern, besonders meine Mutter, entsprechende Anforderungen hatten, war mein Pensum sehr umfangreich. Unser Rabbiner Avigdor bereitete mich auf meine Bar Mitzwa vor. Ich lernte aus der Thora zu lesen und kleine rituelle Handlungen vorzunehmen. Da der Text, den ich vorzutragen hatte, sehr lang war und ich das Lesen des ohne Vokale geschriebenen Hebräisch sehr mühsam fand, lernte ich weite Passagen auswendig. Zudem bereitete ich mit dem Rabbiner meine Ansprache – auf Ladino natürlich! – vor, die der Junge traditionsgemäß bei seiner Bar Mitzwa in der Synagoge hält. Kurz vor dem Ereignis machten wir eine Generalprobe vor Ort.

Zuvor waren Vater und ich in die Grenadierstraße im Scheunenviertel gegangen, um mir einen Tallith, einen Gebetsschal, und eine Kippa zu besorgen. Im Scheunenviertel wohnten dicht gedrängt viele Juden aus Osteuropa. Dort reihten sich koschere Lebensmittelläden und Restaurants, Betstuben und zahlreiche Geschäfte, die rituelle Gegenstände anboten, aneinander. Als mein Vater mir den Tallith umlegte und die Kippa aufsetzte, spürte ich, wie bewegt er war: Sein Sohn wurde Bar Mitzwa.

Meine Mutter dachte auch an die praktischen Seiten und fürchtete sich vor meinem Gesang: Da ich neben meinem mangelnden Talent auch schon recht krächzte und sie vermeiden wollte, dass ich mich und die Familie blamierte, verabreichte sie mir bereits eine Woche zuvor tagtäglich eine widerlich schmeckende Mixtur aus warmer Milch, Eigelb und Honig, damit meine Stimme gefälliger klang.

Unsere Synagoge befand sich in der Lützowstraße 110 in der ersten Etage eines Hauses, das der Firma Wertheim gehörte. 150 bis 200 Menschen hatten dort Platz. Unsere Verwandten und Freunde erwarteten mich schon am Eingang. Die Synagoge war bis auf den letzten Platz besetzt, auch weil an diesem Tag Rosch Haschana, Neujahr, war. Mir war mulmig zumute und die Krawatte, die mein Vater mir umgebunden hatte, würgte mich schrecklich.

Der Gottesdienst begann. Viele Male hatte ich die Bar Mitzwa bei anderen Jungen beobachtet, doch jetzt war ich dran. Ich trug eine der beiden Thorarollen durch die Reihen, die Gläubigen streckten die Hände nach ihr aus, ein symbolischer Kuss. Dann wurde ich zur Thora aufgerufen. Ich ging zur Bimah, auf der die Thora zur Vorlesung ausgerollt lag. Ich blickte auf, suchte meinen Vater in der Menge. Ich sah Tränen in seinen Augen glitzern.

Mit fester Stimme, wie mir meine Eltern hinterher immer wieder erzählten, las ich meine Parascha vor, den Abschnitt, der in der Woche meiner Geburt verlesen worden war. Als ich geendet hatte, erhob sich die Gemeinde und ich legte mein Bekenntnis ab: »Schma Jisrael Adonai Elohenu ... Höre Israel, der Ewige, unser Gott, der Ewige ist einzig.«

Nun war ich Bar Mitzwa.

Der Rabbiner breitete seinen Gebetsschal über meinen Kopf und segnete mich. Dann drängte ich mich durch die vielen Männer hindurch zur Empore, wo meine Mutter und meine Schwestern in der ersten Reihe saßen. Mama nahm mich fest in die Arme, ich spürte, wie sie vor Stolz und Freude mit den Tränen kämpfte. Auf meinem Weg nach unten tätschelten und herzten mich die anderen Frauen. Unten umarmte und küsste mich mein Vater. Und dann prasselten Bonbons von der Empore herab. Der ernste Teil war vorüber, die Feier hatte begonnen.

Zu meinen Ehren hatten meine Eltern am Abend in das Logenhaus in der Kurfürstenstraße geladen. Die Augen gingen mir über angesichts der Berge von Geschenken, die sich bald auf dem Tisch türmten. Die kleinen Umschläge mit Geldpräsenten nahm mein Vater sogleich an sich. Am besten aber gefiel mir die Gabe von Herrn Bessuodo, der extra zu meiner Bar Mitzwa aus Hamburg angereist war: Manschettenknöpfe mit kleinen, goldenen peruanischen Münzen besetzt.

Wenig später zogen wir in die Kantstraße 154a um. Wir schleppten unsere wenige Habe zwar nur 400 Meter weiter Richtung Savignyplatz, doch der Aufstieg war enorm. Endlich hatten wir eine eigene Wohnung, zudem im Vorderhaus, mit drei Zimmern, Küche, Toilette und gleich zwei Balkonen. Meine Schwestern und ich bekamen einen Raum für uns, und meine Eltern ihr eigenes Schlafzimmer. Da die Wohnung im dritten Stock lag und sich um die Ecke bis in die Fasanenstraße zog, hatten wir in mehrere Richtungen interessante Ausblicke. Wir guckten auf die S-Bahn, die ein paar Meter entfernt vorbeiratterte, auf die Fassade und die Kuppeln der prachtvollen Synagoge in der Fasanenstraße, auf den Delphi-Palast, ein beliebtes Tanzlokal, daneben das Theater des Westens und rechts davon die Kaiser-Wilhelm-Gedächtniskirche.

Im Parterre des Hauses befand sich ein Tante-Emma-Laden, betrieben von dem schon etwas älteren Ehepaar Anger. Schnell waren sie die Hauptlieferanten aller Waren unseres täglichen Bedarfs. Ihre Nähe kam meiner Mutter sehr entgegen, die sich mit dem Laufen wie gesagt recht schwer tat. Es blieb Angers nicht verborgen, dass bei Behars das Geld nicht eben üppig war. Schon nach kurzer Zeit begannen die Portionen zu wachsen, ohne dass sie dabei teurer wurden.

Bald verbrachte ich mehr Zeit bei den Angers als zu Hause. Die beiden hatten mich rasch in ihr Herz geschlossen und ich genoss es, mich inmitten all der verlockenden Dinge aufzuhalten. Der Laden war klein; dahinter befanden sich noch ein Flur und zwei Zimmer, in denen Angers wohnten. Die Regale reichten bis unter die Decke und waren voll gestopft mit allem, was man sich nur vorstellen konnte: von Gummibändern über Milch, Sago, Zucker bis hin zu Brot, Wurst, Käse, Obst und Gemüse. An der linken Seite erstreckte sich ein Glastresen. In seiner Mitte hatte er eine Vertiefung, wo die Ware und das Geld über den Tisch gingen.

Herr und Frau Anger waren typische Berliner: rau, aber herzlich. Herr Anger zechte gerne, Frau Anger schmiss den Laden. Ich lümmelte meistens in irgendeiner Ecke herum und ließ es mir gut gehen. Beständig schielte ich auf die beiden riesigen Bonbongläser, die auf der Ladentheke thronten: Das eine enthielt Lakritzschnecken, das andere grüne, süße Maiblätter-Bonbons. Doch bevor ich in die Gläser greifen durfte, musste ich ein Glas Milch trinken und anschließend ein Käsebrötchen essen. Danach reichte mir Frau Anger einen Apfel: »So, Isaakchen, den auch noch. Dann ...« und sie wies in Richtung Bobonnieren.

Am Abend trennte ich mich nur ungern von Angers, die ihr Geschäft bei aller Liebe zu mir dennoch irgendwann schließen und ein wenig für sich sein wollten. Ich hingegen musste zum Abendessen nach oben, auf das ich sowieso keinen Appetit mehr hatte. Manchmal schickte Mutter sogar meine Schwestern hinunter, die mich dann regelrecht von den Angers wegzerren mussten.

Hin und wieder gab es jedoch auch einen zwingenden Grund bei Angers vorbeizuschauen. Wenn ich aus der Schule kam, verkniff ich mir oft das Pinkeln so lange, dass ich es gerade noch bis zu Angers schaffte – und dort in die Hosen machte! Frau Anger löste das Problem immer sehr diskret und ich bildete mir ein, meine Mutter würde es nicht merken.

Wie ganz Berlin zogen auch mich die Olympischen Spiele in ihren Bann.

Die braunen Machthaber nutzten diese einzigartige Chance, sich und Deutschland als modern, weltoffen, gastfreundlich und friedliebend zu präsentieren. Die Inszenierung war bis ins kleinste Detail ausgetüftelt: Berlin putzte sich heraus, allenthalben wurde gebaut, renoviert und verschönt. Sogar zu einem Balkonwettbewerb wurde aufgerufen. Unseren Eckbalkon mit neuen Blumen zu bepflanzen, dazu konnte ich meine Eltern leicht überreden. Meine Bitte aber, zwischen die Pflanzen kleine Hakenkreuzfähnchen zu stecken, wurde mir sehr deutlich abgeschlagen.

Mir fiel auf, dass über Nacht die überall angebrachten Schilder – »Für Juden verboten«; »Juden und Hunde haben keinen Zutritt«, »Die Juden sind unser Unglück« –, wie auch die Schmierereien an den Häusern »Judas verrecke!« oder das allgegenwärtige »Juden raus!« verschwunden waren. Ebenso verstummten die antisemitischen Hetztiraden, die sonst aus dem Volksempfänger dröhnten, dem Einheitsradio für 78 Reichsmark, das der Volksmund längst in »Goebbelsschnauze« umgetauft hatte. Mein Vater erzählte, ein Kunde habe ihm berichtet, dass das Internationale Olympische Komitee Zweifel daran geäußert habe, ob in der deutschen Mannschaft jüdische Sportler vertreten sein würden. So kam Avery Brundage, ein Mitglied des Amerikanischen Olympischen Komitees nach Berlin gereist: Er konnte keine antisemitischen Vorkommnisse ausmachen. Zudem wurde er in ein Trainingslager geführt, wo jüdische Sportler sich eifrig für die Spiele fit machten. Dass kein einziger dieser Sportler wenig später an den Wettkämpfen teilnehmen würde, konnte der Gast aus Amerika nicht ahnen.

Meine Eltern unterhielten sich zwar über diese Ereignisse, mich aber interessierte das Spektakel mehr. Ein Höhepunkt ereignete sich schon am Tag der Eröffnung: Das olympische Feuer, das im Hain des Olymp entzündet worden war, wurde erstmals in der Geschichte der Spiele der Neuzeit von Fackelläufern an den Ort des Geschehens gebracht. An eben jenem Tag der Eröffnung würde der Fackelläufer die Straße Unter den Linden und das Brandenburger Tor passieren. Stunden zuvor war ich am Schauplatz des Geschehens, denn meine mangelnde Größe machte es unabdingbar, einen Platz in der ersten Reihe zu ergattern. Als sich dann schließlich der Fackelläufer näherte und, eskortiert von zwei donnernden Motorrädern und begleitet von ohrenbetäubendem Jubel, Richtung Olympiastadion vorbeizog, war ich außer mir vor Begeisterung.

Natürlich wollte ich für mein Leben gern ins Olympiastadion gehen und dort Wettkämpfe anschauen. Zusammen mit zwei Freunden, von denen einer auch aus einer sephardischen Familie stammte, gelang uns ein Coup. Fred Zacoutos Vater Nissim war ein wohlhabender Mann und besaß eine stattliche Opel-Limousine. Deren rechten vorderen Kotflügel schmückte ein türkischer Wimpel. Die Limousine wurde nicht etwa von Herrn Zacouto selbst gesteuert, sondern von seinem Chauffeur Zeitler in grauer Livree mit Mütze. Kaum dass wir drei Bengels in den Wagen gestiegen waren, sagte Zeitler uns, was wir zu tun hätten. Wir würden einfach am Olympiastadion vorfahren, unser türkisches Fähnchen würde uns als wichtige Persönlichkeiten ausweisen. Schließlich waren Deutschland und das Osmanische Reich im Ersten Weltkrieg Verbündete gewesen.

»Wenn ich anhalte, bleibt ihr sitzen, Jungs. Ich steige aus, laufe um den Wagen und öffne euch den Schlag. Ich nehme meine Mütze ab, grüße euch. Dann steigt ihr langsam aus. Wenn ihr lacht, versohle ich euch heute Abend eigenhändig den Hintern.«

Wir passierten die Absperrung, an der nur Taxis, Parteibonzen und offizielle Gäste durchgelassen wurden. Zeitler hielt an. Zum Aussteigen kam er gar nicht mehr, denn der Schlag wurde bereits von einem Nazi mit betresster Uniform und Goldkordel aufgerissen. Der Ehre nicht genug, grüßte er uns noch mit einem zackigen »Heil Hitler!« und stramm erhobenem Arm.

Meine Kumpane und ich waren völlig verdattert. Doch jetzt gab es kein Zurück mehr. Mit schlotternden Knien wankten wir über den roten Teppich ins Stadion. Dort fassten wir dann schnell wieder neuen Mut und jubelten den ganzen Nachmittag den Leichtathleten zu.

Nach Hause fuhren wir mit der S-Bahn. Schwarz. Denn heute, an unserem Glückstag, konnte uns nichts mehr passieren, da waren wir uns sicher.

Im Herbst 1936 erkrankte meine Mutter schwer. Sie wurde immer blasser und schwächer und konnte kaum mehr atmen. Ein Arzt, den wir trotz ihres Protestes nach ein paar Tagen zu Hilfe holten, diagnostizierte eine beidseitige Lungenentzündung. Er sagte, Mutter könne auf keinen Fall zu Hause bleiben. Ihr Zustand sei sehr ernst. Wir waren völlig verstört: Ein Leben ohne Mama im Haus, das ging doch gar nicht. In der Nacht heulte ich vor Angst um meine Mama in mein Kissen, und fragte mich, was aus uns werden würde, wenn sie ins Hospital käme. Am nächsten Tag brachten wir sie ins Jüdische Krankenhaus in der Iranischen Straße. Trotz der hervorragenden medizinischen Versorgung in diesem renommierten Haus kam meine Mutter nicht auf die Beine. Bei einem Besuch nahm der behandelnde Arzt Vater und mich beiseite: »Sie ist sehr geschwächt. Sie muss aufgepäppelt werden. Am besten«, er räusperte sich, »Sie bringen ihr eine kräftige Schweinsbrühe mit ...«

Auf dem Heimweg beratschlagten Vater und ich, was zu tun sei. Nie und nimmer würde meine Mutter ein Gericht anrühren, das mit Schweinefleisch zubereitet war. Aber darauf konnten wir nun keine Rücksicht nehmen.

Als wir Frau Anger baten, uns eine Schweinshaxe zu bestellen, schaute sie uns dermaßen verwundert an, dass wir ihr schließlich die Wahrheit sagten. Die gute Seele erklärte sich sofort bereit, das Fleisch günstig zu besorgen und zu einer Brühe auszukochen. Am nächsten Tag fuhren Vater und ich mit dem Henkelmann voller Schweinsbrühe ins Jüdische Krankenhaus im Wedding. »Kalbsbrühe, Mama. Das hat der Arzt gesagt, sollen wir machen, damit es dir schnell wieder besser geht«, stammelte ich und hielt meiner Mutter das Gefäß unter die Nase. Sie roch daran und runzelte die Stirn: »Isaakito, das ist doch ...«

»Ja, Mama, richtige Kalbsbrühe. Musst du essen. Ich und Papa haben sie doch extra für dich gekocht ...«

Wenige Wochen später war Mama wieder zu Hause.

Allmählich konnte ich mich nicht mehr darüber hinwegtäuschen, dass sich in der Schule und in meinem Alltag die Stimmung zu Ungunsten von uns Juden veränderte. Bislang hatten die meisten Einschränkungen, die Juden betrafen, uns nicht berührt. Keiner von uns Behars hatte eine hohe Stellung in Politik und Gesellschaft inne. Mein Vater war weder Arzt noch Anwalt, Richter, Notar oder Lehrer. Keiner von uns dachte daran, eine Universität zu besuchen oder gar zu promovieren. Keiner von uns war Schauspieler, Journalist oder Schriftsteller. Alle diese Berufsverbote und Einschränkungen betrafen uns nicht. Wir hatten kein Vermögen, über das wir hätten Rechenschaft ablegen können. Unsere Glaubensgenossen, deren Hab und Gut im In- und Ausland mehr als 5000 Reichsmark betrug, mussten dies 1938 offen legen.

Und auch die Tatsache, dass bald nur noch »ehrbare Volksgenossen deutschen oder artverwandten Blutes« einen Schrebergarten haben durften, betraf uns nicht. Wir hatten ja unsere zwei Balkone. Wir nahmen zwar wahr, was die anderen Juden erleiden mussten, wie sie zunehmend in Armut, Isolation und Verzweiflung getrieben wurden, aber es berührte uns nicht in dem Maße, wie es hätte sollen, denn es schien alles so weit weg von unserem Leben. Auch schützte uns noch immer unsere türkische Staatsbürgerschaft. Selbst als in der Schule eine Quotierung jüdischer Kinder eingeführt wurde, dachte ich nicht weiter darüber nach, weil es mich nicht betraf. Ich gehörte zur ersten der drei Gruppen, die davon ausgenommen waren: ausländische Kinder, Kinder aus so genannten privilegierten oder Mischehen und Kinder von Frontkämpfern des Ersten Weltkriegs.

Dass sich aber in der Schule der Ton von Lehrern und Schülern uns Juden gegenüber zunehmend verschärfte, konnte mir nicht verborgen bleiben. Auch waren unsere jüdischen Lehrer aus dem Schuldienst verschwunden. Schon im April 1933 waren sie beurlaubt worden. Keiner verlor mehr ein Wort über sie. Der Inhalt des Unterrichts veränderte sich. Nun stand auf einmal Rassenkunde auf dem Lehrplan des Biologieunterrichts. Wir freuten uns, denn etwas über Hunde, Katzen und Pferde zu erfahren, würde sicher Spaß machen. Wir waren schwer erstaunt, als wir begriffen, dass es in diesem Unterricht um Menschen gehen würde! Die große Karten, die nun an der Wand hingen, verdeutlichten die Unterschiede zwischen der arischen und jüdischen Rasse. Das linke Ohr sollte Auskunft über die Rassenzugehörigkeit liefern. Ich konnte nicht so recht erkennen, was an meinem linken Ohr denn so anders war als an dem meines Banknachbarn. Manches Mal musste ich als ›Anschauungsmaterial‹ herhalten. Ich hatte zwar schwarze Locken, aber doch keine Schläfenlocken, die mein Gesicht einrahmten, denn wir waren ja keine Orthodoxen. Und zwischen den Angehörigen meiner Familie, unseren jüdischen Freunden und den hässlichen Fratzen, die uns im Unterricht als Juden präsentiert wurden, konnte ich keine Ähnlichkeit entdecken. Geldverleiher waren wir Behars auch nicht, wir hatten selbst kaum genug, um über die Runden zu kommen. Das »deutsche Volk mit Wucherzinsen auszusaugen« lag uns armen Schluckern allemal fern. Dem »Weltjudentum«, das allenthalben angeprangert und für alle Missstände verantwortlich gemacht wurde, dem gehörten wir Behars doch auch nicht an. Und die endlosen Karikaturen der feisten Juden mit den riesigen Papageiennasen, die ihre Krallen immerfort nach irgendetwas reckten, sei es Geld, Gold oder ein blondzopfiges Mädchen, sah man so oft, dass wir uns schon fast an sie gewöhnt hatten.

Richtig weh aber tat mir das Verhalten meiner Klassenkameraden: Im Rassenkundeunterricht feixten viele und rieben sich aus Schadenfreude die Hände; keiner hatte Mitleid oder ein gutes Wort für uns jüdische Mitschüler übrig.

Eines Tages musste ich Klassenkeile über mich ergehen lassen. Zwar hielt sich meine Bande, allen voran Ritze, aus dem Händel heraus. Zur Hilfe kamen sie mir aber auch nicht. Wenig später fielen die Jungs wieder über mich her. Diesmal drosch meine Bande mit. Ich merkte, dass sie zwar auf mich einschlugen, dabei aber versuchten, mir nicht weh zu tun. Ritze war auch mit von der Partie. Jetzt war mir klar, dass es nicht mehr lange dauern konnte, bis der Tag kommen würde, an dem mich meine Kumpanen nicht mehr beschützen, sondern auch auf mich einprügeln würden.

Schlägereien waren auf dem Schulhof natürlich verboten, also lauerten die schlagfreudigen Kameraden uns Juden vor dem Schulportal auf. Wir gingen dem Handgemenge nicht aus dem Weg und wehrten uns kräftig. Da ich immer öfter arg zerzaust und angeschlagen nach Hause kam, riet mir meine Mutter, die mehr Angst hatte als ich, immer erst in der Schule zu warten, bis sich die anderen verlaufen hätten. »Früher oder später müssen die auch heim zum Mittagessen«, überlegte Mama. »Und dann läufst du los!«

Bereits 1935 war meiner Mutter die Gründung einer jüdischen Privatschule zu Ohren gekommen. Der Name »Dr. Leonore Sara Goldschmidt – Examination Centre of the University of Cambridge« klang anspruchsvoll. Als meine Mutter mir davon erzählte, bockte ich gleich. Ich wollte auf keinen Fall die Schule wechseln. Eines Tages fuhr Mutter mit mir zum Roseneck, eine der feinsten Adressen in Schmargendorf. »Da, schau, Isaakito, das ist deine neue Schule!«, Mutter deutete auf ein imposantes Palais. Eine Schule hatte doch so auszusehen wie die meine in der Bleibtreustraße! Mama musste da etwas verwechselt haben.

Meine Eltern überhörten meine zahllosen Einwände und beschlossen, mich so schnell wie möglich aus der deutschen Schule herauszunehmen, um mich vor der offensichtlich immer bedrohlicher werdenden Situation zu schützen. Städtische Gymnasien waren uns Juden längst verschlossen, einzige Ausweichmöglichkeit waren die Gemeindeschulen oder eben Privatschulen. Da meine Mutter felsenfest von der herausragenden Intelligenz und dem Lerneifer ihres Isaakito überzeugt war, setzte sie nun alles daran, mich in einer höheren Schule unterzubringen. Der ehrgeizige Lehrplan des Examination Centres schien ihr kein Hindernis, wohl aber das monatliche Schulgeld von 35 Reichsmark für Frau Dr. Goldschmidts »Lehranstalt für Mädchen und Knaben«. Unerschwinglich für uns. Glücklicherweise ermöglichten es viele wohlhabende Eltern der Schule, eine kleine Anzahl von Schülern unentgeltlich aufzunehmen. Zwei Nachweise mussten erbracht werden, um auf diese »Armenliste«, wie die anderen Schüler sie abwertend nannten, zu kommen: Zum einen mussten die Eltern darlegen, dass sie nicht in der Lage waren, das Schulgeld aufzubringen. Das war in unserem Fall schnell getan. Dann musste sich der Zögling einer Prüfung unterziehen, die bewies, dass er fähig war, dem Unterricht, der auf hohem Niveau und oft auf Englisch abgehalten wurde, zu folgen.

Bald schickten begüterte jüdische Familien aus ganz Deutschland ihre Kinder auf das Gymnasium in Berlin. Auch die Auswahl an guten Lehrern war groß, da viele jüdische Pädagogen, die aufgrund der »Judengesetze« aus dem staatlichen Schuldienst entlassen worden waren, eine neue Anstellung suchten. Das war auch für Frau Dr. Goldschmidt, eine Studienassessorin, die am Sophie-Charlotte-Gymnasium für Mädchen nicht länger hatte unterrichten dürfen, der eigentliche Anlass gewesen, eine eigene Schule zu gründen. Es begann ganz bescheiden mit fünf, sechs Schülern pro Klasse und ein paar Schulstunden am Tag. Die Behörden legten ihr Steine in den Weg, wo sie konnten. Aber der Andrang von Schülern wurde immer größer und Dr. Goldschmidt war nicht die Frau, die sich durch Widerstände von ihrem Ziel abbringen ließ. Vor 1933 hatte Leonore Goldschmidt eine Zeit lang in England unterrichtet. Sie entsann sich ihrer alten Verbindungen zur Universität Cambridge und erwirkte dort, dass ihre Berliner Schule als »Examination Centre of the University of Cambridge« anerkannt wurde. Ähnliche Modelle wurden damals von vielen jüdischen Firmeninhabern praktiziert. Man holte sich ganz offiziell ausländisches Kapital in das Unternehmen. Gelder aus dem Ausland waren zumindest anfangs für die Nazis tabu. Oder man übergab die Geschäfte an einen Arier, meist ein leitender Mitarbeiter des Hauses. Gerade diese Generosität wurde später oft bitter vergolten: Kaum saß der arische Volksgenosse im Sattel, warf er seinen früheren jüdischen Chef hinaus. Da die Juden entrechtet waren, gab es keine Möglichkeit für sie, vor Gericht zu ziehen.

Bei Frau Dr. Goldschmidt konnten die Schüler das »School Certificate Examination« erwerben, das einen Schulwechsel ins Ausland erleichterte und schließlich zum Studium an allen europäischen Hochschulen berechtigte. Ein wichtiger Schritt in Richtung Auswanderung. Auch gewann sie sechs englische Lehrer dafür, nach Berlin zu kommen und an ihrer Schule zu unterrichten. Die Unterrichtssprachen waren Deutsch und Englisch, als Fremdsprachen konnte man Latein und Französisch dazulernen. Bis 1939 gelang es Frau Dr. Goldschmidt, ihre kosmopolitische Insel im braunen deutschen Meer zu erhalten.

1936 wurde ich, nach einem Jahr Wartezeit, in die Schule aufgenommen.

Ich fuhr mit der Straßenbahn den Kurfürstendamm entlang und erreichte schließlich das Gebäude am Ende des Hohenzollerndamms am Roseneck. Das frühere russische Palais mit der großen Freitreppe war ein hochherrschaftlicher Bau. So bekam jeder Schüler gleich am Eingang eine Portion Respekt mit auf den Weg. An der Rückseite schlossen sich eine riesige Terrasse und ein wunderbarer Park an. Alles hier schien großzügig, hell und offen.

Erst allmählich wurde mir klar, wie angenehm es war, meinen Schulweg ohne Belästigung und den Unterricht ohne hämische Bemerkungen und Gängeleien absolvieren zu können.

Zunächst aber, als ich meinen Stundenplan eingehend betrachtete, schwante mir nichts Gutes: Da stand nicht nur »Geschichte« sondern auch »History«, nicht bloß Rechnen, sondern dazu »Mathematics«. Schon auf Deutsch war mir die Kunst der Zahlen verschlossen geblieben, wie sollte es da erst auf Englisch gehen? Jede dritte Stunde wurde auf Englisch abgehalten. Auch in den Pausen wurden die Schüler angewiesen, sich miteinander auf Englisch zu unterhalten; dies taten natürlich nur die wenigsten. Um dem Fachunterricht folgen zu können, erhielt ich täglich zwei zusätzliche Englischstunden. Auch musste ich kräftig pauken, denn ich hatte den Stoff eines Schuljahres in kürzester Zeit intus zu haben, um den Anschluss zu finden. Lernen, lernen, lernen – eine einzige Tortur für einen Faulpelz wie mich, die auch noch von morgens bis in den späten Nachmittag hinein dauerte, denn die Goldschmidt-Schule war als Ganztagsschule angelegt. Das außerordentlich gute Mittagessen, das jeden Tag an langen Tafeln mit feinem Besteck, Geschirr und Schüsseln, aus denen man sich selbst nehmen konnte, serviert wurde, versöhnte mich ein wenig mit meinem Los. Auch bei Brot und Kuchen, die allnachmittäglich zum Kaffee gereicht wurden, zeigte ich meist mehr Einsatz als in meinen Unterrichtsstunden.

Meine Mutter blickte, was meinen Bildungseifer anbelangte, in goldene Töpfe. Sie war überzeugt, ihr Isaakito würde es ohne weiteres zu einem »presidente« oder mindestens zu einem »professore« bringen. Der Schulalltag jedoch zeigte eine andere Wahrheit: Als am Jahresende die Zeugnisse verteilt wurden, konnte sich der eine oder andere Lehrer mit Kommentaren nicht zurückhalten: »Ich freue mich, der

Klasse mitteilen zu können, dass sogar der Schüler Isaak Behar versetzt worden ist.« Unter Gejohle und Gelächter scholl es aus der Klasse: »Hatte ja auch gute Nachbarn!« Über derartige Episoden bewahrte ich zu Hause natürlich Stillschweigen. Mama hätte so etwas ohnehin nicht geglaubt, aber besser war besser.

Auch anderweitig wurde in meine Bildung investiert. Meine Mutter besorgte mir ein Schülerabonnement im Theater des Westens. Sie stand am Fenster und winkte so lange, bis ich im Theater, das schräg gegenüber unserer Wohnung lag, verschwunden war. Beim ersten Mal gab es »Rigoletto«. Am Abend erzählte ich meiner Mutter die Handlung: Der Zwerg, die schöne Tochter, der charmante, aber treulose Herzog, der Sack, der Fluss ... Zwei Wochen später stand »Die Zauberflöte« auf dem Spielplan. Ich machte mich fein, Mutter winkte, ich betrat das Foyer. Dort wartete ich, bis Mama vom Fenster verschwunden war. Dann flitzte ich aus dem Theater und flanierte für die Dauer der Vorstellung über den Kurfürstendamm. Als ich nach Hause kam, fragte mich Mutter nach meinem Kunstgenuss. Ich erzählte vom Zwerg, der schönen Tochter, dem charmanten, aber treulosen Herzog ... Mama unterbrach mich: »Komisch, Isaakito ... das klingt doch genau wie Rigoletto ...«

Einer unserer Englischlehrer, Dr. Lewent, ein großer, hagerer preußischer Jude, der ein wenig hinkte und eine verkrüppelte Hand hatte, flößte uns Riesenrespekt ein. Gleich am ersten Schultag, als ich mich krampfhaft bemühte, mein Benehmen meiner neuen Umgebung anzupassen, geriet ich mit »Lifte«, wie wir ihn nannten, aneinander: In der Pause durften die Schüler in dem sehr gepflegten, riesigen Park hinter der Schule flanieren. Alle immer nur in einer Richtung, Hin- und Hergerenne kam nicht in Frage. Die Wege wurden von Trauerweiden gesäumt und überall waren Papierkörbe aufgestellt. Ich tippelte allein meines Weges. Der Boden war vom vielen Regen aufgeweicht und rutschig. Vor mir liefen zwei Klassenkameraden, die unentwegt miteinander schwatzten. Einer zielte mit seinem Stullenpapier auf den Papierkorb. Daneben! Die Jungs liefen weiter. ›Besser aufheben, bevor der Verdacht auf dich fällt‹, dachte ich mir und machte einen Satz in Richtung Papier. Prompt rutschte ich aus, konnte mich gerade noch an dem Ast einer Weide festhalten. Als ich mein Gleichgewicht wieder gefunden hatte, pickte ich das Papier auf und warf es ordentlich in den Korb. In diesem Moment kam »Lifte« auf mich zu. Mit gezücktem Notizbuch fragte er: »Name? Klasse?« Schüchtern, aber zuversichtlich machte ich meine Angaben. Ich war mir sicher, für mein mustergültiges Verhalten eine Belobigung zu erhalten. Kein schlechter Anfang! Stattdessen gab es einen Tadel im Klassenbuch: »Schüler Behar wälzt sich am Boden und beschädigt die Anlage der Schule.« Ich war todunglücklich, denn solche Einträge waren mir völlig neu und außerdem fand ich an meinem Verhalten nichts auszusetzen. Später erfuhr ich, dass erst drei Tadel von Dr. Lewent als Klassenbucheintrag gewertet wurden.

Auf andere Weise als »Lifte«, aber mindestens ebenso tief, beeindruckte mich unser Religionslehrer, Rabbiner Dr. Nußbaum. Er war jung, sah sehr gut aus, war stets elegant und charmant. Ich bewunderte ihn grenzenlos. Nußbaum amtierte in der Synagoge in der Wilmersdorfer Markgraf-Albrecht-Straße. Eigentlich besuchte ich immer unsere Synagoge in der Lützowstraße, nun aber eilte ich ständig in den »Friedenstempel« nach Wilmersdorf, um Nußbaums Gottesdienste zu besuchen und seinen Predigten zu lauschen. Auch engagierte ich mich auf einmal im Jugendgottesdienst. Mein Berufswunsch stand nun fest: Rabbiner – wie Dr. Nußbaum. Meine Mutter war begeistert. Sie, die immer so großen Wert auf unsere religiöse Erziehung gelegt hatte, glaubte nun die Früchte ihrer jahrelangen Bemühungen in greifbarer Nähe.

An Hohen Feiertagen trug Rabbiner Nußbaum seinen Talar aus weißer Seide und ein weißes Barett. Als er den Segen sprach und dabei die Arme ausbreitete und die weiten Ärmel seines Gewandes sich entfalteten, glaubte ich Moses vor mir zu sehen, der vom Berg Sinai zu seinem Volk herabstieg. Eine Offenbarung!

Als Nußbaum anschließend mit der Thora durch die Reihen schritt, fiel mir plötzlich auf, dass die umstehenden Frauen ebenso wie ich nur auf den Rabbiner starrten und nicht auf die Thora, die Königin der Juden! Nußbaum lächelte in die Runde. Schlagartig war mir klar: Nußbaum war ein eitler, geltungssüchtiger Mann. Ein Schauspieler. Unter einem Rabbiner aber stellte ich mir etwas anderes vor. Ich würde meinen Berufswunsch überdenken müssen.

Rabbiner Nußbaum unterrichtete bis zur Schließung der Schule 1939; dann wanderte er in die USA aus und wurde später Oberrabbiner von Hollywood!

Nach dieser Enttäuschung wendete ich mich irdischen Dingen zu. In die Goldschmidt-Schule gingen auch Mädchen und schon bald war ich heftig verknallt. Und zwar hatte ich mein Herz gleich zweimal verschenkt: einmal an Stella Goldschlag, ein bildhübsches Mädchen mit dichten, goldenen Locken und einer wunderbaren Sopranstimme. Sie war der absolute Star der Schule. Alle Jungs waren hinter ihr her und ich musste mir bald eingestehen, dass ich wenig Chancen bei ihr hatte: zu klein, zu jung ... Trotzdem sprach ich Stella immer wieder an und schwatzte mit ihr. Stolz berichtete ich meinen Kameraden, die in einiger Entfernung eifersüchtig lauerten, wie ich Stella »erobert« hatte. Damals konnte ich noch nicht ahnen, dass die Bekanntschaft mit Stella mich eines Tages beinahe das Leben kosten sollte.

Da Stella mich nicht erhörte, besann ich mich auf meine Banknachbarin Inge Meier, die ebenfalls ein wunderschönes Mädchen war. Wir freundeten uns rasch an. Auch unser Zeichenlehrer war in Inge vernarrt und überreichte ihr kleine Liebesbriefe mit Zeichnungen, die seine Einladungen illustrierten. Als ihrem Vertrauten zeigte Inge mir voller Stolz diese Briefchen. Ich war rasend eifersüchtig. Auch beäugte ich den Zeichenlehrer mit größtem Argwohn, wenn er durch die Klasse ging und »Nachhilfe« beim Zeichnen gab. Bei Inge schien er immer ganz besonders lange zu verweilen, sich besonders nah zu ihr hinunterzubeugen. Für meine Künste hingegen fiel immer nur ein knappes »Ganz nett, Isaak!« ab.

Unser Mathematiklehrer Dr. Rabau war allerdings weniger charmant zu Inge. Jeden Morgen, wenn er das Klassenzimmer betrat, riss er ein Kalenderblatt ab. Den »Spruch des Tages« widmete er dann jeweils dem Schüler, für den er passend schien. Eines Morgens schmunzelte er und sagte: »Inge, heute haben wir etwas für dich: ›Schönheit und Verstand sind selten verwandt‹«, worauf ein Sturm von Gelächter und Beifall aus der Klasse folgte. Ich erstarrte. Inge traten die Tränen in die Augen. Wie konnte Rabau es wagen, meine Freundin derart zu beleidigen?

»Isaakito! Steh auf! Du musst zur Schule!«, wisperte meine Mutter. Jeden Morgen um halb sieben kam sie in unser Zimmer, weckte mich leise, um meine Schwestern nicht zu stören. Dann huschte sie zurück ins elterliche Schlafzimmer.

So auch am Morgen des 10. November 1938. Draußen war es noch stockdunkel. Ich tapste ins Wohnzimmer, wo meine Mutter mir immer am Abend zuvor meine Anziehsachen auf einem Stuhl zurechtlegte. Ich tastete an der Wand nach dem

Lichtschalter, als mir plötzlich auffiel, dass das Zimmer hell erleuchtet war. An den Wänden und der Decke flackerte ein rötlicher Schein. Was war das? Ich trat ans Fenster. Gegenüber, in der Fasanenstraße, keine fünfzig Meter von uns entfernt, wütete ein riesiges Feuer. Die Synagoge brannte!

Mein Blick fiel auf den Eingang des mächtigen Gotteshauses, aus dessen Kuppeln nun die Flammen schlugen. Ich traute meinen Augen nicht: SA-Leute rannten immer wieder in die Synagoge hinein und kamen mit Stapeln von Gebetsbüchern, dem Parochet, dem Vorhang vor dem Thora-Schrein, einigen Thora-Rollen und Bündeln von Gebetsschals wieder hinaus. Sie warfen alles auf einen Haufen, um dann gleich wieder hineinzurennen. Was war das? Die SA rettete unsere jüdischen Kultgegenstände? Vor der Synagoge standen unzählige Feuerwehrleute herum.

Ich guckte nach oben. Auf den Dächern der umliegenden Häuser konnte ich vereinzelt Feuerwehrleute mit Wasserschläuchen in der Hand ausmachen. Als ich genauer hinsah, fiel mir auf, dass die Feuerwehrmänner mit dem Rücken zur brennenden Synagoge standen. Und die dünnen Wasserstrahlen richteten sie nicht auf die brennende Synagoge, sondern auf die Dächer der Häuser ringsum, die gar nicht brannten. Nun verstand ich gar nichts mehr. Warum löschten die denn nicht das Feuer? Ich blickte wieder hinunter zum Eingang der Synagoge. Der Haufen mit den Kultgegenständen war gewachsen. Man konnte also noch eine Menge retten. Sollte ich hinunterrennen und mithelfen?

In diesem Augenblick sah ich, wie ein SA-Mann eine brennende Fackel in den Haufen warf. Die Thora-Rollen, der Parochet, die Gebetsschals gingen in Flammen auf. Ich sah, wie sich die Gebetbücher unter der Hitze des Feuers öffneten und dann zu Asche zerfielen.

Ich schrie: »Schnell, Mama, Papa – kommt schnell. Schnell ...« Meine Eltern und Schwestern stürzten herbei.

Gemeinsam standen wir am Fenster, starrten entsetzt auf das Inferno. Mutter sank zwischen uns auf einen Stuhl. Als ich meinen Blick von den Flammen zu ihr wandte – ich wollte schauen, wie sie, die doch die Religiöseste in unserer Familie war, die Hüterin unseres Glaubens, den schrecklichen Anblick verkraftete –, sah ich, dass ihr aus den Augenwinkeln die Tränen über das Gesicht rannen. Mein Herz zog sich zusammen. Ich trat zu ihr, wischte ihr sachte über die Wangen. Doch die Tränen flossen unaufhörlich. Mein Vater beugte sich zu ihr hinüber, legte den linken Arm um Mamas Schulter und drückte sie an sich: »Lea, wein doch nicht. Es sind doch nur Steine, die da brennen.« Meine Mutter schüttelte fast unmerklich den Kopf: »Ja, Nissim. Jetzt brennen die Steine. Und bald werden auch Menschen brennen.«

Ich war wie vor den Kopf gestoßen. Vater und ich wollten Mama trösten und sie reagierte mit einer derart absurden Übertreibung! Aber ihr fehlte eben die nötige Bildung, um die Lage richtig einschätzen zu können. ›Ich habe halt nur eine dumme türkische Mama, die nicht richtig lesen und schreiben kann‹, dachte ich bei mir. Und schnell weiter: ›Lieben tu ich sie trotzdem.‹

In den nächsten zwei Tagen verließen wir das Haus nicht. Aus unserem Esstisch, zwei wackeligen Kommoden und ein paar Stühlen errichteten wir ein armseliges kleines Bollwerk hinter unserer Wohnungstür, das uns, so redeten wir uns ein, wenigstens ein bisschen Schutz gewähren würde. Als wir uns wieder hinauswagten, liefen wir sofort zu Vaters Geschäft hinunter. Wie durch ein Wunder war es von den Zerstörungen und Plünderungen, die allenthalben stattgefunden hatten, verschont geblieben. Vielleicht weil wir als Türken und nicht unbedingt als Juden galten? Vielleicht hatten wir aber auch einfach nur Glück gehabt.

Kein Glück hatte zunächst mein gleichnamiger Vetter

Isaak Behar, Sohn des Lieblingsbruders meines Vaters, Elia. Mein Onkel kam, sobald er sich wieder auf die Straße traute, zu meinem Vater und berichtete, Isaak sei ins Konzentrationslager Buchenwald verschleppt worden. Zum ersten Mal hatte es einen von uns getroffen, erfuhren wir am eigenen Leib, was anderen schon widerfahren war, was in unserer Stadt mit uns Juden geschah.

Einige Tage später kam Herr Bessuodo aus Hamburg zu meinem Vater. Er wusste mehr zu berichten: In der »Aktion«, so wurde von der Propaganda behauptet, habe sich der »Volkszorn« über das Attentat, das der junge Jude Herschel Grynszpan auf den Diplomaten Ernst vom Rath in Paris verübt hatte, »spontan« entladen. Grynszpan hatte auf die Ausweisung seiner Eltern, die aus Hannover an die polnische Grenze verschleppt und dort ausgesetzt worden waren, aufmerksam machen wollen.

In Wirklichkeit aber, und das habe Bessuodo in Hamburg genau beobachten können, hätten SA und SS und keineswegs das Volk die Straße regiert und seien für den Hauptteil der Zerstörungen verantwortlich. Fast 200 Synagogen waren in Brand gesetzt worden, manche von ihnen waren bis auf die Grundmauern zerstört, tausende Geschäfte und Wohnungen waren verwüstet und 30 000 Juden verhaftet und zum Teil in Konzentrationslager verschleppt worden. Und nun, am 12. November, stellte Göring die »Reichskristallnacht« den Juden in Rechnung: Wir mussten eine Milliarde Reichsmark als »Sühneleistung« für den Tod vom Raths bezahlen. Auch mussten jüdische Einrichtungen, die verwüstet worden waren, sofort und auf eigene Kosten für ihre Wiederherrichtung sorgen. Versicherungen waren angewiesen, keinen Pfennig zu bezahlen.

Diesmal war die Stimmung bei Bessuodos Besuch, der sonst immer heiter und fröhlich war, sehr gedämpft.

Als ich nach ein paar Tagen wieder zur Schule ging, erfuhr ich die nächste Hiobsbotschaft. Das Gerücht, die Schule solle nach der Pogromnacht geschlossen werden, machte die Runde. Man berichtete sich, dass Frau Dr. Goldschmidt und ihr Mann nur haarscharf der Verhaftung entgangen waren. Ihr Sohn Rudi solle die Gestapo an der Nase herumgeführt haben und so hätten seine Eltern in letzter Minute nach Dänemark entkommen können. Später wollten sie weiter nach England reisen. Die Schule war ein Zufluchtsort für uns alle und der sollte uns nun genommen werden. Dr. Lewent, der gefürchtete »Lifte«, hatte als stellvertretender Direktor jetzt die traurige Aufgabe, die Schließung der Schule abzuwickeln.

Obwohl ich nie ein emsiger Schüler gewesen war, hatten der straffe Lehrplan und die gute Atmosphäre meinen Ehrgeiz doch geweckt. Noch drei Jahre hatte ich bis zum Abitur und das wollte ich unbedingt machen. Auch um Mama zu beweisen, dass sie wirklich stolz auf mich sein konnte. Doch wo sollte ich das Abitur nun ablegen? Deutsche Gymnasien waren uns ja längst verschlossen. Als einzige Möglichkeit blieben jetzt nur noch die Schulen der Jüdischen Gemeinde. Wieder nahm meine Mutter mein Schicksal in die Hand und verkündete, dass ich ab sofort auf die Gemeindeschule von Adass Jisroel in Siegmundshof gehen würde. Diese lag unserem Wohnort am nächsten. Und dort würde man allemal besonderen Wert auf meine religiöse Erziehung legen, verkündete Mutter. Das machte mir den Schulwechsel nicht eben schmackhafter.

Auch für meinen Vater und damit für uns alle ergab sich eine schwerwiegende Veränderung. Nach nur zwei Jahren musste er seinen Teppichladen, den er mit großer Umsicht und mit Erfolg geführt hatte, aufgeben. Es war Juden nicht mehr erlaubt, ein Einzelhandelsgeschäft zu betreiben. Unsere ohnehin unsichere wirtschaftliche Situation wurde noch prekärer.

Die meisten unserer nichtjüdischen Bekannten und Freunde hatten uns mittlerweile den Rücken gekehrt. Es war ihnen unangenehm oder zu gefährlich, mit uns Kontakt zu halten. Manche von ihnen hatten versucht, uns zu erklären, warum sie sich nun ›offiziell‹ von uns abwenden müssten, doch die meisten vermieden einfach ein Zusammentreffen ohne jede Erklärung. Nun konnte ich auch meine Klassenkameraden von der Goldschmidt-Schule nicht mehr sehen. In meine Einsamkeit trat der Nachbarsjunge aus der Kantstraße, mit dem ich früher nicht so recht etwas zu tun haben wollte, weil er mir zu jung war, der sich jetzt aber als treuer Freund erweisen sollte: Robert Gaffron. Robert war nun 14, ich 16 Jahre alt. Robert hatte keine Angst, auf der Straße stehen zu bleiben und ausführlich mit mir zu quatschen. Dabei machte er keinen Hehl aus seiner Ansicht, dass die Nazis sich uns Juden gegenüber »beschisssen« benehmen würden. Wäre er mit dieser Äußerung verpfiffen worden, hätte das Robert den Kopf kosten können. Auch als ich ab September 1941 den »Judenstern« tragen musste, hielt Robert, anders als alle anderen, immer den Kontakt zu mir. Im September 1942 wurde er zum Arbeitsdienst verpflichtet und kurz darauf als Soldat eingezogen. Nun musste ich mich auch von dem letzten Freund, der mir noch geblieben war, trennen.

Doch damals waren wir längst in eine andere bedrohliche Isolation geraten: Als ich eines Nachmittags im April 1939 nach Hause kam, war die Stimmung sehr gedrückt. Meine Mutter reichte mir ein Schreiben: Die Regierung in Istanbul forderte uns auf, unsere türkische Staatsbürgerschaft überprüfen zu lassen. Uns allen war sofort klar, dass dies fatal war, denn es bedeutete, dass unsere Pässe zu dieser »Überprüfung« eingezogen würden. Andere türkische Juden hatten uns bereits erzählt, dass sie ihre Pässe nie wieder gesehen hatten. So machten wir uns mit ungutem Gefühl auf den Weg in die Burgstraße, zur Ausländerpolizei. Wie befürchtet, wurden uns die Pässe abgenommen.

Selbstverständlich stellte mein Vater sofort die notwendigen Anträge auf Erhalt unserer Staatsbürgerschaft. Ihm wurde bedeutet, dass in der Türkei Anliegen solcher Art mehrere Jahre Bearbeitung in Anspruch nehmen würden. So bekamen wir nun einen deutschen Fremdenpass mit dem Vermerk: »Staatsangehörigkeit: Türkei«. Wenig später wurde dies zunächst durch »Staatsangehörigkeit: ungeklärt« und schließlich durch »staatenlos« ersetzt. Wir hatten unseren letzten Schutz verloren.

Im Spätsommer 1939 ging ich zum ersten Mal in meine neue Schule. Schon das düstere Gebäude in Siegmundshof ließ nichts Gutes ahnen. Wehmütig dachte ich an die gepflegte, großzügige und lichte Atmosphäre der Goldschmidt-Schule zurück. Als ich das Klassenzimmer betrat, traute ich meinen Augen nicht. Nur Jungs saßen da. Und die meisten von ihnen trugen Schläfenlocken, eine Kippa oder einen schwarzen Hut mit breiter Krempe. Ich war in einer orthodoxen Schule gelandet! Bisher hatte ich wenig Berührung mit dem orthodoxen Judentum gehabt. Meine Eltern standen fest in der jüdischen Tradition, lebten traditionell, pflegten uns Kindern gegenüber aber durchaus liberale Auffassungen. Sie hatten meine Schwestern und mich immer vorbehaltlos unterstützt, am modernen Leben teilzuhaben. Wir besuchten nicht die orthodoxen Gottesdienste und in unserer Synagoge wurde nach konservativ-sephardischem Ritus gebetet. Selbstverständlich aßen wir kein Schweinefleisch, aber streng koscher gekocht wurde bei uns auch nicht. Nicht immer beachteten wir die genaue Trennung von Milch und Fleisch. Und gerade ich hielt mich keineswegs an die Speisevorschriften: An Pessach hatte ich die Mazze, das ungesäuerte Brot, meist schon nach zwei Tagen dicke und überredete irgendeinen Schulkameraden, meine Mazze gegen ein Salamibrot zu tauschen. Auch meinem Tauschpartner kam das »Judenbrot« als Abwechslung ganz recht. Solche Transaktionen verschwieg ich meiner Mutter natürlich. Doch mit solchen Späßen war es nun ohnehin schon lange vorbei.

Zunächst tadelte mich der Lehrer, der einen langen grauen Bart hatte, dass ich keine Kippa trug. Er reichte mir eine und gab mir zu verstehen, dass es von nun an nicht mehr als Entschuldigung gelten würde, sie zu vergessen. Ich setzte mich in eine der hinteren Bänke und sperrte sogleich die Ohren auf. Hier wurde natürlich nicht Englisch wie in der Schule am Roseneck gesprochen, aber damit, dass ein großer Teil meiner neuen Klassenkameraden während der Stunden und in den Pausen Jiddisch oder Hebräisch sprechen würde, hatte ich wirklich nicht gerechnet. Durch meinen Religionsunterricht und besonders die eingehende Vorbereitung auf meine Bar Mitzwa glaubte ich, ganz passabel Hebräisch zu können. Verglichen mit den Kenntnissen meiner Mitschüler war ich allerdings fast ein Analphabet!

Während des Schultages wurde zweimal gebetet. Wenigstens das war keine Schwierigkeit für mich, denn die meisten Gebete konnte ich auswendig mitsprechen und bei den anderen verstand ich zumindest die elementarsten Begriffe. Eines Tages, wir nahmen kurz vor Pessach die Haggadah durch, die den Auszug der Kinder Israels aus Ägypten schildert, fing mich ein Mitschüler auf dem Pausenhof ab: »Kapierst du eigentlich, was du da gerade gebetet hast?« Freimütig bekannte ich: »Nicht so ganz!« Der Junge lächelte überlegen: »Das habe ich mir schon gedacht. Du kriegst nämlich auch nicht mit, wenn wir uns über dich unterhalten ... Und ich kann dir auch sagen, warum du nichts kapierst. Du bist nämlich kein richtiger Jude. Du bist nur ein nachgemachter Jude!« Er drehte sich um und ging fort.

Warum sollte ich kein richtiger Jude sein? Ich war fest im jüdischen Glauben erzogen worden, besonders meine Mutter legte immer strengen Wert auf die Beachtung der Traditionen und Rituale und betete mit uns.

Von meiner nichtjüdischen, deutschen Umgebung wurde ich gemieden und verachtet, weil ich Jude war. Und hier, in der jüdischen Schule, wurde ich gemieden und belächelt, weil ich kein richtiger Jude war. Einmal zu viel Jude, dann wieder zu wenig Jude ... Nun war ich vollends durcheinander.

Am 1. September 1939 schallte es aus dem Radio. »Seit 5:45 Uhr wird jetzt zurückgeschossen.« Krieg. Merkwürdig, dachte ich bei mir, dass die Polen den Sender Gleiwitz überfallen haben sollen. Auch Vater war sicher, dass das, was da erzählt wurde, so nicht ganz stimmen konnte.

Im Geschichtsunterricht hatte ich gehört, mit welcher Begeisterung im August 1914 die Deutschen, nichtjüdische wie jüdische, in den Krieg gezogen waren. Diesen Enthusiasmus konnte ich nun nirgendwo spüren: Im Gegenteil, die allgemeine Stimmung schien mir sehr gedrückt.

Wir Juden nahmen die Nachricht vom Ausbruch des Krieges zunächst recht positiv auf. Wir waren sicher, dass der Waffengang nicht lange dauern würde, dass Deutschland rasch in die Knie gezwungen würde. Dann, so hofften wir, würden auch die Repressalien, mit denen wir Juden nun schon seit sechs Jahren drangsaliert wurden, ein Ende haben.

Es kam anders. Deutschland war siegreich. Unerhört siegreich. In weniger als einem Jahr waren Polen, Dänemark, Norwegen, Holland, Belgien, Luxemburg und Frankreich überrannt und von deutschen Truppen besetzt. Mit jeder Siegesmeldung wurden unsere Gesichter lang und länger. Und wenn jetzt wie so häufig aus den Lautsprechern schallte: »Heute gehört uns Deutschland und morgen die ganze Welt«, schien das nicht mehr alberne Großtuerei, sondern bedrohliche, greifbare Wirklichkeit. Nicht nur die Hoffnung, dass wir bald wieder so wie einst ein normales Leben würden führen können, rückte in immer weitere Ferne. Auch drangen aus den besetzten Gebieten schlimme Meldungen zu uns: Überall, wo die Deutschen einmarschiert waren, setzten sie die Anwendung ihrer »Judengesetze« durch. Umgehend begannen gnadenlose Judenverfolgungen. Wir hörten nicht sehr viel, aber das, was uns zu Ohren kam, versetzte uns in größte Unruhe.

Was sollten wir tun, wo sollten wir hin? Auswandern kam für uns nicht in Frage. Der Großteil unseres Clans hatte Berlin schon vor geraumer Zeit verlassen: Onkel Mois und Tante Eugenie waren nach Schanghai gegangen, Onkel Marco und Tante Rebecca nach Frankreich, nur Onkel Elia und seine Familie waren noch hier. Doch sie lebten an der Jannowitzbrücke und es war sehr beschwerlich geworden, einander zu besuchen.

Uns Behars fehlten die Papiere, die Visa, das Geld – kurz, alles, was man brauchte, um Deutschland verlassen zu können. Schon seit ihrer Machtergreifung hatten die Nationalsozialisten den Juden, die auswandern wollten, durch eine Bestimmung nach der anderen Steine in den Weg gelegt. Vermögen wurden konfisziert, strenge Richtlinien darüber erlassen, was man aus Deutschland mitnehmen durfte. Und kein Land, das Flüchtlinge aufnimmt, will gerne armen Schluckern Asyl gewähren. Auch waren die wenigsten Länder, so wussten wir nach der Konferenz von Evian im Sommer 1938, bereit, ihre Einwanderungsbestimmungen zu lockern. Dabei konnte es niemandem verborgen geblieben sein, dass die Lage der Juden in Deutschland immer schwieriger wurde.

Unsere Familie schloss sich noch enger zusammen, als sie ohnehin schon verbunden war. Trotz der immer größeren Einschränkungen, die nun auch wir im Alltagsleben ertragen mussten, versuchten wir so »normal« wie möglich weiterzuleben und uns gegenseitig Mut zu machen.

Schlecht und recht schlug ich mich durch das Pensum in der Adass-Jisroel-Schule. Lange sollte mein Aufenthalt dort nicht dauern. Noch vor Schließung der Schule im Jahre 1941 wurde ich zur Zwangsarbeit verpflichtet. Ich hatte mich in der Schule in Siegmundshof nie wohl gefühlt. Aber bei dem, was nun kam, sollte ich mich bald dorthin zurücksehnen.

Behrens

Es war Mittagszeit. Ich hockte mich auf den Boden im Hof und breitete ein Stück Zeitungspapier aus. Aus der Jackentasche holte ich mein Essen, das ich von zu Hause mitgebracht hatte. Ich war glücklich, denn heute war ich, wie alle sechs Wochen, mit der Pelle dran. Wenn es bei uns zu Hause Kartoffeln gab, und das kam nur noch höchst selten vor, kochte sie meine Mutter immer nur als Pellkartoffeln. Die Schale aßen wir dann auch. Mama hatte bestimmt, dass abwechselnd einer von uns die Pelle von allen anderen bekam. Sonst wären die Portionen gar zu karg ausgefallen.

Meine Schnitte hatte ich schon verspeist. Nun, als krönenden Abschluss meines Mahles, breitete ich meine Pelle auf dem Zeitungspapier aus. Langsam und genüsslich kaute ich meine Schalen.

Ein Schatten fiel über mein Mahl. Köhler!

»Was frisst du denn da, Israel?«

»Pelle, Herr Köhler.«

Er lächelte bösartig: »Was für eine Pelle denn?«

»Von Kartoffeln«, erwiderte ich kleinlaut.

»Schau an! Der Jud frisst Kartoffelschalen – wie ein Schwein. Na ja, gleich und gleich gesellt sich gern.«

Mit seiner Stiefelspitze schob Köhler ganz langsam ein Sandhäufchen über mein Essen. Dann ging er gemächlich davon. Köhler drehte sich noch einmal kurz um: »Guten Appetit weiterhin, Israel!«

Ich wollte aufspringen. Hinterher. Ihn erschlagen.

Ich blieb hocken. Ich hatte schon lange gelernt, mich zu beherrschen.

Seit März 1942 leistete ich Zwangsarbeit in der »Chemischen Reinigung und Militärfärberei Bergmann« in der Straße Alt Moabit. Wie die meisten Betriebe war auch dieses Unternehmen bei Kriegsbeginn als militärisch wichtiger Versorgungsbetrieb eingestuft worden. Hier wurde Kriegsbeutekleidung, also Uniformen, hauptsächlich Mäntel, Hosen und Jacken, repariert und wieder »einsatzfähig« gemacht. Im Erdgeschoss schufteten zwangsverpflichtete Juden an riesigen Bottichen, in denen erbeutete Militärmäntel grün gefärbt wurden. Es war dort unerträglich heiß und feucht, und die chemische Farbe verbreitete einen giftigen Gestank. Im restlichen Gebäude waren Wäschereien, Bügeleien, Nähereien verteilt, in denen allerdings keine Juden arbeiteten.

Mit Anfang des Krieges, als die Männer im wehrpflichtigen Alter eingezogen wurden, mussten deren Arbeitsplätze neu besetzt werden. Schon vor Beginn des Waffenganges wurde zudem die Produktion in Rüstungs- und Versorgungsbetrieben hoch gefahren, 24 Stunden am Tag mussten die Maschinen laufen: »Räder müssen rollen – für den Krieg«.

Als erstes griffen die Nationalsozialisten, die immer die häuslichen Tugenden des Weibes gepriesen hatten, auf die Frauen zurück, als es um die Neubesetzung der Arbeitsplätze ging. Frauen, deren Männer meist im Feld waren, standen nun an Maschinen und Fließbändern und leisteten oft harte körperliche Arbeit. Zudem wurden in den Ländern, die Deutschland mittlerweile besetzt hatte, so genannte »Hilfswillige« zwangsverpflichtet und nach Deutschland gebracht. Diese Zwangsarbeiter, die an ihren giftgrün gefärbten Mänteln – eben jene, die in den Bottichen der Militärfärberei in der Brühe kochten – mit der Kennzeichnung »HiWi« auf dem Rücken leicht auszumachen waren, wurden wie Gefangene gehalten und unter unwürdigen Bedingungen kaserniert.

Die Juden waren die gefragtesten Arbeiter. Mitunter wurden an die Verteilstellen der Zwangsarbeitskräfte sogar Schmiergelder gezahlt, um jüdische Arbeiter vermittelt zu bekommen. Selbstständigkeit und Freiberuflichkeit waren den Juden längst versagt und auch im Angestelltenverhältnis durften sie nicht mehr arbeiten. Als Zwangsarbeiter konnten die Unternehmen sie für einen Hungerlohn beschäftigen. Unter uns Juden waren viele Männer, während die nichtjüdischen Deutschen im Feld waren. Auch brauchten die deutschen Juden keine sprachliche Unterweisung an ihrem neuen Arbeitsplatz, die Schufterei konnte also ohne große Verzögerung beginnen. Zudem waren wir Juden die besten Arbeiter der Welt, denn unsere Motivation war nicht zu überbieten. Wir arbeiteten, bis uns die Zunge aus dem Hals hing. Arbeitsuntauglich zu sein kam einer Katastrophe gleich. Für einen Juden, der »dem Arbeitsprozess nicht mehr dienlich« war, war die Deportation nur noch eine Frage der Zeit. Wir Juden waren zwar eine »minderwertige Rasse«, doch die begehrtesten aller Arbeiter: Wir arbeiteten nämlich um unser Leben. Kleine Handicaps wie Kurzsichtigkeit oder Hinken wurden überspielt, man bemühte sich um aufrechten Gang, ließ die Brille zu Hause. Wir demonstrierten unbedingte Einsatzfähigkeit. Wenn wir krank waren, simulierten wir Gesundsein. Und jeder jüdische Arzt schrieb einen auch sofort wieder gesund, denn er wusste sehr wohl, was ein krankheitsbedingter Ausfall bedeutete.

»Bergmann« war die zweite Station meiner Zwangsarbeit. Anfang 1941 musste ich mich bei der »Zentralen Dienststelle für Juden im Arbeitsamt« melden. Ich wurde zunächst zum Gleisbau bei der Deutschen Reichsbahn abgestellt. Mein Vater wurde in die »Militärfärberei Bergmann« verpflichtet, Alegrina und Jeanne mussten in der Spinnstofffabrik in Zehlendorf arbeiten. Mutter war von der Zwangsarbeit befreit, da es ihre Aufgabe war, uns Arbeitsprozessdienliche zu versorgen.

Das Schwellenstopfen bei der Bahn war eine entsetzliche Plackerei. Mit einer kleinen Hacke musste ich in einer Kolonne jüdischer Zwangsarbeiter Schottersteine unter die Bahnschwellen schlagen. Die Gleise waren durch die Transporte von Soldaten und Kriegsmaterial stark beansprucht und die Bohlen tief ausgehöhlt. Da die Hacke sehr kurz war, mussten wir die ganze Zeit in gebückter Haltung arbeiten. Nach einiger Zeit konnte man sich kaum noch rühren. Wenn wir die Arbeit kurz unterbrechen mussten, weil ein Zug kam, richteten wir uns schon gar nicht mehr auf. Das wäre noch schmerzhafter gewesen, als in unserer gebückten Stellung zu verharren.

Im Januar 1942 verletzte ich mich bei der Arbeit an der Wirbelsäule. Ich hatte schreckliche Schmerzen und konnte nicht mehr richtig laufen. Doch das war alles nicht so schlimm verglichen mit der Angst, nun nicht mehr arbeitstauglich zu sein. Ich schleppte mich in eine Arztpraxis. Ein Davidstern auf dem Schild signalisierte, dass der Doktor, oder der »Behandler«, zu dem er nun degradiert worden war, nur noch Juden versorgen durfte. Ich flehte ihn an, mich möglichst rasch gesundzuschreiben.

Während ich bangte, schnell wieder einsatzfähig zu sein, fand in einer Villa am Großen Wannsee eine »Besprechung mit anschließendem Frühstück« statt, zu der Reinhard Heydrich, der Chef des Reichssicherheitshauptamtes, geladen hatte. Hier, auf der »Wannsee-Konferenz«, wie sie später genannt wurde, wurde nicht die »Endlösung« der Judenfrage beschlossen. Der Entschluss zum Massenmord an den Juden war nicht nur längst gefallen, sondern er wurde auch bereits seit geraumer Zeit in die Tat umgesetzt. Was die Herren am Wannsee besprachen, war die gnadenlos bürokratische, effiziente und systematisch optimierte Durchführung des Völkermordes, seine technische Seite, die Logistik, die Kostenfrage.

Sobald ich wieder einigermaßen laufen konnte, machte ich mich erneut auf den Weg zur »Zentralen Dienststelle für Juden im Arbeitsamt«. Devot und zurückhaltend, wie ich es mir hatte antrainieren müssen, da wir Juden längst unserer Rechte beraubt worden waren, stand ich vor dem Schreibtisch des Beamten. Nach einiger Zeit blickte er auf und musterte mich kurz. Er fragte: »Gibt es eine Firma, wo einer aus deiner Familie arbeitet und wo du vielleicht auch hin möchtest?« Ich war sprachlos. Mit einer solch freundlichen Behandlung rechnete von uns keiner mehr. Ich stammelte: »Ja bitte ... mein Vater, der ist ... arbeitet in der Militärfärberei Bergmann im Wedding ... Da würde ich auch gerne ...«

»Melde dich da morgen früh. Punkt sieben!« Ein kleines, fast fürsorgliches Lächeln huschte über das Gesicht des Beamten. Ich lief beglückt nach Hause. Ich war jemandem begegnet, der »nicht so« war. Und das half unserer ganzen Familie. Denn nun konnte ich mit meinem Vater zusammen zur Arbeit fahren, wie Alegrina und Jeanne das auch taten, was uns wenigstens auf dem Weg hin und zurück ein kleines Gefühl der Sicherheit schenkte.

Am nächsten Morgen meldete ich mich im Büro des Beauftragten für Juden der Militärfärberei Bergmann. Vater hatte immer sehr gut von Herrn Behrens gesprochen. Der sei auch

»nicht so«. Behrens wäre gutmütig, würde die Juden anständig behandeln. Mein Atem stockte, als ich am Revers der Jacke des rundlichen, untersetzten Mannes das Goldene Parteiabzeichen prangen sah. Ein »Goldfasan«! Ein Hundertfünfzigprozentiger also! Und der sollte Juden wohlgesonnen sein? Wo hatte mein Vater seine Augen?

Hinter mir ging die Tür auf. Jemand sagte: »Ist das ein Jude?« Behrens nickte. »Den könnte ich brauchen«, sagte der Eintretende. »Den können Sie haben«, erwiderte Behrens. Ich schluckte: Das Gefühl, allem und jedem einfach zur Disposition zu stehen, keinen eigenen Willen, keinen Einfluss mehr haben zu dürfen, demütigte mich unendlich. Ich war nur noch ein Klumpen Dreck, ein Stück Holz, ein Nichts.

Der Mann, der mich »brauchen« konnte und bekam, war Schlossermeister Köhler. Zusammen mit nur noch zwei anderen Handwerkern war er für die Technik des gesamten Betriebes verantwortlich. Köhler machte mir deutlich, dass ich dazu da war, die beiden qualifizierten Handwerker zu entlasten. Ich musste deren Kleinarbeit erledigen: Schrauben erneuern, tropfende Wasserhähne reparieren, Schlösser ausbauen, ölen und wieder einsetzen oder auch Bügeleisen in Stand setzen. In einem so großen Betrieb hakte es natürlich an allen technischen Ecken und Enden und es gab jede Menge zu tun. Die Handwerker brachten mir einige Grundkenntnisse bei und da ich mich ganz geschickt anstellte, war ich bald mit meinem Werkzeugkasten im ganzen Haus allein unterwegs. Im Vergleich zu der Schinderei am Gleisbau war meine jetzige Tätigkeit als ambulanter Handwerker geradezu ein Spaziergang.

Meine neue Arbeitsstelle hatte noch einen anderen, gar nicht hoch genug zu schätzenden Vorteil. So oft ich konnte, machte ich während meiner Hausrunden einen Abstecher in die

Färberei im Erdgeschoss, um nach meinem alten Herrn zu sehen. Oft legte ich bei seiner schweren körperlichen Arbeit mit Hand an. Nur auffallen durfte das nicht. Das hätte für meinen Vater fatale Konsequenzen gehabt.

Was mein Vater über Behrens gesagt hatte, stellte sich als untertrieben heraus. Niemals demütigte er mich und hatte sogar oft ein freundliches Wort übrig. Das bedeutete in unserer Situation sehr viel. Wir jüdischen Zwangsarbeiter liebten Behrens geradezu. Unter uns glaubten wir, dass er, wenn er könnte, uns am liebsten gleich nach Hause schicken würde.

Die Schikane übernahm ein anderer: Schlossermeister Köhler, bei dem die antisemitische Hetzpropaganda auf fruchtbaren Boden gefallen war. Die Juden, so hieß es ständig, waren an allem schuld: am Krieg, am Hunger, an den Bombenangriffen, daran, dass Männer und Söhne auf den Schlachtfeldern ihr Leben lassen mussten.

Köhler erschien mir, der ich nicht sonderlich groß war, übermächtig. Sein strenger Blick, seine grausamen Launen, die tausend kleinen Schikanen, mit denen er mich tagtäglich quälte, hielten mich in Angst und Schrecken. Dagegen waren seine höhnischen Bemerkungen und die Tritte in den Hintern, die er freizügig verteilte, geradezu sanft. Gleich am ersten Tag bellte Köhler mich an: »Pause ist, wenn ich es sage. Gnade dir Gott, wenn du glaubst, dass du das selber bestimmen kannst!« Oft zwang er mich, meine einzige Pause am Tag, also die einzige Gelegenheit, die ich hatte, etwas zu essen, gleich am Morgen nach Arbeitsbeginn oder zehn Minuten vor Feierabend zu nehmen. Natürlich war zu diesen Zeiten der »Judenaufenthaltsraum« immer verschlossen. Anders als die arischen Arbeiter durfte ich während meiner Pause auch nicht in der Schlosserei bleiben. Also musste ich mich in den Gängen herumdrücken. Wurde ich dort »erwischt«, jagte man mich gleich fort. Manchmal blieb mir nichts anderes übrig, als mich kurz auf der »Judentoilette« – es war uns natürlich strikt verboten, unseren dreckigen Judenarsch auf eine saubere, arische Klobrille zu setzen – einzuriegeln und meine armselige Stulle dort hinunterzuschlingen. Wenn es warm genug war, hockte ich mich kurz auf den Hof. Mein Fresspaket war, an den Tagen, an denen ich nicht das Privileg der Kartoffelpelle hatte, jammervoll bestückt. Ganz selten gab es einmal ein Stückchen Wurst auf dem dünn geschnittenen Brot. Da uns Juden untersagt war, Wurst zu beziehen, hatte meine Mutter, der es manchmal gelang, von Angers doch ein Stückchen zu bekommen, eine Vorsichtsmaßnahme ersonnen: Sie höhlte die Brotscheiben ein wenig aus und drückte in die Mitte die hauchdünn geschnittene Wurst hinein, damit am Brotrand nichts davon zu sehen war. Ohne die Stulle vom Mund zu nehmen, denn dann hätte man ja die Wurst darin entdecken können, verspeiste ich diese seltenen Köstlichkeiten.

Eines Tages im Winter kam ich gerade zur rechten Zeit in die Färberei. Mein Vater war dabei, die nassen, schweren Mäntel aus der kochenden Brühe zu fischen und sie auf einen rechteckigen Holzwagen zu laden. Dann musste er den voll beladenen, bleischweren Karren eine schräge, blechbeschlagene Rampe hochschieben, um in den Trockenraum zu gelangen. Dort wurden die triefnassen Mäntel aufgehängt. Mein Vater war dieser Arbeit körperlich nicht gewachsen. Da ich ungefähr wusste, wann es wieder soweit war, flitzte ich oft in die Färberei, um meinem Vater bei diesem Arbeitsgang zu helfen.

Mit der linken Hand packte ich den Griff. Die Holzrolle war lang genug, damit wir uns beide dagegen stemmen konnten. In der Rechten hielt ich meinen Werkzeugkasten. Ich drückte mit aller Kraft den Karren die Rampe hoch, während mein Vater sich an der Halterung nur festhielt. Dadurch, dass sie vereist war, war die Rampe heute besonders glatt und ich kam nur langsam vorwärts. Die Hälfte hatten wir schon geschafft, als mir plötzlich jemand von hinten die Hand vom Griff schlug. Ich machte einen Satz zurück. Die Karre donnerte die Rampe hinunter. Mein Vater stolperte und schlug hin. Die Karre rumpelte über seine Beine hinweg. Mein Vater schrie vor Schmerzen. Aus seiner zerrissenen Hose quoll das Blut auf die eisige Rampe, fiel auf den Schnee darunter. Die roten Flecken schmolzen die Kristalle.

Ich schrie laut um Hilfe.

Als ich mich umdrehte, sah ich Köhler hinter mir stehen. Mit verschränkten Armen. Ich wollte mich auf ihn stürzen. Doch andere Zwangsarbeiter rannten herbei und hielten mich fest. Köhler grinste.

Mein Vater wurde auf eine Unfallstation gebracht und mehr schlecht als recht ambulant versorgt. Noch am selben Abend ließ er sich entlassen. Er hatte Glück im Unglück gehabt. Seine Verletzung hatte schlimmer ausgesehen, als sie war. Zwei Tage später stand er mit verbundenen Beinen wieder in der Färberei. Länger zu fehlen, hätte er sich nicht erlauben können.

Ich war nun besonders froh, dass Vater und ich den Weg zur Arbeit gemeinsam zurücklegen konnten. Ich hatte das Gefühl, meinen alten Herrn ein bisschen beschützen zu können. Und er musste manches Mal mein Temperament, das mit mir durchzugehen drohte, zügeln. Da unser Arbeitsplatz mehr als sieben Kilometer von unserer Wohnung entfernt war, erhielten wir eine Genehmigung, öffentliche Verkehrsmittel, die ansonsten für Juden verboten waren, zu benutzen. Dies bedeutete aber keineswegs, dass uns lange Fußmärsche auch wirklich erspart blieben. War die Straßenbahn voll besetzt, mussten wir auf die nächste warten. Auch während der Fahrt konnte es ständig passieren, dass man aussteigen musste, sollten unsere arischen Volksgenossen unseren Stehplatz einfordern.

Unser Alltag war zu einer nicht enden wollenden Aneinanderreihung von Schikanen geworden. Ihn zu bewältigen, die kleinsten Selbstverständlichkeiten zu erledigen, erforderte Geschick, Geduld und gute Nerven. Zu Anfang des Krieges, als die Lebensmittelzuteilung begann, erhielten wir Juden gleich 16 Prozent kleinere Rationen als unsere arischen Mitbürger. Schon ab Juli 1940 durften Juden nur noch zwischen 16 und 17 Uhr einkaufen. Natürlich bildeten sich in Gegenden, wo viele Juden lebten, etwa im Scheunenviertel in Berlin-Mitte oder im Bayerischen Viertel in Schöneberg, bereits Stunden zuvor Trauben von Menschen vor den Geschäften. Man stand und stand und dabei hatte man nur eine Stunde, alle Besorgungen zu erledigen. Und von den nicht rationierten Lebensmitteln war nachmittags natürlich sowieso nichts mehr übrig.

So gut es ging, half man einander, gerade den Alten und Alleinstehenden, indem man »Einkaufsgemeinschaften« bildete. Einer kümmerte sich um die Lebensmittel, der andere um den Schuhmacher, der nächste um die Drogerie. Da wir zu viert waren, Mutter wollten wir aufgrund ihrer Gehbehinderung so wenig wie nötig allein aus dem Haus lassen, konnten wir den Einkaufsmarathon ganz gut organisieren.

Immer weniger stand uns zur Verfügung: Schon ab Winter 1940 erhielten wir keine Bezugsscheine für Textilien, Schuhe und Sohlenmaterial mehr; Seife und Rasierseife – der Gedanke dahinter war, »Männer durch Bärte als Juden erkennbar zu machen« – wurden uns im September 1941 verboten, im Februar 1942 durften wir erst keinen Kuchen, dann auch keine Zeitungen mehr kaufen, ab Herbst 1942 kein Fleisch und keine Wurstwaren mehr, keinen Fisch und weder Milch noch Butter noch Eier. Auch Tabakwaren, die »Währung« auf dem Schwarzmarkt, konnten wir nicht mehr erwerben. Und im Oktober 1942 wurde uns auch der Erwerb von Büchern in Buchhandlungen untersagt.

In all dem Unglück hatten wir Behars doch noch etwas Glück: Unsere treuen Angers aus dem Lebensmittelladen im Parterre halfen uns mit Esswaren aus, wo sie konnten. Da dies natürlich nicht offen geschehen durfte, sprach Frau Anger meine Mutter dann betont nüchtern, fast ermahnend an: »Frau Behar, das haben Sie gestern hier liegen lassen«, und übergab ihr ein in Zeitungspapier gewickeltes Päckchen.

Auch fanden wir manchmal spätabends oder in aller Frühe ein kleines Paket oder Bündel vor unserer Wohnungstür. Am helllichten Tag an einer »Judentür« zu klingeln und dort etwa Lebensmittel abzugeben, traute sich längst kein Mensch mehr. So kamen unsere anonymen Wohltäter im Schutze der Dunkelheit und gaben uns von ihren ohnehin schon kargen Rationen noch etwas ab. Selbst ein winziger Würfel Margarine erzeugte doppelte Freude bei uns: Wir hatten ein bisschen mehr zu essen und, was noch wichtiger war, wir wussten, dass da draußen jemand war, der uns helfen, uns unser Schicksal ein wenig erleichtern wollte.

Auf der anderen Seite waren reihenweise Verordnungen ergangen, was wir Juden alles abzuliefern hatten: Schmuck, Silber, Platin und Perlen waren bereits im Februar 1939 einkassiert worden, im September 1939 die Rundfunkapparate; im Juli 1940 wurden uns die Telefone weggenommen; im Januar 1942, gerade, als man sie gut brauchen konnte, mussten Pelze und alle Wollsachen abgegeben werden. Im Juni des gleichen Jahres wurden uns elektrische und optische Geräte, also auch Heizkissen, Kochplatten, Bügeleisen, Ferngläser wie auch Fahrräder, Schreibmaschinen, Plattenspieler und Schallplatten entzogen.

Die Nationalsozialisten ließen keine Banalität aus, um die Juden zu quälen: Im November 1938 wurde Juden untersagt,

Brieftauben zu halten. Juden wurden als Tierquäler hingestellt und im Mai 1942 erging sogar ein Erlass, dass Juden überhaupt keine Haustiere mehr haben durften. Die Vierbeiner oder gefiederten Gefährten sollten entweder eingeschläfert oder zum Verkauf hergegeben werden. Freunde von uns, die einen Hund hatten, brachten das Vieh extra am anderen Ende Berlins unter. Sie wollten ihren Kindern ersparen zu sehen, wie ihr geliebter Dackel von fremden Menschen Gassi geführt wurde.

Doch nicht nur unser Eigentum wurde uns geraubt. Die Juden wurden auch öffentlich gebrandmarkt. Zunächst 1938 durch eine Kennkarte, die mit einem riesigen »J« versehen war. Wie in einer Verbrecherkartei war auch der Fingerabdruck des Kennkarteninhabers darauf. Ab dem 1. Januar 1939 mussten Juden zusätzlich zu ihren Vornamen auch die Namen Israel und Sara annehmen, damit nun auch der letzte deutsche Volksgenosse begreifen konnte, wer ein Jude war und wer nicht. Doch schlimmer als alle diese Demütigungen war das, was uns der September 1941 brachte: Ab jetzt mussten alle Juden, die älter als sechs Jahre waren, den »Judenstern« tragen. Der flammend gelbe Stern, in dessen Mitte in hässlichen, pseudo-hebräischen Lettern »Jude« prangte, musste auf der linken Brustseite des Kleidungsstückes fest und rundherum angenäht sein. Die Sterne musste man für 10 Pfennig das Stück kaufen. Nun waren wir öffentlich, für jedermann sichtbar, erkennbar und gebrandmarkt wie Aussätzige.

Doch es gab auch Lichtblicke. Im Oktober 1941 lief ich die Kantstraße entlang und sah von Ferne eine elegant gekleidete Dame auf mich zukommen. Ich bemerkte, dass sie mich offensichtlich fixierte. Da man mittlerweile mit allem zu rechnen hatte, auch damit, angespuckt oder beschimpft zu werden, bediente ich mich meiner Chuzpe und starrte zurück. Als die Dame auf meiner Höhe war, verlangsamte sie ihr Tempo. Sie sah mir in die Augen, schaute gen Himmel und schloss dann kurz die Augen. Sie gab mir zu verstehen, dass ich ihr Leid tat. Zu Hause berichtete ich sofort von dieser Begegnung, die in normalen Zeiten wenig Bedeutung gehabt hätte. Aber wir lebten eben nicht in normalen Zeiten und jedes noch so kleine Anzeichen, dass es Menschen gab, die »nicht so« waren, die nicht guthießen, was mit uns geschah, war lebenswichtig für uns.

Inge

Eine der jungen Damen in der Bügelei wurde bald meine »Stammkundin«. Ständig ging an ihrem Arbeitsplatz etwas zu Bruch. Obwohl ich es mir strikt verboten hatte, junge nichtjüdische Frauen als Frauen zu sehen, war mir nicht entgangen, dass »meine kaputte Type«, wie ich sie für mich nannte, auffallend hübsch war. Schlank, blond und etwas größer als ich. Bald ließ mich dieses Fräulein Meyer fast jeden Tag antanzen. Manchmal nur für Bagatellen wie eine lose Schraube, die sie ohne weiteres selbst hätte anziehen können. Oft war gleich nach meiner Reparatur schon wieder etwas kaputt. Bei den anderen Büglerinnen kam das nicht vor. Also manipulierte die Meyer ihre Geräte. Es machte diesem Miststück offensichtlich Spaß, mich herumzukommandieren. Ich war doch nur der kleine Judenbengel, den alle duzen und umherjagen konnten. Ich begann, dieses Weib zu hassen.

Im Mai 1942 informierte uns die Jüdische Reichsvereinigung, die von den Nationalsozialisten erzwungene Dachorganisation der deutschen Juden, per Postkarte über unsere »Umsiedlung«. Wir wussten längst, was sich hinter diesem harmlosen Wort verbarg. An dem fraglichen Tag sollten wir uns ab 6 Uhr morgens bereithalten. Unsere Wohnungsschlüssel sollten wir unseren Abholern aushändigen. Die Rechnungen für Gas, Wasser und Strom waren vorher noch zu begleichen. Ein »Merkblatt für die Teilnehmer an Abwanderungstransporten« listete minutiös auf, was ins Gepäck durfte und was nicht. Neben den normalen Kleidungsstücken wie Mantel und Jacke war sogar an Ohrenschützer, Muff, Sockenhalter, Schuhputzmittel und Ersatzbrille gedacht worden. Gegenstände aus Porzellan und Glas durften nicht mit auf die Reise gehen, von allen Kleidungsstücken, die zurückblieben, waren die Judensterne zu entfernen. »Bei Strafe verboten« war es, Schmuck, Lebensmittelkarten, Sparbücher, Gift und Zahlungsmittel einzupacken. Jeder durfte einen Rucksack oder Koffer, nicht schwerer als fünfzig Kilogramm, mitnehmen und ein kleines Handgepäck. Dort hinein konnte man Kamm, Waschzeug, Hausschuhe, Toilettenpapier und Spielkarten packen. Eine Schlafdecke sollte ebenfalls rasch zur Hand sein. Dokumente waren in einem unverschlossenen Umschlag bei der Reichsvereinigung abzugeben.

Meine Eltern und meine Schwestern waren vor Angst gelähmt. Mir blieb nichts übrig, als das Schicksal unserer Familie in die Hand zu nehmen. Wir mussten untertauchen. Aber wir hatten kein Geld, um uns einen Zufluchtsort »kaufen« zu können.

Schließlich kam mir eine Idee: Ich hatte in den letzten Jahren öfters Veranstaltungen des Kulturbundes besucht. Schon 1933 hatte sich der Kulturbund in seiner Doppelfunktion gegründet: auf der einen Seite konnten dort Musiker, Schauspieler und andere jüdische Künstler arbeiten, denen die öffentlichen Bühnen nun versagt waren. Und gleichzeitig konnte das jüdische Publikum unterhalten werden. Denn ab 1938 war es uns auch verboten, Theater, Kabaretts, Kinos und Museen zu besuchen. Von den Kulturbund-Aufführungen kannte ich einen Schauspieler. Er hatte mir erzählt, dass er auch bei der Reichsvereinigung arbeitete. Ich ging in sein Büro. Unter dem Mantel hatte ich eine Stange Zigaretten, gut verpackt in Zeitungspapier, das einzige, was mein Vater hatte auftreiben können. Ohne Vorrede bat ich ihn, meine Familie und mich von der vorgesehenen Transportliste zu streichen. Was das bedeutete, wussten wir beide: Statt der fünf Behars würde eine andere Familie auf die Liste gesetzt werden. Sollte die Sache auffliegen, würde es ihn und uns den Kopf kosten.

Die Zigaretten ließ ich auf seinem Schreibtisch liegen.

Draußen überfielen mich Zweifel. Konnte ich mich auf ihn verlassen? Für alle Fälle mussten wir kurzfristig untertauchen. Dann könnten wir jemanden losschicken um zu prüfen, ob man unsere Wohnungstür versiegelt hatte, ob also die Gestapo da gewesen war oder nicht. Ich machte mich daran, Verstecke für Eltern und Geschwister zu organisieren. Bei Alegrina schien das am leichtesten. Sie hatte sich kurz zuvor verlobt. Meine Zustimmung hatte ihre Wahl übrigens nicht: Meine schöne Schwester, die immer von einem Schwarm von Verehrern umgeben war, darunter manch liebenswürdiger, gut aussehender und vermögender Herr, hatte sich ausgerechnet Lutz Lewin, einem Textilverkäufer versprochen. Meine Mutter überschüttete ihren zukünftigen Schwiegersohn geradezu mit Aufmerksamkeit und Zuneigung, was mich ihm auch nicht gewogener stimmte.

Alegrina und ich machten uns auf den Weg zum Bayerischen Platz, wo Lewin bei seiner Tante lebte. Die Verlobten begrüßten sich zärtlich. Ich schilderte unsere Lage und bat Lutz, seine Zukünftige für ein oder zwei Nächte aufzunehmen.

Lewin sagte einfach: »Nein!«

Das Risiko sei ihm zu groß und auch müsse er auf seine Tante Rücksicht nehmen. Alegrina und ich waren fassungslos. Meine Schwester zog den Verlobungsring von ihrem Finger und schmiss ihn auf den Boden. Sie packte mich am

Arm und wir rannten die Treppen hinunter. Auf dem Weg nach Hause sprachen wir kein Wort.

Irgendwie gelang es mir dann doch, uns alle bei Freunden unterzubringen. Am nächsten Tag ging ein Bekannter zu unserem Haus. Unsere Tür war nicht versiegelt. Wir kehrten in unsere Wohnung in der Kantstraße zurück und nahmen unsere Arbeit schnellstmöglich wieder auf. So, als ob nichts geschehen sei.

Einige Tage nach meinem 19. Geburtstag, es war ein Freitag, hieß es: »Los, Israel, 'rauf zu Fräulein Meyer. Bügeleisen futsch.« Schon wieder. Voller Wut auf die Meyer, die mich wieder einmal schikanierte, lief ich die Treppen hoch. In der Bügelei arbeiteten etwa zwanzig Büglerinnen an ihren Brettern. In dem großen Raum war es heiß und die Luft voller Dampf. Die Meyer hielt mir schon ihr Bügeleisen entgegen und lachte.

»Das setzt dauernd aus!«

›Wie dein Kopf, du dumme Gans‹, dachte ich bei mir und griff nach dem Eisen. Die Platte war heiß.

»Es funktioniert doch!«, stellte ich entrüstet fest.

»Jetzt schon. Aber ab und zu setzt es eben aus«, beharrte sie.

»Und soll ich jetzt hier warten, bis es wieder mal aussetzt?«, fragte ich patzig.

»Gucken Sie doch mal, vielleicht liegt es an etwas anderem?«

Sie?

Ich beugte mich zur Steckdose hinunter, um sie zu überprüfen. Mich traf fast der Schlag. Die Meyer berührte plötzlich meine Hand. Wenn das jemand sah, war mein Schicksal besiegelt. Sofort hätte es geheißen, der Saujude belästigt das arische Mädchen. Im gleichen Moment spürte ich, dass die Meyer etwas in der Hand hielt und mich damit leicht piekte.

Instinktiv griff ich danach und umschloss den Gegenstand fest mit meiner Faust. Ich musste diese gefährliche Situation sofort beenden und lief schnurstracks auf die Judentoilette. Die Meyer hatte mir ein zusammengerolltes Stück Papier zugesteckt. Ich riss den Zettel auf und las: »Inge Meyer ...« – jetzt war ich völlig perplex. Meine Gedanken schweiften zu Inge Meier, meiner Kameradin aus der Goldschmidt-Schule, in die ich so vernarrt gewesen war. Ich war plötzlich unendlich traurig und beklommen. Nur drei Jahre war das her. Und wie sah mein Leben heute im Vergleich zu damals aus ...

Auf dem Zettel stand noch etwas: »Sonntag 10 Uhr. Carmerstraße.« Meine gedrückte Stimmung schlug in eine mächtige Wut um. Dachte diese bösartige Person, dass wir Juden wirklich so blöd waren, wie es die Propaganda darstellte? Der Jude – dumm und geil! Erwartete die wirklich, dass ich mich in diese Falle locken ließ? Am Sonntagmorgen mit dem Judenstern auf der Jacke in der Carmerstraße an einer nichtjüdischen Tür zu klingeln. Oder war die Sache noch viel perfider von der Meyer ausgeklügelt? Wollte sie, dass ich ohne den Stern zu ihr ginge? Kaum wäre ich bei ihr in der Wohnung angelangt, würde ein Gestapo-Mann aus dem Nebenzimmer treten: »Aha, wohl Lust auf einen Happen Rassenschande!« Und dass »außerehelicher Verkehr zwischen Juden und Staatsangehörigen deutschen oder artverwandten Blutes verboten« und lebensgefährlich war, wussten wir seit den Nürnberger Gesetzen von 1935.

›Denkste, du Biest!‹, sagte ich mir. Um keinen Preis der Welt würde ich am Sonntag auch nur einen Fuß in Richtung Carmerstraße setzen.

Am Samstagabend kam mir plötzlich die Idee, dass die Meyer sich bestimmt am Montag tausend Schikanen ausdenken würde, wenn ich nicht, wie befohlen, am Sonntag bei ihr erschien. Sie konnte mir das Leben in der Färberei zur Hölle machen. Sollte ich doch hingehen? Nur schnell fragen, was sie von mir wollte? Und sie bitten, mich fortan in Ruhe zu lassen? In meiner Not beschloss ich, meine wichtigste Bezugsperson um Rat zu fragen. Und bereute es sofort.

»Natürlich gehst du da nicht hin, Isaakito«, bestimmte meine Mutter. Meine Einwände, dass die Meyer mich fortan drangsalieren würde, ließ sie nicht gelten: »Vor der brauchst du doch keine Angst zu haben. Was kann sie dir schon tun?«

Bei aller Liebe, Mama schätzte die Lage nicht richtig ein, da war ich mir sicher.

»Ich könnte doch einfach ganz schnell ohne Stern ...« Mit der temperamentvollen Reaktion meiner Mutter, von der wir gewohnt waren, dass sie ihren Willen in der Familie mit sanftem Druck durchsetzte, hatte ich nicht gerechnet: »Ohne Stern kommst du hier nicht hinaus«, verkündete sie. Die Debatte war damit für sie beendet. Trotzig entgegnete ich: »Und wie, bitte sehr, willst du mich daran hindern?« Ihre dunklen Augen funkelten mich an: »Ich werde mich vor die Türschwelle legen.« Mit einem solch schweren Geschütz hatte ich nicht gerechnet. Niemals hätte ich es gewagt, über meine Mutter oder meinen Vater einfach hinwegzusteigen. Das vierte Gebot: »Du sollst Vater und Mutter ehren«, war etwas Elementares in meiner Erziehung, in meinem Seelenleben. Nicht nur, weil es das einzige Gebot ist, auf dessen Einhaltung Gott eine Belohnung ausgesetzt hat: »Auf dass der Herr dir ein langes Leben beschere.«

»Du kannst dich doch auf mich verlassen, Mama«, versuchte ich einzulenken. Hatte ich doch vor kurzem erst bewiesen, dass ich durchaus in der Lage war aufzupassen – und zwar auf unsere ganze Familie.

Das, was ich am wenigsten ertragen konnte, trat ein: Mutter begann zu weinen. »Du willst mich bloß unglücklich machen«, schluchzte sie.

»Nein, Mama, niemals. Aber ich muss das klären. Und zwar morgen. Ich verspreche dir, in zwei Stunden bin ich wieder zurück. Wirklich. Allerspätestens um zwölf.«

Nun flossen die Tränen heftiger: »Isaakito, mein Leben! In diesen zwei Stunden werde ich vor Angst sterben!«

»Mama, bitte. Du wirst nicht sterben.«

»Doch«, sagte sie plötzlich bestimmt und richtete sich auf: »Und jetzt hole deinen Vater und deine Schwestern. Sie sollen wissen, wer schuld an meinem Tod ist, Isaak!«

Ich hatte nicht den Mut, ihr zu sagen, sie solle den Zirkus bitte lassen. »Mama, ich muss einfach wissen, was die Meyer von mir will.«

Mutter war meinen Argumenten längst nicht mehr zugänglich.

»Isaak, eine letzte Bitte an dich habe ich noch«, sagte sie: »Schlaf darüber. Überlege dir noch einmal, ob du mir das wirklich antun möchtest.« Sie verließ das Zimmer.

Ich hätte mich ohrfeigen können. Es wäre keine Schwierigkeit gewesen, am Sonntagmorgen unter einem Vorwand einfach aus dem Haus zu schlüpfen und bei meiner Rückkehr irgendeine Geschichte zu erzählen. Stattdessen hatte ich Mutter um Rat gefragt und damit nur alle in Aufruhr gebracht.

In der Nacht lag ich lange wach. Schließlich traf ich meine Entscheidung.

Am nächsten Morgen erwartete mich meine Mutter im Korridor vor der Tür unseres Geschwisterzimmers. Kreidebleich und mit verweinten Augen blickte sie mich fragend an. Mein schlechtes Gewissen stellte sich umgehend ein. Doch ich beschloss, bei meinem Vorhaben zu bleiben.

»Mama, hab doch keine Angst. Ich verspreche dir, ich bin ganz schnell wieder da.« Die Tränen flossen erneut. Mit zitternder, aber lauter Stimme rief sie meinen Vater, Alegrina und Jeanne herbei. Sie standen um mich herum. Keiner sagte ein Wort. Ich kam mir vor wie ein Verbrecher. Die Stille wurde nur von Mutters Schluchzern durchbrochen. Ich griff mir einen Pappordner, den ich im Arm halten wollte, um den abgetrennten Judenstern zu kaschieren. Meine Kennkarte ließ ich sowieso zu Hause. Auch meine Schlüssel. Sollte ich aufgegriffen werden, würden wenigstens nicht sofort meine Identität und mein Wohnort verraten.

Meine Mutter wich nicht von meiner Seite bis zur Wohnungstür: »Isaakito! In zwei Stunden bist du wieder da. Das hast du mir versprochen. Denke daran!«

»Mama, du kannst dich auf mich verlassen.«

»In diesen zwei Stunden werde ich um deine Rückkehr beten.« Sie küsste mich und sagte: »Isaakito, da attention, y no me dejes asperar!« – Sei vorsichtig und lass mich nicht warten! Ich beruhigte sie: »No te espantes – hab keine Angst.« Das hätte ich genauso gut mir selber sagen können.

Zwei Stunden später war ich wieder daheim. Meine Mutter hatte wie immer am Fenster gewartet und kam nun in den Flur gestürzt. Bei meinem Anblick öffneten sich die Schleusen erneut. Und die Freudentränen waren noch heftiger als die Abschiedstränen. Mama umarmte, küsste und liebkoste mich. Klammerte sich an mir fest. Ich hatte bisher überhaupt nicht gewusst, welch kräftige Arme meine Mutter hatte! Und sie weinte Sturzbäche. Allmählich wurde ich ein bisschen ungeduldig. Denn ich hatte meiner Mutter Neuigkeiten mitzuteilen. Und die würden uns noch viel größere Probleme bereiten.

Kaum war ich in der Carmerstraße angelangt, als Inge mir beichtete, sie würde ihre Geräte absichtlich manipulieren.

Das wäre schließlich die einzige Möglichkeit, mich zu sehen. Mir blieb die Sprache weg. Inge aber lachte, hakte sich bei mir ein und führte mich in ihr Zimmer: »Ich find dich toll, und der Adolf kann mich mal!«

Eindreiviertel Stunden später schwebte ich nach Hause. Isaak, der kleine Nebbich, und Inge, die attraktive, arische, junge Dame, trieben »Rassenschande« miteinander!

»Ich gehe jetzt jeden Sonntag zu ihr«, verkündete ich meiner Mutter. Ein Schwall von Tränen war die Antwort. »Nur für zwei Stunden, Mama!«, versuchte ich sie zu beruhigen. Obwohl ich ihr meine beginnende Romanze in den prächtigsten Farben schilderte, sprach meine Mutter nur von dem Schmerz, den ich ihr zufügte.

Natürlich verstand ich Mutters Angst.

Durch die Wand hörten wir immer abends ein Liedchen, dass das jüdische Ehepaar in der Nachbarwohnung seinen beiden kleinen Kindern vorsang: »Weisst du, wie viel Sternlein stehen, an dem blauen Himmelszelt? Gott der Herr hat sie gezählet, dass ihm auch nicht eines fehlet an der ganzen großen Zahl …« Nun verschwanden jeden Tag »Sterne«. Gott kam mit dem Zählen nicht mehr nach. Dass Juden deportiert wurden, war jedem, der es sehen wollte, bekannt. Zunächst waren die Familien »ordnungsgemäß« mit einer Benachrichtigung vom Datum ihres Abtransportes in Kenntnis gesetzt worden. Die Deportationen erfolgten meist familienweise. Natürlich versuchten viele, der Deportation zu entgehen, indem sie flohen oder untertauchten. Doch nur die wenigsten hatten diese Möglichkeit. Verzweifelte, vor allem alte Menschen, nahmen sich das Leben. In Berlin, so erfuhr man später, waren das allein 7000 Personen. All das konnte für Unruhe sorgen. Daher ging man dazu über, die Deportationen nicht mehr anzukündigen und die Juden in Blitzaktionen auf der Straße abzufangen. Das konnte überall passieren: auf dem Weg zur Arbeit oder nach Hause, in den Fabriken, beim Einkaufen.

Die Wohnungen der Abgeholten wurden versiegelt, oft nachdem die Abholer sich kräftig bedient hatten, bevor sie die vermeintlichen Inventarlisten zusammenstellten.

Meine Mutter, die das Haus kaum noch verließ, den ganzen Tag alleine dort zubrachte, schwebte in ständiger Angst, dass mein Vater, dass Alegrina, Jeanne und ich abends nicht von unserer Zwangs-Arbeit zurückkehren würden. Jeden Tag musste sie diesen Nervenkrieg durchstehen. Würden alle ihre »Sternlein« unter dem Abendhimmel wieder bei ihr sein? Was, wenn eines fehlen würde?

Ich wusste um die Ängste meiner Mutter. Auf der anderen Seite konnte ich mein Glück kaum fassen. Eine junge Frau, eine bildhübsche noch dazu, war in mich verliebt. In mich, der ich ständig geduckt und gedemütigt wurde. Den »Israel«, der durch den Stern gebrandmarkt war. Der immer Angst haben musste aufzufallen, einen Fehler zu machen. Der jederzeit schlichter Willkür zum Opfer fallen konnte. Und nun war ich jemandem begegnet, der sich zu mir bekannte. Eine Frau, die mir, wenn auch nur für zwei Stunden jeden Sonntag, das Gefühl gab, ein ganz normaler junger Mann zu sein. Und noch dazu war ich in meine Inge verknallt. Dieses Stückchen Leben wollte ich mir nicht nehmen lassen. Auch nicht von meiner Mutter.

Künftig lebte ich von Sonntag zu Sonntag. Kaum hatte ich Inge zum letzten Mal geküsst und mich auf den Weg nach Hause gemacht, fieberte ich schon dem kommenden Sonntag entgegen. Wenn es jetzt hieß: »Israel, 'rauf zu Fräulein Meyer, Eisen kaputt!«, flog ich förmlich die Gänge entlang und die Treppen in die Bügelei hinauf. Inge und ich mussten uns größte Mühe geben, uns zu verstellen. Und wann immer ich während der Woche von Köhler gedemütigt wurde, dachte ich an meine kleine Freundin, an unsere zwei Stunden, die ständig näher rückten. Ich wusste genau, wie lange der Weg zu Inge dauerte, wie viele Stufen zu ihrer Wohnung führten. Allein der traurige Blick meiner Mutter, wenn ich mich von ihr verabschiedete, war ein großer Wermutstropfen. Kein Wort des Vorwurfes kam von ihrer Seite, aber ich wusste genau: Sie litt. Weil ich sie enttäuschte. Jeden Sonntag.

An einem Sonntag im Oktober 1942 kam ich mittags in fröhlicher Stimmung von Inge zurück. Alegrina öffnete mir die Tür. Ihr Gesicht war tränenüberströmt. Mich erfasste ein eisiger Schrecken. War Mama und Papa etwas passiert? Unter Schluchzern erzählte mir Alegrina, dass Jakob, der jüngste Sohn von Onkel Elia, da gewesen sei. Seine Eltern waren vor vier Tagen abgeholt worden. Er und seine Schwester hatten die Eltern nicht allein gehen lassen wollen, seien aber von den Beamten brutal zurückgestoßen worden. Jakob sei nur ganz kurz da gewesen, um uns die Nachricht zu überbringen, dann wieder weggerannt, weil er versuchen wollte, noch mehr herauszufinden. Mama, die Mädchen und ich weinten. Vater hatte keine Tränen, saß wie erstarrt. Sein Bruder war deportiert worden.

Es war nur noch eine Frage der Zeit, wann wir an der Reihe waren.

Isaak

Ich rollte meine Decke zusammen und versteckte sie unter einem Gerümpelhaufen. Ich schlich die Treppe hinauf und öffnete behutsam die Kellertür. Niemand. Rasch trat ich aus dem Haus. Die Wintersonne blendete mich. Der Morgen des 14. Dezember 1942 war klar und eiskalt. Ich lief los.

Nun war ich ein »U-Boot«. So nannten wir Juden, die wir untergetaucht waren, uns untereinander. Für die anderen waren wir »flüchtige Juden«, die sich durch Verschwinden der Deportation entzogen hatten. Wo sollte ich nun hin? Ich konnte mich nicht einfach umdrehen und sagen: »Mich gibt es nicht mehr«. Ich wurde gesucht, nach flüchtigen Juden wurde gefahndet. Und dafür hatten die Nazis furchtbar viele Menschen: SA, SS, Gestapo, Polizei. Und es gab sogar Menschen, die Juden zwar nicht suchten, aber dennoch fanden: die Feldjäger, die der Volksmund »Kettenhunde« nannte, weil sie um den Hals eine Kette mit einem Metallschild trugen. Sie überprüften Marschbefehle und Urlaubsscheine, waren auf der Jagd nach Deserteuren und bei den Kontrollen gerieten natürlich auch Juden in ihre Fänge. Die schlimmste Sorte Mensch, die nach Juden fahndete, waren die so genannten »Greifer« oder »Judenfänger«: Juden, die von den Nazis in ausweglose Situationen gebracht, unter »Erfolgsdruck« gesetzt und dadurch zu mehr oder minder willigen Handlangern wurden.

Von den Gefahren, denen U-Boote ausgesetzt waren, hatte ich schon manches Mal gehört. Vornehmlich die Juden an meinem Zwangsarbeitsplatz in der Militärfärberei Bergmann hatten von anderen berichtet, die untergetaucht waren, und von deren Überlebenspraktiken berichtet. Der so genannte »Mundfunk« war das einzige Informationsinstrument, das uns Juden noch zur Verfügung stand. Alles, was einer erzählte, war wichtig, konnte vielleicht einmal lebensrettend sein.

Jetzt, wo ich die Straße entlanglief, ohne Ziel und Orientierung, fiel mir auf, dass ich eigentlich immer nur von U-Booten gehört hatte, die eine rettende Unterkunft bei nichtjüdischen Deutschen gefunden hatten. Über diejenigen, die wie ich plötzlich ohne Schutz auf der Straße standen, sich immer wieder neue Verstecke suchen mussten, wusste ich nicht viel. Wie sollte mein neues Leben funktionieren? Ich war ein einsames U-Boot. Bindungen zu anderen sephardischen Juden oder Kontakte zu Arbeitskollegen hatte ich nun nicht mehr. Keine Anlaufstelle. Nichts. Mich beschlich das lähmende Gefühl, mit meiner neuen Situation vollkommen überfordert zu sein.

Natürlich dachte ich an Inge. War sie ein möglicher Rettungsanker? Ich war sicher, meine Geliebte würde alles für mich tun. Aber sie wohnte kaum fünf Minuten von unserer Wohnung entfernt am Savignyplatz. Kein U-Boot, so hatte ich aufgeschnappt, ging in die Nähe seines ehemaligen Wohnortes. Allzu leicht konnte man dort erkannt und verraten werden. Zumal mich in diesem Umfeld bereits zwei Generationen kannten. Näher als ein, zwei Kilometer würde ich mich also nicht an die Kantstraße heranwagen. Auch hatte Inge kein Telefon. Ich konnte sie vor der Militärfärberei abpassen. Aber auch das war zu gefährlich, weil dort ebenfalls viele vorbeigingen, die mich kannten. Und somit verwarf ich den Gedanken, Inge aufzusuchen und sie auch noch in Gefahr zu bringen. Dass sie ihr Leben durch die Liaison mit mir längst aufs Spiel gesetzt hatte, kam mir in diesem Moment nicht in den Sinn.

Der nächstgelegene Zeitungskiosk war mir als Ablenkung gerade recht. Eine freundliche ältere Dame sah aus ihrer Bude am Adolf-Hitler-Platz und verkaufte mir lächelnd und ohne mich richtig wahrzunehmen die von mir gewünschte Zeitung. Ich blätterte rasch durch die Gazette, lief weiter, setzte mich in ein kleines Café und bestellte eine Tasse Kaffeeersatz. Bohnenkaffee gab es schon lange nicht mehr. Nun widmete ich mich aufmerksam meiner Zeitung. Meine Augen sogen jede einzelne Zeile auf. Ich las alles, was die Zeitung hergab, um mich aufzuwärmen und die Zeit totzuschlagen. Plötzlich durchzuckte mich ein Gedanke: War es nicht auffällig, wenn ein junger Mann mitten im Krieg, Ende 1942, vormittags im Café saß und in aller Ruhe die Zeitung studierte? Ich blickte vorsichtig um mich. Noch ein paar andere Männer hockten da. Trotzdem zahlte ich und verließ so langsam, wie es meine Nerven zuließen, das Café.

Mein knurrender Magen machte mich auf das nächste Problem aufmerksam: Wie sollte ich mich ernähren? Lebensmittelmarken hatte ich keine und würde sie ohne Kennkarte und Wohnsitz auch nicht bekommen. Petar und Sultana um Marken zu bitten, daran hatte ich in der Panik gestern Abend natürlich nicht gedacht. Auch hätten einzelne, lose Marken mir nichts genutzt, da diese grundsätzlich nicht mehr angenommen wurden. Die Kaufleute oder Serviererinnen schnippelten die entsprechenden Marken stets mit einer Schere vom Stammabschnitt ab.

Ich lief weiter die Straße entlang, nicht stadteinwärts, sondern in Richtung Olympiastadion. Als ich an einer Kneipe vorbeikam, fiel mir die an der Tür aushängende Speisekarte ins Auge. Ich studierte sie aus naheliegenden Gründen sehr eingehend und achtete besonders auf die notwendigen Lebensmittelmarken, die man für das jeweilige Gericht abgeben musste. Ganz oben stand ein »Stammessen« und darunter in Klammern »markenfrei«. Genau das Richtige. Auch kostete das Essen nur eine Mark, war also durchaus erschwinglich für mich. Die rund 400 Dimitrowschen Reichsmark waren kein Vermögen, aber sie würden mir eine ganze Menge Stammessen sichern. Der Aushang verkündete weiterhin: »Küche von 12:00 bis 14:00 Uhr und von 18:00 bis 21:00 Uhr«. Bis zwölf hatte ich noch eine Stunde Zeit. Also machte ich mich wieder auf den Weg stadtauswärts. Dabei kam ich an weiteren Gaststätten vorbei. Mehrere Lokale boten diese »Stammessen« an. Das Essensproblem war also gelöst: Ich würde mich einfach von Stammessen zu Stammessen futtern.

Die eisige Kälte kroch mir durch Hose und Mantel. Die nächste Schwierigkeit tat sich auf. Wo sollte ich warme Kleider herbekommen? Ich hatte ja nur, was ich beim Verlassen unserer Wohnung am Leib getragen hatte. Und den Pullover, den Sultana mir gestern Abend noch rasch eingepackt hatte. Aber auch der würde mich keine Winterwoche lang wärmen.

Punkt 12 Uhr betrat ich das Lokal. Ich erinnerte mich an die Mundfunk-Warnung, sich in einer Gaststätte immer so zu positionieren, dass man alles gut überblicken und bei Gefahr notfalls schnell türmen konnte. Also ein Platz mit Blick zur Tür.

Ich bestellte das Stammessen: Gulaschsuppe. Von Gulasch war allerdings nicht viel zu sehen, die ganze Herrlichkeit bestand aus einem kleinen Stückchen Fleisch und ein paar Fettaugen, die in der Suppe schwammen. Mein Versuch, noch ein zweites Stammessen zu bekommen, schlug fehl, denn jeder Gast erhielt nur eines. Also zahlte ich schnell und lief in die nächste Gaststätte, um ein weiteres Essen zu ergattern. »Na ja, eine Portion ist noch da«, verkündete die Bedienung. »Nur eine? Haben Sie denn so wenig gekocht heute?«, fragte ich enttäuscht. »Nee, Jungchen«, lächelte die Kellnerin: »Stammessen gibt's immer nur ein paar. Musst dich also ranhalten ...« Immerhin, mein Hunger war gestillt. Am Abend würde ich das gleiche Spielchen noch einmal praktizieren. Dann müsste ich wenigstens nicht mit knurrendem Magen in mein Verlies steigen.

Ich sehnte das Ende des Tages herbei. Die Dunkelheit schützte mich. Es war Krieg, alle waren mit sich selbst beschäftigt. Keiner sah genau hin, zumindest hoffte ich das. Die Großstadt, so hatte ich gehört, war für U-Boote wie mich, die keinen Hafen hatten, das beste Versteck. In einer Kleinstadt oder gar auf dem Dorf, wo jeder jeden kannte, hätte man sich auf der Straße gar nicht zeigen können, ohne gleich aufzufallen.

Als ich wieder in meiner Kellerecke lag, vollkommen in meine Decke gehüllt, ließ ich meinen ersten Tag als U-Boot Revue passieren. Eigentlich war es besser gegangen, als ich am Morgen befürchtet hatte. Immerhin, ein großes Problem hatte ich gelöst und das war fürs erste nicht schlecht: das Essen. Ich bekam zwar kein Frühstück, aber mittags und abends konnte und musste ich mich satt essen. Morgen würde ich mir einen anderen Keller suchen. Es erschien mir ratsam, nicht zu lange in einem Versteck zu bleiben. So konnte ich meine Spuren so gering wie möglich halten. Erschöpft schlief ich ein.

Am Mittwoch trabte ich pünktlich um 18 Uhr in die Ansbacher Straße zum KaDeWe-Seiteneingang um Petar Dimitrow zu treffen. Doch statt seiner kam Sultana. Es habe einen Riesenkrach zwischen Petar und ihr gegeben. Petar lehnte es grundsätzlich ab, noch Kontakt zu mir zu halten. Das wäre viel zu gefährlich. So hatte sich Sultana allein auf den Weg gemacht. Sie brachte mir ein bisschen Essen mit, eine Flasche Kaffee und einen kleinen Beutel mit Seife und Rasierzeug. Sultana bedeutete mir, dass dies auf absehbare Zeit unser letztes Treffen sein müsste. Sie umarmte mich kurz, wünschte mir Glück und verschwand in der Dunkelheit.

Seife und Rasierzeug waren mir hochwillkommen. Doch wo sollte ich sie benutzen? Die Tage verstrichen und es entging mir nicht, dass ich immer unansehnlicher wurde. Und damit auffälliger. Lebensgefährlich auffällig. Schon mein leicht dunkelhäutiges Gesicht ging niemals als »arisch« durch. Und jetzt fielen mir schwarze, fettige Locken in die Stirn, denn mein letzter Friseurbesuch war schon einige Wochen her. Mein kräftiger, dunkler Bartwuchs ließ mich noch finsterer aussehen. Es ging nicht mehr anders: Ich musste mich zumindest waschen und rasieren. Aber wo? Es kamen nur öffentliche Toiletten in Bahnhöfen oder anderswo in Frage. Ich entschied mich für die komfortableren Bahnhofstoiletten, wo ich auch nicht so sehr auffallen würde, da sich dort häufig Männer bei einem kurzen Zwischenstopp rasierten oder wuschen. Doch Bahnhöfe waren brandgefährlich, denn sie waren die Domäne der Feldjäger, die alles, was an Männern ankam und abfuhr kontrollierten.

So musste diesem Waschen eine zeitraubende Beobachtungsprozedur vorausgehen. Ich lief möglichst unauffällig gegenüber dem Bahnhof auf und ab, um zu beobachten, wie die Kettenhunde ihre Runde machten. In der Regel liefen sie zu zweit, manchmal sogar zu dritt, niemals alleine, denn es galt ja zuzupacken, wenn sie einen erwischten. Ich maß die Zeit, die sie brauchten, um ihre Runde zu drehen, mit meiner Uhr. Nachdem ich zweimal diese Prozedur gestoppt hatte, zweimal, da ich nicht wissen konnte, ob sie mal eine kleine und mal eine große Runde machten, rechnete ich mir aus, wie viele Minuten sie brauchten, bis sie wieder an derselben Stelle vorbeikamen. Wenn ich sie dann gesehen hatte, flitzte ich in den Bahnhof, in die Toiletten und wusch mich in Windeseile. Zum Rasieren reichte die Zeit meist nicht. Dann musste ich das Bahnhofsgebäude wieder fluchtartig verlassen. Und fluchtartig hieß: nicht rennend. Rennen fiel auf. Ein U-Boot musste langsam seines Weges ziehen.

Eines Nachmittags klatschte ich mir ein paar Hand voll Wasser in die Haare und strich meine Mähne wenigstens ein bisschen glatt. Kaum dass ich wieder draußen war, merkte ich, dass ich einen Riesenfehler begangen hatte. Es war eiskalt und ich lief mit nassem Kopf herum. Erstens war das auffällig und zweitens konnte ich eine Erkältung nun wirklich nicht brauchen. Niesend und prustend unter meiner Decke in meinem Kellerverlies zu liegen, wäre eine Katastrophe gewesen.

Tagsüber marschierte ich stundenlang durch die Stadt. Manchmal wusste ich vor Kälte und Müdigkeit nicht mehr weiter und hockte mich in ein Café. Doch dort konnte ich nicht lange bleiben. Hin und wieder wagte ich es auch, in ein Kino zu gehen. Der Film, der da vor mir ablief, war mir gleichgültig: Hauptsache, ich saß für zwei Stunden trocken und warm. Später lernte ich, dass U-Boote niemals ins Kino gingen, weil die Vorstellungen häufig von Feldjägern kontrolliert wurden.

Ungleich schwieriger jedoch als die Tage waren die Nächte. Ich suchte mir immer neue Kellerverstecke. Die waren zwar eiskalt, aber immer noch wärmer als draußen. Doch ich konnte jeden Augenblick entdeckt werden und sah darüber hinaus am Morgen meist aus wie ein Kohlenmann.

Nach drei Wochen war ich verzweifelt. Ich war ständig durchgefroren und äußerlich verkam ich, trotz meiner gelegentlichen Waschaktionen im Bahnhof, immer mehr. Eines Morgens, als ich die Bismarckstraße entlanglief, stand ich auf einmal Heinz Schlosser gegenüber. Heinz war beim Sportverein Maccabi mein Boxtrainer gewesen. Wir sahen uns an. Leise fragte ich ihn: »Oben oder unten?«, was so viel heißen sollte wie: legal oder illegal? Auch Schlosser trug keinen Judenstern, aber das besagte gar nichts. Das taten nämlich die gefährlichen Juden, die Greifer, auch nicht. Heinz wisperte zurück: »Schon lange unten. Lass uns zusammen einen Kaffee trinken.« Wir gingen in ein kleines Lokal. Heinz war der erste Mensch seit Wochen, mit dem ich richtig reden konnte. Und so sprudelten alle meine Probleme aus mir heraus. Erst nachdem wir uns wieder getrennt hatten, fiel mir auf, dass Heinz kaum etwas gesagt und schon gar nichts von sich erzählt hatte. Er hatte nur berichtet, dass er sich hin und wieder mit anderen U-Booten im Café »Uhlandeck« oder im »Dobrin« am Kurfürstendamm traf. Später begriff ich, dass U-Boote sich grundsätzlich beherrschten und nicht viel erzählten, um nichts preiszugeben oder Spuren aufzudecken, die einem selbst oder einem anderen zum Verhängnis werden konnten. So hörte ich einmal von zwei Brüdern, die beide zur gleichen Zeit untergetaucht waren und doch nicht voneinander wussten, wo der andere war und wie er sich am Leben hielt. Unkenntnis schützte in diesem Fall. Doch ich war ja ein einsames U-Boot und konnte sowieso niemandem schaden.

Mein Übernachtungsproblem lag mir besonders am Herzen. So lautete meine erste Frage dann auch: »Wie verbringst du denn die Nächte?« Auf ein »Wo« hätte Heinz, wie jedes andere U-Boot auch, sowieso nicht geantwortet. Heinz sagte: »Ich fahre S-Bahn.«

»S-Bahn? Wieso S-Bahn?«, fragte ich verwundert.

»Ist schön warm und fährt die ganze Nacht«, erklärte Heinz.

»Da setzt du dich einfach rein und gondelst hin und her?«

»Klar. Zwischen den Bahnhöfen und den Endstationen gibt es manchmal schön lange Strecken, da kannst du gut zehn Minuten, eine Viertelstunde oder auch länger pennen. Da hocken oft schlafende Leute drin, die müde von der Arbeit kommen oder zur Arbeit fahren. Da fällst du also nicht auf.«

Nun fing ich ebenfalls an, nachts S-Bahn zu fahren. Zunächst genoss ich den neuen Komfort. Hier war es mollig warm und man wurde schön müde. Prompt nickte ich ein. Immer wenn der Zug an einem Bahnhof bremste und rüttelnd wieder anfuhr, wachte ich kurz auf.

Plötzlich sah ich die Männer, die ich mit am meisten fürchtete, ganz in meiner Nähe: Kettenhunde auf den Bahnsteigen! Hätte ich jetzt geschlafen und sie wären in den Zug gestiegen, hätten mich wachgerüttelt und »Ausweiskontrolle« gesagt – dann wäre ich geliefert gewesen. S-Bahn-Fahren war mir zu gefährlich. Also suchte ich meinen letzten Keller wieder auf, um meine Decke und meinen Rasierbeutel zu holen. Zu meiner Freude lagen die Sachen noch dort. Reines Glück! Ich suchte mir einen neuen Keller und erledigte meinen »Umzug«.

Doch meine Kellernächte wurden immer dramatischer. Seit die Royal Air Force Ende August 1940 als Vergeltung für den deutschen Luftangriff am 24. August 1940 auf London mit 29 Bombern über Reinickendorf, Pankow und Lichtenberg geflogen war und Berlin zum ersten Mal beschossen hatte, nahmen die Fliegeralarme kein Ende mehr. Es waren zwar hauptsächlich Störangriffe, bei denen keine Bomben fielen, aber beim Heulen der Sirenen stürzten die Hausbewohner natürlich trotzdem hinunter in ihre Luftschutzkeller. Oft hatte ich einen Verschlag als Schlafstätte gewählt, der ausgerechnet genau an diesem Luftschutzkeller lag. Jede Bewegung, jeder Atemzug konnten mich verraten. Und wenn jemand auf die Idee gekommen wäre, meine Decke, die wie zufällig in eine Ecke geworfen aussah, zu lüften, wäre ich verloren gewesen.

Eines Tages, als ich wieder einmal auf den eisigen Straßen herumstreifte, erspähte ich jemanden, den ich aus meinem vorigen Leben gut kannte. Das Herz schlug mir bis zum Hals. Es war der Schreibwarenhändler aus der Kantstraße. Bei ihm hatte ich während meiner Schulzeit nicht nur Hefte und Stifte, sondern auch Aufkleber, Zinnsoldaten und Neujahrs- oder Osterkarten erworben. ›Jetzt ist alles aus. Der verpfeift dich garantiert‹, dachte ich. Da ich nicht auf den verkehrsreichen Fahrdamm ausweichen konnte, ging ich mit leicht zitternden Knien weiter auf ihn zu. Er grüßte mit einem verstehenden Lächeln in den Augen: ›Vor mir brauchst du dich nicht zu fürchten‹, klopfte mir kurz freundschaftlich auf die Schulter und ging weiter. Mir fiel ein Stein vom Herzen, aber meine Beine fühlten sich noch eine ganze Weile sehr weich an. Wieder einer, der »nicht so« war. Eine Begegnung, die mir Auftrieb und Lebensmut gab. Ich hatte nicht nur Glück gehabt, sondern eine Genugtuung davongetragen. Trotzdem mied ich fortan vorsichtshalber diese Gegend und beschloss, mich in weniger belebten Ecken der Stadt herumzutreiben.

Mir fiel eine Straße ein, die ich aus meiner Jugend bestens kannte. Eine Straße, die im Sommer voller Menschen, im Winter aber kaum belebt war: die sich lang hinziehende Havelchaussee. Unzählige Male waren wir als Kinder mit den Eltern bei unseren Ausflügen nach Schildhorn dort gewesen.

Mit dem Dreiecksbus, dem Ausflugsdoppeldecker, wa-

Meine Eltern Nissim
und Lea Behar bei
ihrer Hochzeit und
Silberhochzeit.

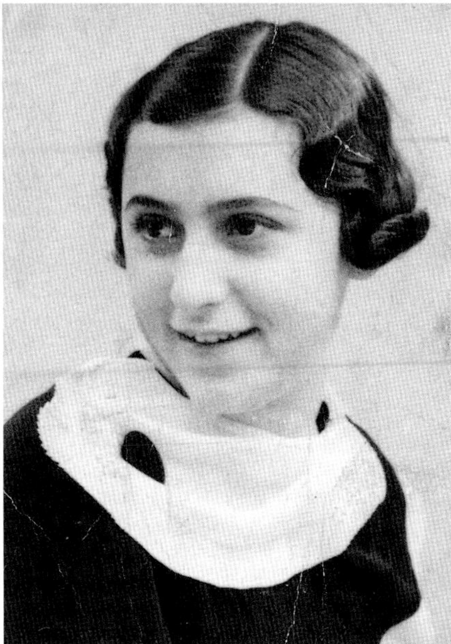

Meine Schwester
Alegrina, 18 Jahre alt.

Mein erster Schultag
Ostern 1930.

Ich und meine Schwestern Alegrina und Jeanne, 1930.

Mein Freund Robert im
Alter von 3 und 17 Jahren.

Mein Vetter Albert und ich im Jahre 1936.

Jüdische Privatschule Dr. Leonore Sara Goldschmidt.

Die Synagoge in der Fasanenstraße.

Behar, Jakob geb. am 21.10.21* in Berlin; Mitte, Köpenicker Str. 115; 31. Transport vom 01.03.43, Auschwitz; Todesort: Auschwitz, verschollen

Behar, Jeanne geb. am 29.07.20* in Paris; Charlottenburg, Kantstr. 154 a; 25. Transport vom 14.12.42, Riga; Todesort: Riga, verschollen

Behar, Lea geb. Haco geb. am 05.05.90* in Konstantinopel; Mitte, Köpenicker Str. 115; 15. Transport vom 13.06.42, Osten; Todesort: Majdanek, verschollen

Behar, Lea geb. Jaesch geb. am 04.03.90* in Konstantinopel; Charlottenburg, Kantstr. 154 a; 25. Transport vom 14.12.42, Riga; Todesort: Riga, verschollen

Behar, Nissim geb. am 23.05.86* in Konstantinopel; Charlottenburg, Kantstr. 154 a; 25. Transport vom 14.12.42, Riga; Todesort: Riga, verschollen

Behar, Simcha geb. am 25.05.12* in Berlin; Mitte, Köpenicker Str. 115; 31. Transport vom 01.03.43, Auschwitz; Todesort: Auschwitz, verschollen

Behle, Margaret ... am 16.06.76* in Bromberg, Posen; Pren ... Trans- port vom 12.01.43, ... 1943

Behmack, Gü ... Klopstockstr. 31, 6 ... verschollen

Behnsch, E ... Schlesien; Tierg ... Theresienstadt; ...

Behnsch, ... Fasanenstr. 2 ... witz, verschc ...

Behnscl ... Tiergarten ... enstadt; Tod...

Behr, Achim geb. am ... 11; 3. Transport vom 27.10.41, Lodz, ... verschollen

Behr, Berl geb. am 09.10.42* in Berlin; Wedding, Iranische ... 37. Transport vom 19.04.43, Auschwitz; Todesort: Auschwitz, verschollen

Behr, Bernhard geb. am 02.02.35* in Berlin; Pankow, Moltkestr. 8-11; 3. Transport vom 27.10.41, Lodz; Todesort: Litzmannstadt/ Lodz, verschollen

Behr, Charlotte geb. Gegna geb. am 11.12.12* in Berlin; Wilmersdorf, Grunewald, Wallotstr. 10; 3. Transport vom 27.10.41, Lodz; Todesort: Litzmannstadt/ Lodz, verschollen

Behr, Frieda geb. Lesser geb. am 09.08.89* in Wittenberg, Provinz Sachsen; Wilmersdorf, Pommersche Str. 8 a; 33. Transport vom 03.03.43, Auschwitz; Todesort: Auschwitz, verschollen

Behr, Hans geb. am 07.07.82* in Berlin; 50. Transport aus Drancy vom 04.03.43, Majdanek; Todesort: Majdanek, verschollen

Behr, Jettel geb. Königsberger geb. am 20.06.65* in Kattowitz, Schlesien; Wilmersdorf, Joachim-Friedrich-Str. 2; 32. Alterstransport vom 29.07.42, Theresienstadt; Todesort: Theresienstadt am 16.08.42

Behr, Karoline geb. Asch geb. am 17.09.79* in Posen; Friedrichshain, Lange Str. 110; 9. Transport vom 19.01.42, Riga; Todesort: Riga, verschollen

Behr, Ludwig geb. am 01.06.63* in Krefeld, Rheinprovinz; Wilmersdorf, Joachim-Friedrich-Str. 3; 32. Alterstransport vom 29.07.42, Theresienstadt; Todesort: Theresienstadt am 01.09.42

Behr, Ruth geb. Katzky geb. am 10.12.09* in Berlin; Mitte, Dragonerstr. 49 a; 37. Transport vom 19.04.43, Auschwitz; Todesort: Auschwitz, verschollen

Behr, Sophie geb. Borchardt geb. am 15.01.61* in Jastrow, Westpreußen; Wilmersdorf, Kaiserallee 177; 81. Alterstransport vom 14.01.43, Theresienstadt; Todesort: Theresienstadt am 27.01.43

Behr, Valerie geb. am 15.07.72* in Schneidemühl, Posen; Wilmersdorf, Grunewald, Ilmenauer Str. 3; 3. gr. Alterstransport vom 03.10.42, Theresienstadt; Todesort: Theresienstadt am 30.10.42

Behr, Walter geb. am 01.12.09* in Krefeld, Rheinprovinz; Schöneberg, Kleiststr. 23; 37. Transport vom 19.04.43, Auschwitz; Todesort: Auschwitz im Mai 1943

Behrend, Bianca geb. am 02.06.76* in Berlin; Charlottenburg, Gardes-du-Corps-Str. 13; Emigration in die Niederlande am 02.06.39; Todesort: Auschwitz, für tot erklärt

Behrend, Camilla geb. am 14.11.95* in München; Tiergarten, Jagowstr. 38; 11. Transport vom 28.03.42, Trawniki; Todesort: Trawniki, verschollen

Behrend, Edith geb. Marcuse geb. am 10.03.98* in Berlin; Charlottenburg, Dahlmannstr. 25; 30. Transport vom 26.02.43, Ausch... Todesort: Auschwitz, verschollen

...beth geb. am 14.02.63* in Kolberg, Pommern; ... 52. Alterstransport vom 28.08.42, The... ...09.43

... Tiergarten, Alt-Moabit ... odesort: Auschwitz, ver-

...dt geb. am 30.07.63* in ... 1. gr. Alterstransport vom ...stadt am 26.08.42

... geb. am 18.03.01* in Berlin; ...nsport vom 01.03.43, Ausch-

... am 25.05.20* in Berlin; Mitte ...42, Auschwitz; Todesort: Ausch-

...6.02.73* in Posen; Wedding, Lort- ...07.07.42, Theresienstadt; Todesort ...

Behrend, He... Wolff geb. am 09.12.91* in Kempen, Posen; Mitte, Kommand... str. 68-69; 5. Transport vom 14.11.41, Minsk; Todesort: Minsk, verschollen

Behrend, Hermine Martha geb. am 12.02.71* in Berlin; Wilmersdorf, Fasanenstr. 58; 30. Alterstransport vom 27.07.42, Theresienstadt; Todesort: Theresienstadt am 24.08.42

Behrend, Isaak geb. am 05.05.05* in Posen; Wedding, Lortzingstr. 38; Todesort: Dachau am 19.05.41

Behrend, Jeanette geb. Feldblum geb. am 12.07.87* in Berlin; Schöneberg, Herbertstr. 11; 1. Transport vom 18.10.41, Lodz; Todesort: Litzmannstadt/ Lodz, verschollen

Behrend, Judith geb. am 24.11.36* in Berlin; Wilmersdorf, Holsteinische Str. 43; 34. Transport vom 04.03.43, Auschwitz; Todesort: Auschwitz, verschollen

Behrend, Katharina geb. am 01.06.68* in Berlin; Wilmersdorf, Fasanenstr. 58; 30. Alterstransport vom 27.07.42, Theresienstadt; Todesort: Theresienstadt am 11.08.42

Behrend, Max geb. am 12.12.88* in Neustettin, Pommern; Mitte, Kommandantenstr. 68-69; 5. Transport vom 14.11.41, Minsk; Todesort: Minsk, verschollen

Behar, Jeanne geb. am 29.07.20* in Paris; Charlottenburg, Kantstr. 154 a; 25. Transport vom 14.12.42, Riga; Todesort: Riga, verschollen

Behar, Alegrina geb. am 02.03.16* in Berlin; Charlottenburg, Kantstr. 154 a; 25. Transport vom 14.12.42, Riga; Todesort: Riga, verschollen

Behar, Lea geb. Jaesch geb. am 04.03.90* in Konstantinopel; Charlottenburg, Kantstr. 154 a; 25. Transport vom 14.12.42, Riga; Todesort: Riga, verschollen

Behar, Nissim geb. am 23.05.86* in Konstantinopel; Charlottenburg, Kantstr. 154 a; 25. Transport vom 14.12.42, Riga; Todesort: Riga, verschollen

Offizielle Liste der ermordeten Berliner Juden
mit den Namen meiner Eltern und Schwestern.

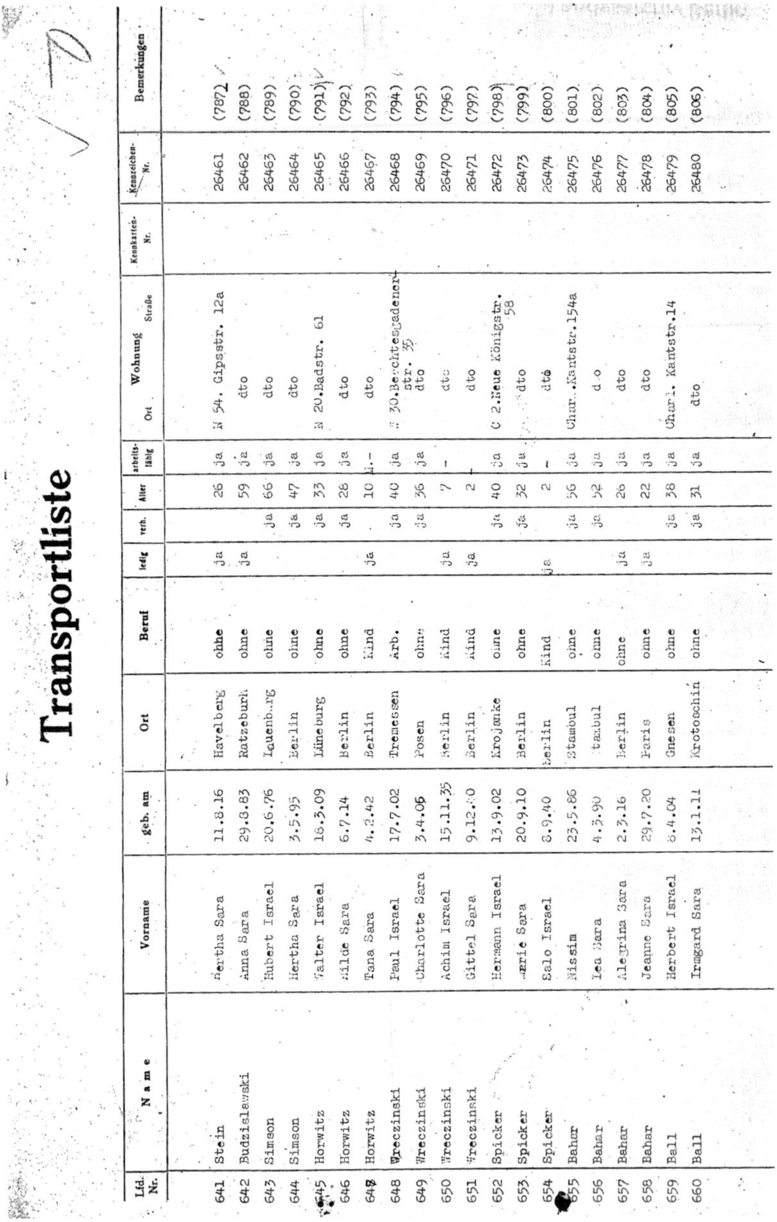

Transportliste

Lfd. Nr.	Name	Vorname	geb. am	Ort	Beruf	ledig	verh.	Alter	arbeitsfähig	Wohnung Ort	Wohnung Straße	Kennkarten-Nr.	Kennzeichen-Nr.	Bemerkungen
641	Stein	Hertha Sara	11.8.16	Havelberg	ohne	ja		26	ja	N 54.	Gipsstr. 12a		26461	(787)
642	Budzislawski	Anna Sara	29.8.83	Ratzeburh	ohne	ja		59	ja		dto		26462	(788)
643	Simson	Hubert Israel	20.6.76	Lauenburg	ohne		ja	66	ja		dto		26463	(789)
644	Simson	Hertha Sara	3.5.95	Berlin	ohne		ja	47	ja		dto		26464	(790)
645	Horwitz	Walter Israel	18.3.09	Lüneburg	ohne		ja	33	ja	N 20.	Badstr. 61		26465	(791)
646	Horwitz	Hilde Sara	6.7.14	Berlin	ohne		ja	28	ja		dto		26466	(792)
647	Horwitz	Tana Sara	4.2.42	Berlin	Kind	ja		10 M.	-		dto		26467	(793)
648	Wreczinski	Paul Israel	17.7.02	Tremessen	Arb.		ja	40	ja	S 30.	Berchtesgadener-str. 35		26468	(794)
649	Wreczinski	Charlotte Sara	3.4.06	Posen	ohne		ja	36	ja		dto		26469	(795)
650	Wreczinski	Achim Israel	15.11.35	Berlin	Kind	ja		7	-		dto		26470	(796)
651	Wreczinski	Gittel Sara	9.12.40	Berlin	Kind	ja		2	-		dto		26471	(797)
652	Spicker	Hermann Israel	13.9.02	Krojanke	ohne		ja	40	ja	C 2.	Neue Königstr. 58		26472	(798)
653	Spicker	Marie Sara	20.9.10	Berlin	ohne		ja	32	ja		dto		26473	(799)
654	Spicker	Salo Israel	8.9.40	Berlin	Kind	ja		2	-		dto		26474	(800)
655	Bahar	Nissim	23.5.86	Stambul	ohne		ja	56	ja	Charl.	Kantstr. 154a		26475	(801)
656	Bahar	Lea Sara	4.3.90	Stambul	ohne		ja	52	ja		dto		26476	(802)
657	Bahar	Alegrina Sara	2.3.16	Berlin	ohne	ja		26	ja		dto		26477	(803)
658	Bahar	Jeanne Sara	29.7.20	Paris	ohne	ja		22	ja		dto		26478	(804)
659	Ball	Herbert Israel	8.4.04	Gnesen	ohne		ja	38	ja	Charl.	Kantstr. 14		26479	(805)
660	Ball	Irmgard Sara	13.1.11	Krotoschin	ohne		ja	31	ja		dto		26480	(806)

Transportliste des 27. Osttransports mit den Namen meiner Eltern und Schwestern.

Die Normaluhr am Bahnhof Zoo.

127. Polizeirevier Charlottenburg 5 am Kaiserdamm 1.

Betty Krug

Jüdisches Altersheim in der Großen Hamburger Straße,
später „Judensammelstelle".

Oben: Anhalter Bahnhof. Unten: Polizeipräsidium am Alexanderplatz.

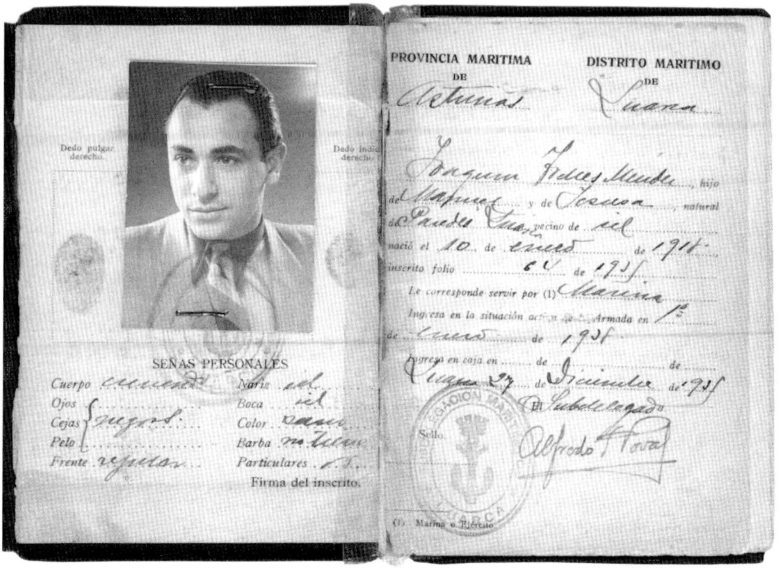
PROVINCIA MARITIMA DE Asturias

DISTRITO MARITIMO DE Luarca

Dedo pulgar derecho.

Dedo indice derecho.

SEÑAS PERSONALES

Cuerpo

Ojos

Cejas

Pelo

Frente

Nariz

Boca

Color

Barba

Particulares

Firma del inscrito.

hijo de ... y de ..., natural de ... vecino de ...

nació el 10 de enero de 1916

inscrito folio 64 de 1935

Le corresponde servir por (1) Marina

Ingresa en la situación activa de la Armada en 1° de enero de 1938

Ingresa en caja en ... de ... de ...

Luarca 27 de Diciembre de 1935

El Subdelegado

Sello.

(1) Marina o Ejército

Der Pass des Marineoffiziers, den mir Behrens beschaffte.

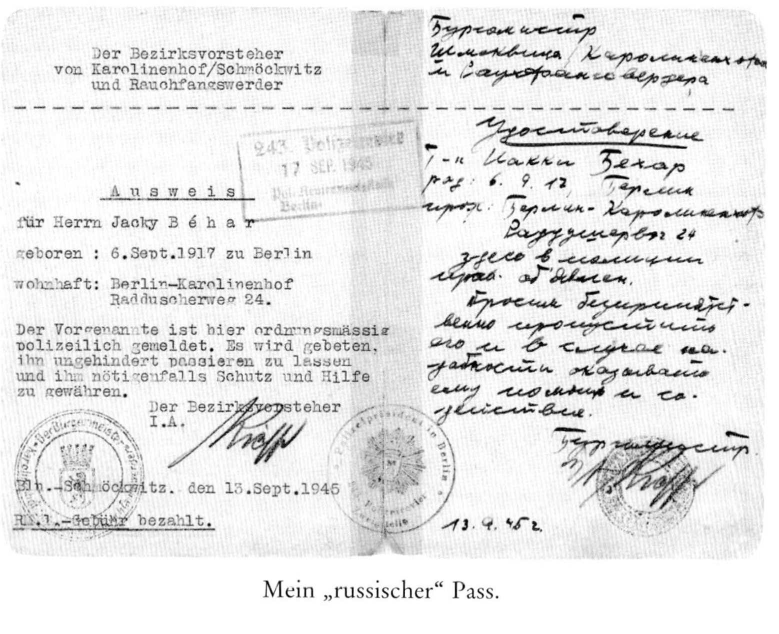
Der Bezirksvorsteher
von Karolinenhof/Schmöckwitz
und Rauchfangswerder

243. Polizeirevier
17 SEP. 1945
Berlin

Ausweis

für Herrn Jacky B é h a r

geboren : 6.Sept.1917 zu Berlin

wohnhaft: Berlin-Karolinenhof
Radduscherweg 24.

Der Vorgenannte ist hier ordnungsmässig polizeilich gemeldet. Es wird gebeten, ihn ungehindert passieren zu lassen und ihm nötigenfalls Schutz und Hilfe zu gewähren.

Der Bezirksvorsteher
I.A.

Bln.-Schmöckwitz, den 13.Sept.1945

RM.1.-Gebühr bezahlt.

13. 9. 45 г.

Mein „russischer“ Pass.

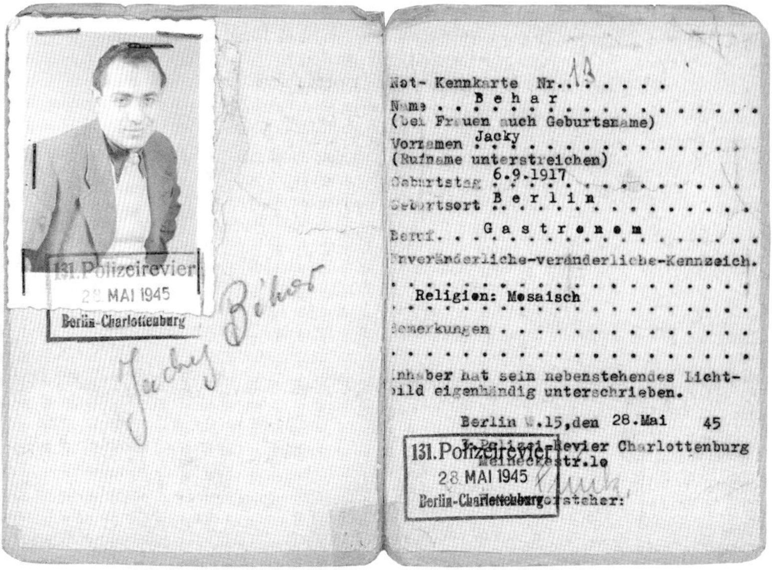

131. Polizeirevier
28. MAI 1945
Berlin-Charlottenburg

Jacky Behar

Not- Kennkarte Nr. 13
Name Behar
(bei Frauen auch Geburtsname)
Vornamen Jacky
(Rufname unterstreichen)
Geburtstag 6.9.1917
Geburtsort Berlin
Beruf Gastronom
Unveränderliche-veränderliche-Kennzeich.
Religion: Mosaisch
Bemerkungen
Inhaber hat sein nebenstehendes Lichtbild eigenhändig unterschrieben.
Berlin W.15, den 28. Mai 45
1. Polizei-Revier Charlottenburg
Meineckestr. 10
131. Polizeirevier
28. MAI 1945
Berlin-Charlottenburg
Vorsteher:

Meine neue Identität als Jacky Behar.

Mein Elternhaus in der Kantstraße 154 a, in den sechziger Jahren.

Ich, 1964 als Komparse beim Film.

Hochzeit mit Barbara-Lea am 11. August 1966.

Mein Vetter Isaak Behar.

Mein Freund
Robert Gaffron heute.

Die Behars heute, meine Frau Barbara-Lea,
unsere Söhne Daniel und Benjamin.

ren wir, meist zusammen mit zwei, drei befreundeten Familien, vom Bahnhof Zoo dorthin gefahren, hatten Picknick mit Köfte, Oliven, Sardellen und kalten Fritadas gemacht. Die Väter hatten Tavla oder Karten gespielt, wir Kinder unten am Wasser herumgetobt. Auch Robert Gaffron war oft mit von der Partie gewesen. Szenen aus einem anderen Leben.

Nun fuhr ich mit der S-Bahn bis zum Bahnhof Wannsee und lief dann die menschenleere Havelchaussee Stunde um Stunde stadteinwärts in Richtung Spandau. Als ich an den Bootshäusern in der Nähe der Freybrücke an der Heerstraße vorbeiging, kam mir eine Idee. Die vielen Boote, die nicht in Bootshäusern, sondern an Land winterfest aufgebockt standen, luden mich geradezu ein. Sie waren mit einer Persenning abgedeckt, die mit Steinen ringsherum am Wegfliegen gehindert wurde. ›Viel kälter als im Keller kann's in einem Boot auch nicht sein. Aber sicherer als in der S-Bahn allemal‹, spekulierte ich. Kein Mensch käme auf die Idee, nachts die Boote zu kontrollieren.

Als ich meine wenigen Habseligkeiten abholte, überlegte ich, ob ich irgendwo eine zweite Decke herbekommen konnte. Doch Decken waren im Krieg nicht einfach mit Geld zu kaufen, man brauchte auch einen Berechtigungsschein. Also musste es ohne zweite Decke gehen.

Als ich wieder an der Havelchaussee angelangt war, brach die Nacht herein, was mir nur recht war. Nun konnte ich im Schutz der Dunkelheit mein Boot beziehen. Ich kletterte über den Zaun und schlich über das Gelände. Nachdem ich mir ein Segelboot ausgesucht hatte, nahm ich an einer Ecke, die vom Weg aus nicht einsehbar zur Seeseite hinausging, einige Ziegelsteine beiseite, hob die Plane an und kroch mit meiner Decke hinein. Zu meiner Überraschung lagen in dem Boot gleich zwei Decken. Wieder mal Glück gehabt! Ich mummelte mich ein und glaubte, mich mit meiner neuen

Bleibe enorm verbessert zu haben. Doch im Laufe der Nacht, die ich auf den rohen Planken liegend verbrachte, stellte sich heraus, dass es im Boot viel, viel kälter als im Keller war. Auch meine drei Decken konnten dem Jahrhundertwinter von 1942/43 wenig entgegensetzen.

Hinzu kamen in der nächsten Nacht Fliegeralarm und Bomben. Es war die Zeit der Kriegswende. Seit dem 16. Januar 1943 flogen die Alliierten große Luftangriffe auf Berlin. Selbst in den Luftschutzkellern hatten die Menschen Angst, wenn die Einschläge dröhnten und krachten, das Haus von den Erschütterungen der Bomben wackelte und der Kalk von den Wänden rieselte. Doch mein Boot über dem Kopf bot überhaupt keinen Schutz. In den Winternächten, in denen die Bomben auf Berlin niederprasselten, hockte ich in meinem Kahn und schlotterte vor Angst und Kälte. Meine Bootsunterkunft war wohl doch nicht der Stein der Weisen!

Ich ertappte mich, dass ich in letzter Zeit kaum an meine Eltern und meine Schwestern gedacht hatte. Das kam mir wie ein Verbrechen vor. Hatte ich sie schon vergessen? Oder hatte ich einfach Wichtigeres zu bedenken? Ich musste mich am Leben erhalten. Wie sollte es mit mir weitergehen? Der Kampf ums Überleben hatte gerade erst begonnen.

Als ich zufällig mein Spiegelbild in einem Schaufenster sah, erschrak ich. Ich war nicht mehr zu erkennen. Unter meiner Zottelmähne und meinen speckigen Klamotten hätte niemand mehr den einst so schnieken Isaak Behar vermutet. Das war zwar einerseits von Vorteil, aber andererseits gefährlich, da die Menschen auf der Straße sich jetzt immer häufiger nach mir umschauten. Mein Anblick war exotisch. Im nationalsozialistischen Straßenbild gab es so etwas wie mich nicht. So einer war ein Schwuler oder ein Zigeuner. Der wurde einfach »abgeräumt«. Ich musste mich dringend herrichten: waschen, Haare ab, Bart runter. Wo konnte ich einmal kurz unterkommen, um mich zu restaurieren?

Hans

In meiner Not fasste ich den Mut, Behrens in der Militärfärberei anzurufen. Ich betrat eine Telefonzelle und ließ mir von der Auskunft die Telefonnummer der Firma Bergmann geben. Eine Dame verband mich weiter. Er meldete sich: »Behrens«. Ich sagte: »Behar«. Dann hörte ich einen Augenblick gar nichts. Doch Behrens fing sich rasch und sagte leise und knapp: »18 Uhr. Normaluhr.« Er hängte ein.

Jeder Berliner wusste, dass mit »Normaluhr« jener Treffpunkt am Bahnhof Zoo gemeint war, die bekannteste Uhr, die, an der man sich nicht verfehlen konnte. Sie hing oben an der Überführung der Hardenbergstraße. Zwar war es eine gute Stelle, um sich unauffällig zu treffen, weil dort immer reges Treiben herrschte. Für mich aber war der Treffpunkt äußerst ungeeignet, da er zu nah an meiner früheren Wohnung lag. Doch ich musste jetzt jede noch so winzige Chance nutzen und jedes damit verbundene Risiko eingehen.

Ich fuhr also zum Bahnhof Zoo. Auf Schritt und Tritt beobachtete ich meine Umgebung. Wenn ich irgendwo mit der U-Bahn hinfuhr, stieg ich erst einmal in einen Zug in die entgegengesetzte Richtung. Das hatte ich im Laufe der Zeit gelernt. Ich schaute mir möglichst unauffällig alle Fahrgäste im Waggon genau an. Irgendwann stieg ich aus und prüfte, wer ebenfalls den Wagen verließ. Diese Menschen behielt ich im Blickfeld, um zu sehen, ob mir jemand folgte oder anderen ein Zeichen gab. Dann fuhr ich wieder zurück. Meistens wiederholte ich das Manöver mehrmals. Mit diesem Zickzack-Kurs dauerte es oft eine Stunde oder länger, bis ich mein Ziel erreicht hatte. Auch jetzt näherte ich mich dem Bahnhof Zoo nicht etwa auf kürzestem Wege, sondern schlug erst einmal einen Haken über die Hardenbergstraße.

Natürlich postierte ich mich nicht sofort unter der Uhr. Ich beobachtete zunächst von der gegenüberliegenden Seite aus das Geschehen an der Ecke unter der Normaluhr. Ich musste feststellen, ob Behrens überhaupt kam, ob er bereits aufgefallen war und ihm jemand folgte oder ob er eine andere Person geschickt hatte, die mich abfangen sollte. Meine Erfahrungen mit ihm ließen dies unwahrscheinlich erscheinen, aber auszuschließen war nichts. Mein Leben auf der Straße war eben ein ganz anderes als das der U-Boote, die bei deutschen Freunden oder Helfern angedockt hatten. Ich kannte niemanden, hatte niemanden, dem ich trauen konnte.

Behrens eilte mit einer Aktentasche unter dem Arm herbei. Soweit ich beurteilen konnte, folgte ihm niemand. Während er sich ein paar Mal umschaute, verharrte ich noch einen Augenblick beobachtend. Dann sah er ungeduldig auf seine Uhr. Jetzt musste ich zu ihm, sonst würde er womöglich weggehen. Als ich auf ihn zutrat, wandte er seinen Kopf ab und ging ein Stück zur Seite. Behrens erkannte mich nicht.

Ich flüsterte: »Herr Behrens, ich bin's, Behar«. Behrens sah mich erstaunt an und raunte: »Folgen Sie mir!« Er wollte nicht einmal, dass ich an seiner Seite ging. Er lief voraus – und ich in gebührendem Abstand hinter ihm her –, in die Bahnhofshalle hinein. Zielsicher steuerte er eine Bierklause an und setzte sich mit mir ganz hinten an einen Tisch.

»Herr Behar, wie sehen Sie denn aus?«

»So, wie man eben aussieht, wenn man seit Wochen auf

der Straße lebt. Ich kann mich nirgends waschen. Habe Tag und Nacht dieselben Klamotten an.« Auch an meine Unterhose dachte ich, die ich ebenfalls noch nicht hatte wechseln können. Doch das behielt ich für mich.

»Was ist denn passiert?« Behrens war natürlich längst von der Gestapo über unsere »Umsiedlung« in Kenntnis gesetzt worden. Er hätte ihnen ja sonst sofort melden müssen, dass Vater und ich nicht zur Arbeit erschienen waren. Daher seine Überraschung am Telefon, als er meinen Namen hörte.

So fing ich an, ihm jenen Sonntag im Dezember 1942 zu schildern. Beim Erzählen überkam mich eine eigenartige Ruhe. An Behrens' Mantelrevers prangte sein Goldenes Parteiabzeichen. Jeder konnte annehmen, dass er mich im Griff hatte. Einfach dasitzen und berichten zu können, was mir widerfahren war, gab mir für diesen Augenblick ein Gefühl der Sicherheit.

Als ich schließlich auf die Situation, in der ich mich heute befand, zu sprechen kam, stellte Behrens fest: »Dann brauchen Sie sicherlich ein paar Lebensmittelmarken. Ich habe welche dabei. Möchten Sie die?«

»Ja, brauchen könnte ich sie schon. Aber ich weiß nicht, wo ich sie in Lebensmittel eintauschen sollte.« Ich kannte nur einen Laden, in dem man mir diese losen Marken abnehmen würde: Angers. Zu denen in unser Haus in der Kantstraße aber konnte ich auf keinen Fall gehen.

Behrens fragte weiter: »Brauchen Sie Geld?«

»Nein, Geld hab ich für's erste.« Ich erzählte, dass mir »jemand«, die Dimitrows erwähnte ich natürlich nicht, unter die Arme gegriffen hatte. »Herr Behrens, ich brauche etwas ganz anderes. Aus diesem Grund habe ich Sie angerufen. Kennen Sie nicht jemanden ...«, mit ›jemanden‹ meinte ich natürlich ihn, »... bei dem ich mal eine Stunde unterkommen könnte, um mir die Haare zu schneiden, zu baden und mich zu restaurieren? So wie ich jetzt aussehe, bin ich in Gefahr.

Die Leute gaffen mich an. Es ist nur eine Frage der Zeit, wann ich aufgegriffen werde.«

Er wiegte nachdenklich den Kopf. Meine Zuversicht schmolz dahin.

Schließlich murmelte Behrens: »Das ist schwer.«

Ich flehte: »Herr Behrens, es ist völlig egal, ob tags oder nachts. Ehe Sie sich's versehen, bin ich wieder weg. Und ich hinterlasse auch keine Spuren.«

Nach einiger Zeit erwiderte er: »Geben Sie mir einen Tag Zeit. Versprechen kann ich Ihnen aber gar nichts.«

Mir blieb nicht verborgen, dass er unser Beisammensein nun möglichst schnell beenden wollte. Er schloss mit den Worten: »Am besten, wir treffen uns übermorgen um 18 Uhr hier im Lokal wieder – nicht auf der Straße!« Dann verabschiedeten wir uns flüchtig. Er bezahlte und bemerkte noch: »Falls ich mich verspäten sollte, bestellen Sie sich ruhig etwas zu Trinken.« Er ging und auch ich blieb nur noch einige Sekunden in der Gaststätte. Ich lief so schnell wie möglich und so langsam wie nötig aus dem Bahnhofsgebäude.

Allerhand schoß mir durch den Kopf: ›Behrens will mir gar nicht helfen. Das ist ihm zu viel. Er wollte mich nur auf elegante Art loswerden. Ist ja auch ein Unterschied, einem Juden mal 'ne Lebensmittelmarke zu schenken oder einen »flüchtigen Juden« zu sich in die Wohnung zu lassen. Wahrscheinlich wird er übermorgen gar nicht auftauchen.‹ Das Gefühl, Behrens könne eine Bedrohung für mich sein, hatte ich aber keine Sekunde.

Wenig hoffnungsvoll ging ich zwei Tage später wirklich in allerletzter Minute in das Lokal. Ich würde höchstens eine Viertelstunde auf Behrens warten. Länger durfte ich mich in dieser gefährlichen Umgebung nicht aufhalten. Zu meiner Überraschung saß Behrens schon da, als ich kam.

Alle meine Befürchtungen schlugen ins Gegenteil um. Eine Zigarettenschachtel lag in der Mitte des Tisches. Behrens sagte leise: »Herr Behar, nachher ziehen Sie diese Zigarettenschachtel zu sich hinüber, ohne sie hochzuheben. Darunter liegt ein kleines Zettelchen, das Sie unbemerkt an sich nehmen werden. Da steht ein Name drauf. Den prägen Sie sich ein. Das Papier müssen Sie dann sofort vernichten.« Immer noch hatte er mir nicht gesagt, worum es eigentlich ging. »Sie werden es bitte nicht zerknüllen und wegschmeißen, sondern es so beseitigen, wie ich es Ihnen jetzt sage: Entweder Sie zerreißen es in lauter kleine Fetzen, verbrennen diese und zerreiben die Asche mit den Fingern, oder Sie essen die Schnipsel auf.«

Das kam mir alles vollkommen übertrieben vor.

»Merken Sie sich die Maxstraße im Wedding«, schärfte Behrens mir ein, »da wohnt dieser Mann.«

Unser Gespräch musste so leise geführt werden, dass am Nachbartisch niemand etwas aufschnappen konnte. »Am besten gehen Sie gleich hin. Der soll schon Bescheid wissen.« Mit dieser Formulierung deutete Behrens an, dass er diesen geheimnisvollen Mann gar nicht kannte. Zusätzlich legte er einen Umschlag auf den Tisch und meinte: »Den nehmen Sie nachher an sich. Tun Sie einfach so, als ob das von vornherein der ihrige gewesen wäre.« Er positionierte Zigaretten und Umschlag so, dass sie sowohl ihm als auch mir gehören konnten. Neugierig fragte ich: »Was ist denn in dem Umschlag drin?«

»Lebensmittelmarken, die für euch beide eine ganze Weile reichen.«

Ich stutzte. Ich wollte doch nur irgendwo für eine Stunde unterkommen, um mich zu waschen. Jetzt aber gab Behrens mir Lebensmittelmarken, die für uns »beide« eine ganze Weile reichen sollten.

»Wieso denn eine ganze Weile? Und wer ist euch?«

Behrens darauf: »Fragen Sie nicht so viel. Bei dem können Sie bleiben – nicht nur für eine Stunde.«

»Wie, bleiben?«

»Herr Behar, bitte.« Behrens drehte sich unauffällig nach Lauschern um. »Der Mann soll Kommunist sein. Und bereit, alles zu tun, was gegen Hitler gerichtet ist.«

Ich konnte das alles nicht fassen. Erst hatte ich befürchtet, Behrens würde gar nicht zu unserem Treffen erscheinen. Nun hatte er mir sogar eine Unterkunft besorgt. Aber was, wenn das eine Falle war? Ich verwarf den Gedanken sofort. Ich musste auch bereit zum Risiko sein, wenn ich überleben wollte.

Behrens erklärte mir kurz, wo ich die Maxstraße finden würde – in diesen Teil des Wedding hatten mich meine Ausflüge bislang noch nicht geführt –, dann stand er auf.

»Und irgendwann, aber nicht in der nächsten oder übernächsten Woche, rufen Sie mich mal an. Wir werden dann nicht lange plaudern.« Das hatte ich schon verstanden. Auch unser erstes Telefongespräch, das er eigenartig geführt und abrupt beendet hatte, ließ erkennen, dass er nicht ausschließen konnte, dass er abgehört wurde. Er wollte nur wissen, ob alles geklappt hatte. Ein Wiedersehen erwähnte Behrens nicht.

Auf dem Zettelchen stand: »Koslowski«.

Ich machte mich also auf den Weg in die Maxstraße. Drei Treppen hoch im Hinterhaus fand ich eine Tür, neben der ein altes, ziemlich großes Namensschild hing: »Koslowski« verkündete die schwarze Sütterlinschrift auf weißer Emaille. Mit klopfendem Herzen drehte ich an der Flügelschraube in der Türmitte. Das schnarrende Geräusch diente als Klingel. Die Tür öffnete sich einen Spaltbreit. Ein Mann stand dahinter. Er musterte mich eingehend und winkte mich schließlich herein. Ich sah mir mein Gegenüber genauer an: Der Mann war blond, hager, mit eingefallenen Wangen. Seine hochgekrempelten Ärmel enthüllten muskulöse Arme. Er war mindestens einen Kopf größer als ich.

Von der Tür trat man direkt in die Wohnstube. In dieser »Ein-Stuben-Wohnung« gab es weder Korridor, noch Toilette oder eine Küche.

Wir setzten uns an den Tisch. Sehr fürsorglich brachte er zunächst etwas zu Trinken und zu Essen und sagte: »Stärk dich erstmal richtig. Ich heiße Hans.«

»Ich bin der Isaak.«

Ich ließ meinen Blick wandern: ein kleiner Tisch mit drei Stühlen, ein Bett, ein Schrank, ein Regal, ein kleines Waschbecken und in einer Ecke eine niedrige Kommode, auf der eine Doppelkochplatte stand. An der Wand darüber tickte eine einfache Küchenuhr.

Hans gab mir einige Verhaltensmaßregeln. Manche kannte ich bereits, da ich schon viel von U-Booten mit einer Unterkunft gehört hatte. Andere waren mir neu. Aber Hans hätte mir alles Mögliche auferlegen können, wichtig war, dass er mir ein Dach über dem Kopf bot.

Hans erklärte mir, es gäbe nur eine Außentoilette im Zwischenstock. Sie läge eine halbe Treppe höher und würde von vier Parteien benutzt. Niemals dürfte ich sie tagsüber aufsuchen, weil die anderen Hausbewohner mich nicht zu Gesicht bekommen durften. Und nachts, auf meinem Weg zur Toilette, dürfte ich auf keinen Fall die Treppenbeleuchtung einschalten.

»Pinkeln kannst du tagsüber ins Waschbecken.« Im übrigen wolle er mir sicherheitshalber morgen einen Nachttopf besorgen.

Ich gab ihm mein ganzes Geld. Hans erwiderte: »Na, behalte mal zwanzig oder besser fünfzig Mark in der Tasche. Man weiß nie, was kommt.« Außerdem händigte ich ihm den Umschlag mit den Lebensmittelmarken aus, damit er wirtschaften konnte.

Auf seine Frage, was ich dringend bräuchte, zählte ich auf: »Zahnbürste, Zahnpasta und Seife.«

»Seife und Zahnpasta, da benutzt du einfach meine. Eine Zahnbürste besorge ich dir.«

»Was ich noch unbedingt haben muss, sind Klamotten. Aber wie wir da rankommen sollen, weiß ich nicht.« Auf meine Unterhosen wollte ich nicht gleich zu sprechen kommen.

»Pass mal auf, Jungchen«, sagte Hans, »ich hab's nicht so mit dem Gelde. Ich bin Hausdiener und stehe vor dem Eingang eines kleinen Hotels. Da warte ich auf den Gast, nehme ihm den Koffer ab, trage ihn in die Eingangshalle. Manchmal habe ich Glück und bekomme zu meinem kargen Lohn 20 oder 30 Pfennig Trinkgeld. Also müssen wir uns mit dem Einkaufen etwas zurückhalten. Du hast auch nicht viel Geld und wir wissen nicht, wie lange wir damit auskommen müssen. Du trägst einfach meine Klamotten mit.« Unser offensichtlicher Größenunterschied würde das allerdings zum Problem machen. Dann kam ich doch auf die Unterhose zu sprechen. Für den Kauf von Wäsche oder Kleidungsstücken genügte es nicht, Geld zu haben. Man brauchte auch hierfür einen Bezugsschein. Diese Bezugsscheine wiederum musste man auf einer Kartenstelle beantragen. Sie wurden bewilligt oder auch nicht.

»Na, dann wirst du eben auch meine Unterhosen anziehen.« Ich wollte abwinken. Hans grinste: »Mensch, willste zur Modenschau gehen oder überleben?«

Also trug ich fortan Hans' Unterhosen und bediente mich seiner gesamten Garderobe. In zu großen Klamotten herumlaufen zu müssen, das kannte ich ja von Kindesbeinen an!

Hans hatte auch anklingen lassen, dass ich die Wohnung hin und wieder verlassen dürfte. Das war gegenüber anderen U-Booten, die niemals aus ihrem Versteck herauskamen, schon ein Privileg. Hans gab dazu die Anweisung, an einem Tag höchstens ein Mal hinaus und wieder hinein zu gehen, nie mehrmals. Also alles zu vermeiden, was das Misstrauen der anderen Mieter erregen könnte. Natürlich konnte ich bei Fliegeralarm nicht mit in den Luftschutzkeller. Ich musste im Dunkeln in der Stube ausharren, kein Lichtschimmer durfte nach außen dringen. Ganz wichtig war die Abmachung, dass ich in jedem Fall vor acht Uhr abends zurück sein musste. Wenn ich nicht zum verabredeten Zeitpunkt im Hause wäre, würde dies signalisieren, dass möglicherweise etwas passiert war und Hans für seine eigene Sicherheit Vorsorge treffen musste. Es war ein ungeschriebenes Gesetz unter U-Booten, niemals die Menschen preiszugeben, die einem unter Einsatz ihres Lebens Unterschlupf gewährten. Doch niemand, der einen anderen Menschen versteckte, konnte sicher sein, dass sein Schützling ihn unter Folter nicht doch verraten würde.

Hans zwang mich zur Einhaltung dieser Regel, indem er mir keinen Hausschlüssel gab. Und um acht Uhr abends wurden auch hier im Wedding die Haustüren abgeschlossen. All diese Auflagen, die Hans mir umständlich, als sei ihm dies peinlich, erklärte, erschienen mir läppisch. Er hätte alles von mir verlangen können, ich hätte es gerne getan. So froh war ich, jetzt wieder ein Dach über dem Kopf zu haben.

Hans händigte mir einen Wohnungsschlüssel mit der Ermahnung aus: »Nur ein oder zwei Mal in der Woche nach draußen gehen. Mehr muss nicht sein.« Das war in der Tat schon ein großes Zugeständnis. Wir vereinbarten, dass ich beim Verlassen der Wohnung den Schlüssel unter die Fußmatte legen sollte. Sollte ich irgendwo gefasst werden, würde ich nicht wegen eines verräterischen Wohnungsschlüssels in Erklärungsnot geraten.

Hans wies mit dem Arm hinter sich und sagte fast entschuldigend: »In dem Bett da schlafe ich.« Er stand auf, ging zum Schrank, hinter dem ein Hohlraum war, und holte eine Klappliege heraus: »Ich habe leider nichts anderes für dich. Damit musst du dich begnügen«, murmelte er verlegen. Als ich die Liege sah, fühlte ich mich wie im Grand Hotel. Ich hätte mich auch unter die Liege gelegt, wenn er es von mir verlangt hätte. »Sie nimmt aufgeklappt sehr viel Platz ein. Klapp sie also morgens zusammen und räum sie weg«, bat er mich stattdessen.

Noch am gleichen Abend stutzte mir Hans in bester Absicht, aber mit mäßigem Geschick die Haare und ließ mich sein Rasierzeug benutzen. Meine Decken und meinen Rasierbeutel brauchte ich nun nicht mehr. Sie waren ohnehin im Segelboot verblieben. Obwohl ich mich danach schon viel besser fühlte, führte mich mein erster Ausgang nach ein paar Wochen zu einem Friseur. Auf dem Stuhl, zugedeckt mit einem weißen Tuch, fühlte ich mich gefangen. Ich starrte stur in den Spiegel, beobachtete die Tür hinter mir und bat den Friseur: »Egal wie, machen Sie bitte schnell und schneiden Sie's möglichst kurz. Ich hab's nämlich furchtbar eilig!«

Im Vergleich mit dem Leben auf der Straße war meine neue Existenz ein Paradies. Ich hatte eine warme Stube, zu essen und eine Bezugsperson. Einen Menschen, dem ich trauen, mit dem ich mich unterhalten konnte. Ich lechzte immer danach, dass Hans nach Hause kam und wir unsere Gespräche fortsetzen konnten. Außerdem hatte er ein Radio und wir hörten oft heimlich und sehr leise, damit die Nachbarn nichts merkten, die Nachrichten in deutscher Sprache der BBC London. So erfuhren wir zu unserer großen Freude im

Mai 1943, dass der Wüstenfuchs Rommel mit seiner »Heeresgruppe Afrika« kapituliert hatte. Und im Juli und August war unser Jubel, dem wir natürlich keinen lauten Ausdruck verleihen konnten, noch größer: Die Engländer und Amerikaner waren auf Sizilien gelandet.

Eines Tages im August fiel mir plötzlich ein, dass mein Vater vor ein paar Jahren einige sehr wertvolle Brücken bei einem deutschen Bekannten, der ganz in unserer Nähe wohnte, in Sicherheit gebracht hatte. Diese Brücken hatte mein Vater über die Jahre hin äußerst günstig erwerben können, denn mitunter hatten ihm Kunden Stücke vorbeigebracht, die so ramponiert waren, dass eine Reparatur auf den ersten Blick nicht mehr lohnend erschien. Vaters Kennerblick machte sofort den wahren Wert dieser Brücken aus und er kaufte sie den Kunden für kleine Beträge ab. So waren alle zufrieden.

Und nun konnte ich den Erlös der Fachkenntnis meines Vaters gut gebrauchen. Noch immer hatte ich Scheu, mein ehemaliges Wohngebiet aufzusuchen. Doch je besser es mir ging, desto mutiger wurde ich. So beschloss ich bald, zur Kant-, Ecke Wilmersdorfer Straße zu gehen, um die Angelegenheit zu klären. Ich machte einen großen Umweg, um nicht an unserem Haus in der Kantstraße vorbeizumüssen.

Als ich den Bekannten meines Vaters nach den Brücken fragte, bedeutete er mir, dass ein Großteil davon leider bei einem Einbruch entwendet worden war. Vier besonders wertvolle Stücke hätte er jedoch zuvor in seine Wohnung gebracht. Und die würde er mir natürlich sofort aushändigen. Aber was sollte ich damit? Wo konnte ich sie verkaufen? Also fragte ich ihn, ob er sie mir abkaufen wolle. Er runzelte die Stirn und rechnete: Die Teppiche wären wohl ungefähr 18 bis 20 000 Reichsmark wert. Angesichts meiner misslichen Situation würde er mir 22 000 Reichsmark dafür geben. Für mich war das nicht nur die einfachste Lösung, sondern auch ein schöner Batzen Geld. Groß genug, um mein Überleben erstmal zu sichern. Ich willigte ein.

Das Geheimnis meines Reichtums bewahrte ich zunächst auch vor Hans. Ich trug das Geld immer bei mir.

Hannah

Am Montag, den 20. September 1943 studierte ich in einem Café am Kaiserdamm meine Zeitung. Es war offensichtlich, dass die Deutschen sich längst auf dem Rückzug befanden, auch wenn dies anders dargestellt wurde. Man habe »strategisch wichtige Positionen« gesichert, hieß es. Aber Koslowski und ich wussten von unseren nächtlichen Sitzungen mit der BBC, dass die Niederlage unausweichlich war. Wir freuten uns, denn nun brachte jeder Tag das Ende des »Tausendjährigen Reiches« und uns die Freiheit ein Stückchen näher. Wie immer las ich die Zeitung sehr intensiv. In Gedanken vertieft verließ ich schließlich das Café.

Urplötzlich standen zwei Feldjäger vor mir. Ausweichen war nicht mehr möglich. Die Männer grüßten korrekt militärisch mit der Hand am Stahlhelm und baten mich um meine Papiere.

»Ich habe keine.«

»Aha«, grinsten sie wissend. »Ein Deserteur!«

Einer von ihnen packte mich sofort brutal am Oberarm. Er fragte mich, wann ich eingezogen worden wäre und wann ich mich von der Truppe abgesetzt hätte. Da ich wusste, dass Deserteure standrechtlich erschossen oder aufgehängt wurden, blieb mir eigentlich gar nichts anderes übrig, als ihnen unumwunden zu erklären, dass ich Jude sei.

»Sehr witzig.«

»Ich bin aber wirklich Jude.«

»Jud oder nicht, geschnappt haben wir dich erstmal.«

Doch es ging nicht nur darum, sie zu überzeugen, dass ich Jude war. Um keinen Preis durfte ich Hans verraten. Das viele Geld, das ich bei mir trug, ließ keine Verbindung zu ihm oder irgendeinem anderen Helfer vermuten. Auch mein Äußeres ließ nicht auf einen Schutzhort schließen: Ich hatte mich bei Hans höchstens ein oder zwei Mal in der Woche rasiert. Meine Klamotten passten mir vorne und hinten nicht. So konnte ich mich als »U-Boot« ohne Verbindungen verkaufen.

Nun packte mich auch der andere und grunzte: »Na, das lässt sich ja alles schnell feststellen.« Sie führten mich ab. Es war ein schreckliches Gefühl, zwischen den beiden zu hängen und die Straße entlanggeschleift zu werden, während uns die Vorübergehenden anstarrten und wussten: »Jetzt haben sie wieder einen geschnappt.« Wir liefen einige Minuten stadteinwärts, bis wir ein riesiges Polizeigebäude erreichten, das Eckhaus Kaiserdamm 1, wo unter anderem das 127. Polizeirevier Charlottenburg 5 und das Schutz-Polizei-Abschnitts-Kommando Kaiserdamm untergebracht waren.

Bei der Einlieferung wurde sofort mein Geld eingezogen. Wehmütig sah ich das Bündel Scheine in einem braunen Umschlag verschwinden. Mein Reichtum hatte nicht lange Bestand gehabt. Später musste ich den Einzug meines Vermögens auf einem Formular bestätigen. Die Höhe des Betrages war dort nicht vermerkt.

Nach diesen Formalitäten wurde ich in eine Gefängniszelle gesperrt, während die beiden Feldjäger mit der Polizei sprachen. Nach ungefähr zwei Stunden holte man mich zum Verhör. Ich wurde in einen kargen Raum geschoben, wo mich ein Zivilist vernahm. Er wollte alles wissen und ich erzählte ihm alles. Es blieb ja gleich, ob ich nun redete oder die Polizei mich verprügelte, bis ich alles erzählte. Den mir bestimmten Weg würde ich so oder so gehen. Über Mundfunk wusste ich, dass ein aufgegriffenes U-Boot deportiert und ermordet wurde. Ich sagte ihnen meinen Namen und mein Geburtsdatum, erzählte, wo ich früher mit meiner Familie gewohnt hatte, seit wann ich auf der Straße lebte. Ich berichtete, dass ich mir ab und zu in einem Friseurladen die Haare schneiden ließ.

Später wurde ich erneut verhört und genauer nach Einzelheiten gefragt. Daraus schloss ich, dass zwischenzeitlich überprüft worden war, ob ich der war, der ich vorgab zu sein.

Nach zwei Tagen wurde ich abgeholt und in die berüchtigte Burgstraße zur so genannten »Ausländerpolizei« gebracht, die ich schon aus der Zeit, als meiner Familie und mir unsere türkische Staatsbürgerschaft entzogen worden war, kannte. In der Burgstraße, so erzählte man sich, wusste man, wenn man hineinging, nie, ob man auch wieder lebend herauskam.

Polizeiabteilung II c 2, Ausländerpolizei und Polizei für Judenangelegenheiten nannte sich diese furchtbare Dienststelle. Anders als viele wurde ich dort zwar nicht gefoltert, aber die Verhöre waren schrecklich. Ich wurde nachts aus der Zelle gerissen und in einen Stuhl gedrückt. Man leuchtete mir mit einer ekelhaft grellen Bürolampe ins Gesicht. Ständig wurden mir Schläge angedroht. Eigentlich wollten sie nur eines von mir erfahren: Ob ich andere U-Boote kannte und wer mich versteckt hatte. Die Frage, wen ich kannte, konnte ich wahrheitsgemäß beantworten, da ich ja tatsächlich keine weiteren Kontakte hatte. Im Übrigen blieb ich bei meiner Darstellung, ich würde mich in Kellern, der S-Bahn und in jenem Segelboot aufhalten. Ich beschrieb ganz genau, in welchen Kellern und in welchem Segelboot ich gewesen oder welche Strecken ich mit der S-Bahn gefahren war. Hinzudichtete ich, dass ich das stets abwechselnd getan hätte. Immer, wenn es mir im Keller oder im Boot zu kalt geworden sei, wäre ich wieder S-Bahn gefahren, um mich aufzuwärmen ... Das schien sie am Ende auch zu überzeugen. Vielleicht auch war meine Aussage durch das Auffinden meiner Decke und des Rasierbeutels im Segelboot bestätigt worden.

Wieder einmal verließ ich die Burgstraße lebend. Dieses Mal allerdings begleitet von Gestapo-Beamten, die mich in ein Fahrzeug pferchten und mich in die »Judensammelstelle« Große Hamburger Straße, dem ehemaligen jüdischen Altersheim, einlieferten. Wir alle wussten ganz genau, dass dort die Transporte zusammengestellt wurden. In der Großen Hamburger Straße herrschte eine Hektik, die ich mir zunächst nicht erklären konnte. Ich wurde in ein Zimmer gebracht. Bald kam ein anderer Jude herein und versuchte mich zu beruhigen. Er bat mich um meine Jacke und mein Hemd. Kurz darauf gab er sie mir mit aufgenähtem Judenstern zurück. In der Großen Hamburger Straße beschäftigte die Gestapo eine ganze Anzahl von Juden, die ihre Glaubensgenossen, die dort ihrer Deportation harrten, versorgen mussten. Natürlich erfüllten sie ihre Aufgaben genau, pünktlich und ordentlich, denn jeder Tag, an dem sie dort arbeiten konnten, verlängerte ihr eigenes Leben.

Später wurde ich erneut verhört. Wieder die gleichen Fragen.

Der Grund der Hektik stellte sich bald heraus: Der nächste Transport stand unmittelbar bevor. Man brachte mich in die dritte Etage in einen großen Raum. Wenn ich auf die Toilette ging, begegnete ich im Korridor anderen Juden, die ein Pappschild um den Hals trugen, auf dem »T« für Transport stand. Bald sollte ich dieses Schildchen auch bekommen. Mir war klar, dass jetzt das geschehen würde, was ich um jeden Preis verhindern musste: Ich würde deportiert werden.

In dem Raum unterhielten wir uns natürlich miteinander, erzählten, wie wir uns bis dahin durchgeschlagen hatten, selbstverständlich ohne Namen und Details zu nennen. Man konnte nie wissen, ob sich ein Lauscher eingeschlichen hatte.

Wir versuchten vorsichtig, von den anderen etwas über Freunde und Bekannte zu erfahren, von denen wir nichts mehr gehört hatten.

Eines Mittags, es war der 24. September, setzte sich plötzlich eine sehr alte Dame neben mich.

»Wie heißt du denn?«, fragte sie mich.

Ich sah mir mein Gegenüber an. Sie hatte schlohweißes Haar, ein Gesicht voller Falten und ihre Hände zitterten ein wenig.

»Isaak. Und Sie?«

»Hannah. Als ich so alt war wie du, haben mich alle Hanni genannt.« Sie schaute kurz zu Boden, fasste sich dann aber gleich wieder: »Mein Junge, wie bist du denn hierher gekommen?« Ich erzählte ihr sehr verkürzt meine Geschichte. Dabei verhehlte ich nicht, dass ich mich noch nicht aufgegeben hatte und gerne fliehen würde, ich wüsste nur nicht wie.

»Gut so, mein Junge. Du bist doch noch viel zu jung um zu sterben. Ich bin schon über achtzig Jahre alt ... Vielleicht kann ich dir helfen ...«

Ich sperrte Augen und Ohren auf. Auf meine Frage, wie sie das denn anstellen wolle, erwiderte sie: »Lass mich mal machen, Isaak. Ich habe ein bisschen Geld hereinschmuggeln können und es soll hier Leute geben, die bestechlich sind. Von denen kann man einen Passierschein kaufen. Vielleicht bekomme ich einen für dich. Dein Nachname?«

»Behar«, antwortete ich verblüfft.

Natürlich hatte ich schon gehört, dass bei U-Booten oft viel Geld im Spiel war, dass es Fälscher gab, die gegen bar Ausweise und Papiere nachmachten, aber auch echte zum Verkauf anboten. Als ich noch stolzer Besitzer meiner 22 000 Reichsmark gewesen war, hatte ich an diese Möglichkeiten auch gedacht, aber noch keinerlei Kontakte finden können.

Zwei Tage später, am 26. September, traf ich Hannah im Flur. Ihre Augen strahlten: »Ich habe schon überall nach dir gesucht«, flüsterte sie. »Ich hab ihn.« Sie zog einen säuberlich zusammengefalteten Bogen aus der Tasche, drückte ihn mir in die Hand und ermahnte mich: »Zerknittere ihn nicht! Am besten, du verschwindest gleich. Ich habe dafür über 500 Mark gezahlt.«

»Und was ist mit Ihnen? Kommen Sie auch gleich ...«

Hannah legte den Finger auf ihren Mund.

»Still, Isaak. Das war mein ganzes Geld. Und jetzt geh!«

Ich lief zur Toilette. Das Papier war wirklich ein Passierschein, ausgestellt auf meinen Namen: »Isaak Behar« verkündeten die Schreibmaschinenlettern. Ich wendete das Blatt dreimal hin und her, las jedes einzelne Wort und untersuchte die Unterschriften. Die Stempel mit Adler und Hakenkreuz waren an der richtigen Stelle. Ich lief zurück auf den Korridor.

Hannah war nicht mehr da.

Mit wackeligen Knien ging ich auf das hochgesicherte Tor zu. Der Wachhabende musterte mich mit gestrengem Blick. Er nahm meinen Passierschein, betrachtete ihn sehr kritisch und auffällig lange. Ich glaubte, mein Herz müsste vor Aufregung und Angst bersten. Schließlich öffnete er das Tor und winkte mich hinaus. Langsamen Schrittes verließ ich die Große Hamburger Straße, ohne mich auch nur ein einziges Mal umzusehen. Erst als ich an der Oranienburger Straße um die Ecke bog, beschleunigte ich mein Tempo. Ich hastete in eine Hofeinfahrt, riss den Stern von meiner Jacke und sprang am Bahnhof Börse in die nächstbeste S-Bahn.

Ich überlegte fieberhaft. Wohin sollte ich? Hatte man inzwischen Koslowski ausfindig gemacht? Hatte er aus Angst wegen meines Fernbleibens die Wohnung verlassen? Mir schien es am vernünftigsten, wiederum Behrens anzurufen. Wir trafen uns noch am selben Abend. Behrens fuhr bereitwillig mit mir in die Maxstraße. Er wollte schauen, was bei Koslowski los war, während ich um die Ecke wartete. Behrens ging hinauf und erzählte dem erstaunten Hans, dass es mir gut ginge und ich gleich hochkommen würde. Nachdem ihm Hans versichert hatte, dass auch bei ihm noch alles in Ordnung sei, verließ Behrens wieder dessen Wohnung und überbrachte mir die Nachricht.

Ich kehrte in mein altes lebensrettendes Quartier zurück.

Hans und ich redeten die ganze Nacht. Ich wollte ihm jede Einzelheit berichten, während Hans eine Menge Wut auf mich loswerden musste. Leichtsinnig sei ich. Unüberlegt. Würde nur an mich denken.

Er nahm mir das Versprechen ab, mich in Zukunft mehr vorzusehen. Sein Zorn verrauchte rasch. Denn Hans war auch unendlich erleichtert. Nun konnte er sicher sein, dass auf mich Verlass war. Trotz der Bedrängnis hatte ich nichts preisgegeben.

In dieser Nacht fand ich keinen Schlaf. Ich musste an Hannah denken. Und an meine Eltern. An Alegrina und Jeanne. Ein dreiviertel Jahr war seit jenem schrecklichen Sonntag im Dezember 1942 vergangen. Lebten meine Eltern und Schwestern noch?

Betty

Der 22. November 1943 war eigentlich ein schöner Tag. Ich war mit mir und meiner Situation recht zufrieden, hatte mich an meinen Rhythmus von Ausgehen und Zu-Hause-Bleiben wieder gut gewöhnt. Doch in der Nacht, die dann kam, schien es, als würde die Welt untergehen. Auf Berlin hagelte ein Bombenangriff nieder wie nie zuvor. Eigentlich hatte ich mich schon daran gewöhnt, während der Fliegerangriffe in Hans' Wohnung auszuharren. Das war zwar nicht eben behaglich, aber schließlich brachte jede Bombe, die auf Deutschland fiel, das Ende des Krieges ein bisschen näher.

Doch in dieser Nacht war alles anders. Ich kroch unter Koslowskis Bett und war gelähmt vor Angst. Um mich herum krachte und toste es. Alles bebte und zitterte. Und durch die Verdunkelung konnte ich nicht sehen, was sich da draußen abspielte. Wollte ich eigentlich auch nicht!

Ich versuchte mich abzulenken. An etwas anderes zu denken. Aber mir fielen nur Fliegeralarm- und Luftschutzübungsgeschichten ein. Bereits vor Beginn des Krieges hatten immer Übungen stattgefunden. Obwohl ich das Heulen der Sirenen hasste, fand ich es immer ganz lustig, wie unsere Hausbewohner dann Hals über Kopf, oft nur halb bekleidet, mit ihrem Luftschutzköfferchen in Richtung Keller hasteten. Ich trieb meine Familie zur Eile an, weil ich den Auszug aus den Wohnungen immer mitbekommen wollte. Eines Nachts, alle hockten bereits im Luftschutzraum, schlich ich mich hinaus. Ich wollte einmal sehen, was da draußen passierte, während wir im Keller saßen. Begeistert starrte ich auf ein mächtiges Lichtspektakel. Gigantische Scheinwerfer schickten ihre Strahlen in den Nachthimmel, wanderten hin und her, kreuzten sich und gingen wieder auseinander. Dazu donnerten Flugabwehrgeschütze.

Doch in jener Nacht damals war alles eben nur eine Übung gewesen. Dass ich einen richtigen Fliegerangriff, bei dem richtige Flugzeuge echte Bomben abwarfen, bei dem die Flak nicht nur zur Übung donnerte, einmal so hautnah würde miterleben »dürfen« wie in der Novembernacht jetzt, hatte ich mir damals nicht träumen lassen.

Das Ausmaß des Angriffs konnte man erst am nächsten Tag und in der Folgezeit erkennen: Ein Großteil von Berlin lag in Schutt und Asche. Dreieinhalbtausend Menschen hatten die Bomben das Leben gekostet, fast zehntausend Berliner wurden durch sie schwer verletzt und über vierhunderttausend Menschen verloren ihre Wohnung. Alle vorangegangenen Fliegerangriffe erschienen im Vergleich geradezu harmlos.

Zwei Nächte später schlich ich in Richtung Toilette. Ich trat zu kurz, verfehlte eine Stufe und fiel mit lautem Gepolter auf die Treppe. Oben ging eine Tür auf und ein Mann rief: »Ist schon wieder Fliegeralarm?«

Ich hastete in die Toilette und schloss mich ein. Unterdessen wurde oben die Treppenbeleuchtung eingeschaltet. Ich saß mäuschenstill. Nach einer Ewigkeit sah ich durch den Schlitz unter der Tür, dass draußen das Licht ausging. Das hieß aber keineswegs, dass der Mann nicht noch oben stand. Oder war er schon auf Zehenspitzen vor die Toilettentür geschlichen? Ich saß in der Falle. Die Zeit verrann. Bestimmt waren schon zwei Stunden ’rum. Bis ans Ende meiner Tage wollte ich hier aber nicht bleiben. Wenn jemand auf die Toilette musste, kam ich gar nicht mehr heraus, ohne ihm sofort in die Arme zu laufen.

Ganz vorsichtig öffnete ich die Toilettentür. Nur einen Spaltbreit. Falls der Mann noch vor der Tür stand, könnte ich sie gleich wieder zuziehen. Ich hielt den Atem an. Millimeter um Millimeter schob ich die Tür weiter auf. Niemand war da!

Ich schlich in die Wohnung zurück. Dort fiel mein Blick auf die Küchenuhr an der Wand: Gerade einmal zwanzig Minuten waren vergangen, seit ich mich auf den Weg gemacht hatte.

Ein paar Tage darauf schlenderte ich den Kottbusser Damm in Kreuzberg entlang. Ich betrachtete eingehend die Schaufenster, ohne jedoch einen Augenblick die Straße aus den Augen zu lassen. Um meinen Spaziergang möglichst lange auszudehnen, schaute ich mir auch Dinge an, die mich gar nicht interessierten. Ebenso las ich alles, was sich meinen Augen bot. Schließlich blieb ich vor einem Elektroladen stehen. Im Schaufenster lag eine kleine Taschenlampe. Das war's! Mit einer Taschenlampe würde es mir nicht noch einmal passieren, ewig auf der dunklen Toilette zu hocken.

Ich betrat den Laden. Mir stockte der Atem.

Ich hatte noch nie in meinem Leben ein schöneres Weib gesehen. Die Verkäuferin, die mir entgegenkam, war gertenschlank, dabei äußerst wohlproportioniert und hatte brünettes Haar. Ich drohte in ihren Augen zu versinken. Offensichtlich war sie etwas älter als ich. Sie strahlte mich mit den Worten an: »Kann ich Ihnen helfen?« Ich stotterte, ich würde mich für jene Taschenlampe im Schaufenster interessieren. Sie lächelte und meinte, sie hätte sie in vier Farben da. Mir war die Farbe völlig gleichgültig, nur leuchten sollte das Ding. Statt mir nun alle vier Hülsen auf einmal zu zeigen, holte sie unnötigerweise eine nach der anderen hervor. Dabei lächelte sie mich unentwegt an. Ich legte das als günstiges

Zeichen aus. Verbot mir diese Überlegung aber gleich wieder: ›Bist du wahnsinnig? Du siehst diese Frau mit den Augen eines normalen jungen Mannes an. Du bist aber ein Jude. Ein Jude im Versteck ...‹ Doch in diesem Augenblick war ich auf einmal auch ein ganz normaler junger Mann. Ich nahm mein Herz in beide Hände und fragte den brünetten Traum, ob sie nicht einmal eine Tasse Kaffee mit mir trinken wolle. Sie erwiderte spontan: »Ja, sehr gerne.« Jetzt musste ich so schnell wie möglich aus dem Laden verschwinden. Sie sollte nicht sehen, wie unsicher ich wurde. Ich stieß hervor: »Wann?« Sie lächelte: »Wenn Sie Zeit haben, holen Sie mich doch heute gegen sechs Uhr hier ab.« Mit einem »Mach ich« stürzte ich aus dem Geschäft.

Draußen konnte ich mich meiner Eroberung nicht recht freuen. Ich dachte: ›Hätte sie doch bloß Nein gesagt. Dann hätte ich jetzt ein Problem weniger. Was soll ich denn um sechs mit ihr anfangen?‹ Ich musste doch immer um acht bei Hans sein, mich also spätestens um sieben von ihr verabschieden. Aber wie konnte ich mich für gerade mal eine Stunde mit ihr treffen und dann sagen: »Tut mir Leid, ich habe jetzt doch keine Zeit«?

Ich fing an, eine riesengroße Lügenpalette zusammenzubasteln. Ich musste mich vorstellen, aber natürlich nicht als »Isaak Behar«. Da fiel mir plötzlich »Ritze« ein, Fritz Müller aus der Volksschule. Also Fritz Müller. Müller? So deutsch wie »Müller« sah ich nicht aus. Also: »Mein Vater, Hans Müller, ist Deutscher und meine Mutter, Carmen Müller, ist Spanierin. Ich komme ganz nach meiner Mutter.« Das klang logisch, außerdem originell und interessant, fand ich. Zudem konnte ich ja Spanisch, also passte alles zusammen. Als Antwort auf die Frage, die einem Mann während des Krieges immer sofort gestellt wurde, warum er nicht im Feld sei, legte ich mir parat, dass ich bei einer Dienststelle hier in der Heimat verpflichtet sei. Dort hätte ich mit Sprachen zu tun. Näheres dürfe ich leider nicht sagen. Das tat man im Krieg sowieso nicht. Man wurde grundsätzlich aufgefordert, nicht über seinen Dienst oder Aufenthaltsort zu reden. Überall in der Stadt hingen große Plakate mit zwei schwatzenden Frauen, über denen ein dicker Balken mit der Aufschrift prangte: »Psst! Achtung, Feind hört mit!« Außerdem wollte ich mich gerne ein bisschen wichtig tun. Als Kompensation für meine Luftexistenz sozusagen. Als Erklärung für meinen frühen Aufbruch würde ich anführen, dass ich ständig Nachtdienst hätte und in absehbarer Zukunft auch immer haben würde.

Ich holte meine Brünette Punkt sechs ab. Wir gingen nur wenige Schritte bis zu einem Café, über dessen Eingang das Schild: »Zuntz sel. Wwe« prangte, ein Kaffee-Ketten-Geschäft also. Außer meinem »Fritz Müller« konnte ich meine schön zurechtgelegten Geschichten zunächst nicht anbringen. Denn die Dame erzählte ausführlich von sich. Betty Krug hieß sie und berichtete, dass der Laden gar nicht ihr gehöre, sondern ihrem geschiedenen Mann. Ich horchte auf. Sie war also schon einmal verheiratet gewesen. Wie alt mochte sie dann wohl sein? Drei bis fünf Jahre älter als ich, in keinem Fall mehr, hatte ich zunächst geschätzt. Ihr geschiedener Mann sei nicht in Berlin, sondern als Wehrwirtschaftsführer im Osten stationiert. Er käme nur selten auf Urlaub. Sie würde das Geschäft aus Versorgungsgründen weiterführen, um ihren Unterhalt, zu dem ihr früherer Mann verpflichtet war, zu bestreiten.

Nun war ich an der Reihe. Doch es war schon fünf nach sieben. Ich musste mich schnellstens verabschieden. Nur eine Frage konnte ich nicht unbeantwortet lassen: Wie alt sie denn sei. »33«, antwortete sie munter und lachte mich an. Donnerwetter: Dreizehn Jahre älter als ich!

Wir verabredeten uns für den übernächsten Tag und besuchten noch einmal dasselbe Café. Sie bot mir das Du an, das war ein großer Fortschritt. Am darauf folgenden Tag trafen wir uns wieder. Als ich ihr freudestrahlend entgegentrat, begegnete Betty mir mit ernster Miene. Sie sagte mir auf den Kopf zu, ich sei verheiratet. Ich widersprach energisch: »Wie kommst du denn darauf?«

»Da braucht man nicht viel Fantasie«, meinte Betty überzeugt. »Du hast abends nie Zeit, also musst du nach Hause zu deiner Frau, oder? Jeden Abend Dienst – das glaubt dir kein Mensch! Und die Wochenenden, die gehören natürlich auch der Familie ...«

Aus dieser Nummer kam ich nicht mehr heraus; so holte ich tief Luft und sagte: »Betty, ich heiße nicht Fritz Müller, sondern Isaak Behar. Ich bin Jude. Ich kann nicht mehr Zeit mit dir verbringen, weil Freunde mich verstecken. Vielleicht ist es besser, wenn wir uns nicht mehr wiedersehen. Dann erledigt sich die ganze Angelegenheit von selbst ...«

»Halt! Nein! Das kommt nicht in Frage.« Betty gab sich pragmatisch: »Ich habe ein paar Lebensmittelmarken übrig, damit lade ich dich zum Essen ins Lokal ein. Deinen Freunden sagst du einfach, dass du ein einziges Mal um zehn nach Hause kommst. Dann wissen die, dass dir nichts passiert ist. Lass dir den Hausschlüssel geben. Dann können wir gemütlich den ganzen Abend miteinander verbringen.«

Ich zweifelte keine Sekunde an Bettys Aufrichtigkeit und dachte nicht im Entferntesten an eine Falle. Zusagen konnte ich ihr trotzdem nicht gleich, da ich vorher von Hans die Zustimmung für diesen abendlichen Ausflug einholen musste.

Als ich Hans offenbarte, dass ich eine Frau kennen gelernt hätte, seufzte er: »Das hat uns gerade noch gefehlt!« Er fürchtete, dass ich mich bei Betty ins Unglück reden würde. »Du hast der doch hoffentlich nichts erzählt?« Ich log:

»Nein. Natürlich nicht!« Hätte ich die Wahrheit gesagt, wäre ich sofort rausgeflogen. Dann bat ich Hans um Erlaubnis, am kommenden Donnerstag erst um 23 Uhr nach Hause kommen zu dürfen. Ich fand meine Idee, einfach eine Stunde hinzuzufügen, genial. So konnte ich den Abend mit Betty verlängern. Für alle Fälle. Hans erklärte sich einverstanden, nahm mir aber das Versprechen ab, dass dies nicht zur Regel werden dürfe.

Bei der nächsten Begegnung konnte ich Betty unsere Verabredung für Donnerstag bestätigen. Als der ersehnte Abend kam, machte ich mich so ansehnlich wie möglich zurecht, was mit den Klamotten von Hans nur ein Versuch bleiben konnte. Auch Betty, so schien es mir, hatte sich besonders hübsch gemacht. Wir gingen in ein Restaurant am Roseneck, ganz in der Nähe meiner früheren Schule. Betty hatte gehört, dass man dort für seine Lebensmittelmarken relativ große Portionen bekäme. Anschließend beendeten wir unser Mahl in »Habels Weinstuben«. Betty fragte mich, ob ich noch Lust hätte, bei ihr eine Tasse Kaffee zu trinken. Sie hätte auch einen Kuchen gebacken. Diese Frage empfand ich als absolut überflüssig, da ich sie bereits den ganzen Abend lang sehnsüchtig und verliebt betrachtet hatte. Wir fuhren also zu ihrer Wohnung am Planufer in Kreuzberg. Die ehemals eheliche Dreizimmerwohnung war sehr komfortabel eingerichtet. Wir tranken Kaffee, aßen den im Krieg üblichen Klitschkuchen und verstanden uns prächtig.

Als ich neben Betty liegend wieder zu mir kam, war es drei Uhr morgens. Mir schoss der Schreck heiß durch die Adern: »Koslowski wartet seit elf auf dich. Jetzt schmeißt er dich raus!« Eilig verabschiedete ich mich von Betty und lief in die Nacht hinaus. Da, wo ich noch ein Verkehrsmittel bekam, nutzte ich es, aber über weite Strecken musste ich zu Fuß weiter. Rennen durfte ich aber auch nicht. So traf ich erst gegen vier Uhr morgens in der Maxstraße ein. Hans saß vollständig angezogen am Tisch und war wohl eingenickt. Als ich die Tür öffnete, rieb er sich die Augen, streckte sich und winkte mich zu sich heran: »Setz dich mal hierher.« Leise, aber entschieden, stellte er mich zur Rede, immer darauf bedacht, nicht laut zu werden. Das wäre am frühen Morgen auffällig gewesen.

»Du kannst mit deinem Leben machen, was du willst. Aber nicht mit meinem«, sagte Hans. »Du weißt, wenn sie mich erwischen, hänge ich als ›Volksverräter‹ am Fleischerhaken. Wenn du noch einmal nicht pünktlich um acht zu Hause bist, gleichgültig, ob ich da bin oder nicht, schnappst du dir deine Klamotten und verschwindest. Und zwar für immer. Du hast mich heute zum zweiten Mal in Angst und Schrecken versetzt. Ein drittes Mal gibt es nicht.«

Ich war ungeheuer erleichtert, noch eine Chance erhalten zu haben und schwor hoch und heilig, es würde nie wieder vorkommen. Ich hatte Hans gegenüber ein schlechtes Gewissen, da mir bewusst war, dass er Recht hatte. Gleichzeitig war ich heilfroh, dass ich mein schützendes Quartier nicht verloren hatte.

Fortan sah ich Betty immer nur für die kurze Zeit, die uns zur Verfügung stand. Um diese eine Stunde ganz für uns zu haben, trafen wir uns nicht mehr in ihrem Laden, sondern gleich vor ihrem Wohnhaus. Eines Tages fragte sie mich: »Sag mal, Isaak, findest du das eigentlich schön, wenn nach einer Stunde immer alles vorbei ist?«

»Nein, aber was soll ich denn machen?«

»Beispielsweise zu mir ziehen.«

Ich war begeistert. Der Gedanke, dass Betty sich damit in Gefahr bringen würde, kam mir nicht. Ich war verliebt und die Aussicht, ständig mit Betty zusammen sein zu können, war äußerst verlockend.

Hans hingegen zeigte nur zögernd Verständnis für meine

männlichen Bedürfnisse. Als wir uns verabschiedeten, sagte er: »Tu mir einen Gefallen: Sei nicht so leichtsinnig wie bisher. Ich will nicht alles umsonst für dich riskiert und getan haben. Auch für mich muss das Ganze einen Sinn haben. Denk nicht nur an dich, sondern auch an die, die dir helfen, Isaak. Versprich mir, dass du am Leben bleibst!«

Natürlich sagte ich ihm hoch und heilig zu, fortan vorsichtiger zu sein und bedankte mich mehrfach bei ihm. Hans Koslowskis Auftrag an der Tür »Versprich mir, dass du am Leben bleibst!« klang wie ein Vermächtnis.

Bei Betty ging es mir prächtig. Ich hatte nicht nur ein schützendes Dach über dem Kopf, sondern eine wunderschöne Frau dazu. Eine Lebensretterin, die darüber hinaus Rassenschande mit mir trieb, was alles in allem für Betty eine erhebliche Gefährdung darstellte. Betty umsorgte mich liebevoll und kochte mit schier unerschöpflicher Fantasie aus dem wenigen, was man im Krieg auftreiben konnte, wunderbare Gerichte. Auch um meine Garderobe kümmerte sie sich: Sie tauschte im Elektroladen ein Bügeleisen gegen einen Anzug oder einen Tauchsieder gegen ein Hemd. Und was nicht passte, änderte sie an ihrer schwarzen Singer-Nähmaschine für mich um. Ich trug also sogar maßgeschneiderte Kleidung! Ich genoss den neuen Luxus und Betty hatte Spaß daran, mich auch für sich schön zu machen.

Zu meiner großen Freude besaß auch Betty eine »Goebbelsschnauze«. So kauerten wir an manchen Abenden vor dem Apparat und lauschten BBC London.

Doch tagsüber machte mir das Übermaß an Langeweile bald zu schaffen. Betty ging morgens in ihren Laden, ich blieb zu Hause. Manchmal kam sie kurz in ihrer Mittagspause vorbei. Zwischen Geschäft und Wohnung lagen nur wenige Gehminuten. Wenn sie dann wieder in den Laden verschwand, wollten die Stunden für mich gar nicht mehr vergehen.

Erneut siegte mein Leichtsinn über meine Vorsicht. Aus Daffke ging ich sogar eines Tages zum Fünf-Uhr-Tee ins Hotel Adlon. Wie man Gefahren entgegentreten musste, war mir über Mundfunk bekannt: So sollte man beispielsweise bei einer Konfrontation mit einem potenziell gefährlichen Menschen, sei es ein SS-Mann oder jemand von der Gestapo, nie wegrennen, sondern Unbefangenheit signalisieren, indem man auf ihn zuging, nach der Uhrzeit fragte oder um Feuer für die Zigarette bat.

Ich machte es mir also auf einem Adlonschen Fauteuil bequem und schaute zu, wie die wenigen Herren mit den Frauen sprachen oder tanzten, die eindeutig in der Überzahl waren. Außer mir saßen vielleicht noch ein oder zwei Männer in Zivil dort, alle anderen waren in Uniform.

Hin und wieder suchte ich auch das Café »Dobrin« am Kurfürstendamm auf, das konspirative Lokal, von dem mir Heinz Schlosser damals erzählt hatte. Hier begegnete ich eines Tages einem U-Boot namens Franz. Wir verstanden uns recht gut und trafen uns fortan hin und wieder – in unregelmäßigen Abständen natürlich – in »Dobrin«. Das Café »Uhlandeck«, das Heinz ebenfalls erwähnt hatte, erstreckte sich über zwei Etagen. Nicht nur die Unübersichtlichkeit dieses Cafés sondern auch die unmittelbare Nähe zu meinem ehemaligen Wohnort ließen es nicht für mich in Frage kommen. Diese U-Boot-Treffen waren alles andere als ein gemütlicher Kaffeeklatsch. Vielmehr half man sich gegenseitig und tauschte lebensnotwendige Informationen und Kenntnisse aus. Der Mundfunk verbreitete, wer wie, wo und wann geschnappt worden war. Gelegentlich erfuhr man auch, wie es dieser Person dann weiter ergangen war und ob und wie sie hatte flüchten können.

Einmal wurde gefragt, ob jemand einen »Neuling« für ein oder zwei Nächte mit zu sich nehmen könnte, bis man für ihn ein anderes Quartier gefunden hätte. Ein anderes Mal bat mich jemand um meinen Kamm. Mit zu Betty nehmen konnte und wollte ich niemanden, aber eine Mark für einen Kamm spendierte ich. Eigentlich interessierten mich alle diese Informationen und Hilfsangebote, die andere im Café »Dobrin« suchten, nicht mehr besonders. Ich war ja inzwischen glänzend untergebracht und ging nur hin, um ein wenig Ablenkung zu finden.

Oft unterhielten wir U-Boote uns über unsere Glaubensgenossen, die Greifer. Manch einer von uns kannte den einen oder anderen Judenfänger und konnte ihn beschreiben. Ich aber kannte diejenige, die am allergefährlichsten war. »Am schlimmsten ist Stella.« Inzwischen hatte Stella Goldschlag ihren Jugendfreund Kübler geheiratet. Ihr Bild wurde herumgereicht. Mir brauchte man ihr Foto nicht zu zeigen. Ich wusste aus den Tagen der Goldschmidt-Schule noch ganz genau, wie Stella aussah. Das wiederum machte sie für mich noch gefährlicher als für die anderen, da sie natürlich auch mich kannte. Von der ehemals angehimmelten Blondine berichtete man sich: »Sie betreibt den Judenfang wie andere das Briefmarkensammeln. Sie will möglichst viele haben. Selbst ihre beste Freundin hat sie gegriffen und der Gestapo ausgeliefert. Bei den Nazis ist sie besonders beliebt. Als einzige von den Greiferinnen darf sie eine Waffe tragen. Und selbständig Verhaftungen vornehmen.«

Franz hatte sie schon mehrfach auf der Straße erspäht. Zusammen mit ihrem Intimus, dem Greifer Rolf Isaaksohn. »Herr und Frau Iskü« hießen die beiden im Mundfunk. Auch wusste Franz zu berichten, dass Stella, entschieden komfortabel, in der Großen Hamburger Straße wohnen würde. Heinz erzählte, einer von uns habe ihr im Vorbeigehen ins Gesicht gespuckt. Den habe sie nachher durch ihre SS-Leute fast zu Tode prügeln lassen.

Als ich eines Tages aus dem »Dobrin« getreten und einige Schritte in Richtung Halensee gegangen war, stand Stella wie aus heiterem Himmel vor mir. Ich dachte: »Das war's. Ende«, und sagte zu ihr: »Na, Stella, mach's kurz und ruf deine Leute ran.« Man hatte sich erzählt, dass ihr oft Gestapo-Männer folgten, die ihr bei der Verhaftung halfen. Sie zischte mir schnell im Weitergehen zu: »Hau ab, Mensch! Du doch nicht.« Ich glaubte, nicht richtig zu hören, ging aber weiter und wagte nicht ein einziges Mal zurückzublicken. Als ich die nächste Ecke erreichte, rannte ich wider Willen los.

In der S-Bahn überlegte ich, was in Stella gefahren war. Hatte sie mir gegenüber etwa Skrupel? Mitleid? Ein Gefühl der Zusammengehörigkeit aus alten Schultagen? Egal, ich war jedenfalls noch einmal davongekommen. Ich hatte wieder einmal Riesenglück gehabt!

Doch auch dieser Schrecken hielt nur kurz vor. Wenige Tage später hockte ich erneut im »Dobrin«. Ich hoffte, Heinz oder Franz würden auftauchen und ich könnte ihnen von meiner Begegnung mit Stella berichten. Doch kein U-Boot kam. Also beschloss ich, meine Tasse Kaffeeersatz auszutrinken, zu zahlen und zu gehen. In diesem Augenblick betrat ein Mann das Lokal, sah sich nach einem Platz um und fragte, ob er sich zu mir setzen dürfe. Er streckte die Hand aus: »Mein Name ist Wegner.« Ich brachte stammelnd meinen »Fritz Müller« hervor. Wegner plauderte in einem fort, erklärte, dass auch er nicht im Feld wäre, weil er hier in der Heimat als Beamter die Stellung halten müsse und organisatorisch für den Krieg tätig sei. Eigentlich fand ich diesen Mann von etwa 40 oder 45 Jahren ganz sympathisch. Er war in keiner Weise auffällig, im Gegenteil, als er mich fragte, ob wir uns nicht wieder einmal zu einer Tasse Kaffee treffen könnten, war für mich klar: »Der ist ungefährlich.«

Unter anderem hatte er mir erzählt, dass er verheiratet sei und zwei Töchter habe. Leider müssten alle drei Frauen arbeiten, so dass sie für ihn praktisch gar keine Zeit mehr hätten und kaum noch Familienleben stattfand.

Als ich Betty von meiner Begegnung berichtete, war sie entsetzt. Ich schilderte ihr grundsätzlich immer meinen Tagesablauf und sie verfolgte diese Berichte voller Angst. Dass ich mich nun auch noch erneut mit Wegner treffen wollte, war für sie nicht nachvollziehbar.

Mitunter machte mir der Altersunterschied zwischen Betty und mir schon zu schaffen. Es war schwer, mich gegen eine gestandene, dreizehn Jahre ältere Frau zu behaupten. Sie war aufgrund ihres Alters, ihrer Ehe und ihrer Scheidung viel reifer als ich unerfahrener, zwanzigjähriger Mann. Und blitzintelligent war sie obendrein. Ab und zu fühlte ich mich geradezu herausgefordert, mich Betty gegenüber auch einmal durchzusetzen – oft nur aus Trotz und dies zumeist in Form meiner Ausflüge.

Am darauf folgenden Tag setzte ich mich im »Dobrin« an einen freien Tisch. Am Nebentisch unterhielten sich lautstark zwei Männer. Meine Neugierde war schnell geweckt: Die Alliierten seien am 6. Juni 1944 in der Normandie gelandet, aber wir Deutschen wären ihnen militärisch so haushoch überlegen, dass wir sie schnell wieder ins Meer zurücktreiben würden. Ich war furchtbar niedergeschlagen. Als ich aber am Abend wie so oft mit Betty BBC London hörte, klangen die Meldungen zu unserer freudigen Überraschung ganz anders. Die Operation »Overlord« war durchaus erfolgreich verlaufen. Aus der Nachricht wollten wir heraushören: Die Deutschen sind bald besiegt und der Krieg ist zu Ende.

Bei unserem nächsten Treffen lud mich Wegner zum Kaffeetrinken in seine Wohnung ein. Er habe zu Hause schon viel von mir erzählt, so dass seine Familie sehr gespannt sei, mich kennen zu lernen. Ich dachte mir: ›Auf die Familie ist was gehustet, aber die zwei kleinen Schnepfen kannst du dir ja mal anschauen ...‹, und sagte zu.

Als ich Betty eröffnete, ich würde Wegners in der Kuno-Fischer-Straße besuchen, fiel sie beinahe in Ohnmacht. Schnell schlug diese in Wut um: »Du willst wohl was mit den Töchtern anfangen?« Nun konnte ich den Gekränkten spielen: »Dass du mir so etwas zutraust, zeugt nicht gerade von großem Vertrauen! Betty, ich bin enttäuscht von dir!«

Ich verbrachte einen sehr angenehmen Nachmittag bei Wegners. Frau Wegner war zuvorkommend und nett, die beiden Töchter wirklich hübsch, aber dumm wie ein Stück Holz. Trotz ihrer Jugend und Schönheit hielten die beiden keinem Vergleich mit Betty stand. Ungeachtet dessen ließ ich mich noch zwei Mal zu Visiten bei Wegners hinreißen. Immerhin gab es echten Bohnenkaffee, Klitschkuchen und sogar ein Schnäpschen. Alles in allem, eine hübsche Abwechslung.

Bei meinem nächsten Besuch sagte Wegner zu mir: »Sie wissen doch, Herr Müller, jetzt sind Sie ein Freund unserer Familie.«

»Freut mich«, grinste ich.

Er fuhr fort: »Und Sie wissen auch, wozu Freunde da sind? Um einander zu helfen. Also, wenn Sie mal Hilfe benötigen, dann wenden Sie sich bitte jederzeit an uns.«

»Das ist nett. Ich brauche aber nichts.«

»Ich kann an ein paar zusätzliche Lebensmittelmarken herankommen. Für die haben Sie doch sicher Verwendung.«

»Nein, wirklich nicht. Ich bin rundum ausgestattet.«

»Ich könnte Ihnen auch einen Bezugsschein für einen Anzug besorgen.« In diesem Stadium des Krieges einen Bezugsschein für einen Anzug zu bekommen, war etwas ganz Besonderes. Da musste man schon eine Doppelbeerdigung nachweisen können. »Ich brauche auch keinen zusätzlichen Anzug«, erwiderte ich trotzdem.

»Jedenfalls, wenn Sie mal ein Problem haben ...«

Ich unterbrach ihn: »Ich habe aber wirklich kein Problem.«

Wegner führte Zeigefinger und Daumen zusammen: »Auch nicht so ein klitzekleines, bei dem ich Ihnen gefällig sein könnte?«

Schließlich sagte ich ebenso entnervt wie naiv: »Ja, ein kleines Problem habe ich schon. Aber ich glaube nicht, dass Sie mir helfen können, es zu lösen.«

»Schießen Sie mal los!«

»Ich bin nicht Fritz Müller, sondern Isaak Behar.«

Ich erzählte in groben Zügen meine Geschichte. Bei Betty war es doch auch gut gegangen, rechtfertigte ich meine Offenheit vor mir selbst. Ich erklärte Wegner auch, ich sei bei Freunden untergebracht und gut versorgt.

Wegner schüttelte den Kopf: »Herr Behar, in Berlin leben Sie viel zu gefährlich. Hier kann Sie kurz vor Kriegsende noch jeden Augenblick jemand erkennen und dann sind Sie weg vom Fenster. Sie müssen raus aus der Stadt.«

»Und wohin bitte?«

»Das werde ich schon regeln.« Er zögerte einen Moment: »Nach Prag. Zu unseren Bekannten Prokop.«

»Und wie soll ich da hinkommen?«

»Na, mit dem Zug.«

Auswandern, Deutschland verlassen, das, was meinen Eltern nicht gelungen war, sollte mir nun im Sommer 1944 glücken.

Wie ein Blitz schlug diese neue Hoffnung in meinen Kopf ein.

Aber das war doch alles viel schwieriger, als Wegner sich das vorstellte: »Mit dem Zug kann ich auf keinen Fall fahren. Ich habe keine Ausweispapiere. Und Sie wissen doch selbst, dass im Zug die Kettenhunde kontrollieren.«

»Lassen Sie das meine Sorge sein. Wenn Ihnen an dem Namen Fritz Müller etwas liegt, dann bekommen Sie von mir einen Marschbefehl auf diesen Namen. Mit Ihrem Bild versehen. Aus dem Dokument geht auch hervor, dass Ihr Diensteinsatzort Prag ist.«

»Das können Sie machen?«, fragte ich ein wenig ungläubig.

»Ja. Und das mache ich auch für Sie. Und zwar gerne!«

Ich glaubte zu träumen.

Wegner meinte, es wäre das beste, wenn ich gleich bei ihnen bliebe. Die Formalitäten würden nicht einmal eine Woche in Anspruch nehmen.

»Ich kann nicht einfach wegbleiben«, erwiderte ich. Ich musste Betty doch wenigstens mitteilen, dass ich auswandern würde. »Ich muss noch ein paar Klamotten holen und mich von meinen Freunden verabschieden. Morgen früh bin ich wieder hier.«

Auf dem Heimweg überkamen mich Zweifel. Lief ich jetzt mit großen Schritten meiner Freiheit entgegen oder war ich dabei, in eine Falle zu tappen? An diesem Tag brauchte ich fast drei Stunden von der Kuno-Fischer-Straße zum Planufer. Ich fuhr kreuz und quer durch die Stadt, nicht nur aus Angst, mich könnte jemand verfolgen, sondern auch, weil ich nicht wusste, wie ich Betty meine Neuigkeiten mitteilen sollte. Wie konnte ich der Frau, die mich liebte, die mit mir lebte, die mich unter Einsatz ihres Lebens beschützte, sagen: ›So, ich verlasse dich jetzt!‹? Betty hatte von Anfang an etwas gegen Wegner gehabt. Auch würde sie mir die Auswanderungsgeschichte wahrscheinlich nicht glauben, sondern mir vorwerfen, ich zöge wegen eines Techtelmechtels mit den jungen Damen zu Wegners.

Schließlich kam ich auf die einfachste, aber auch brutalste Lösung: Ich würde Betty erst einmal gar nichts sagen. Einer eingehenden Auseinandersetzung mit ihr war ich sowieso nicht gewachsen. Ich entschloss mich wieder einmal für den Weg des geringsten Widerstandes.

Bei Betty angekommen, täuschte ich heftige Kopfschmerzen vor, um recht schnell ins Bett gehen und jede Unterhaltung unterbinden zu können. Nachdem ich lange Zeit jeden Gedanken an meine Eltern verdrängt hatte, fing ich in dieser Nacht wieder an, ein Zwiegespräch mit ihnen zu führen. Ich fragte sie, ob meine Entscheidung die richtige sei.

Es kam keine Antwort.

Am nächsten Morgen stellte ich mich schlafend, als Betty die Wohnung verließ. Danach stand ich auf, zog mich an, stopfte ein paar Kleidungsstücke in ein Köfferchen von Betty und ging noch einmal in die Küche. Auf dem Tisch lag ein kleiner Block. Betty hatte darauf geschrieben: »Frühstück ist in der Speisekammer. Ich hab dich lieb.«

Ich riss das Blatt ab und kritzelte auf eine neue Seite:

»Bin in Sicherheit. DANKE!«

Dann legte ich den Wohnungsschlüssel darauf und schlug die Tür hinter mir zu. Ich kam mir elend schlecht vor.

Schon nach wenigen Tagen hatte Wegner alle seine Versprechen erfüllt. Ich besaß einen Marschbefehl. Wegner hatte die Fahrkarte besorgt, meine Taschen waren gefüllt mit Proviant. Er übergab mir zusätzlich ein paar tschechische Kronen, die er aufgetrieben hatte, damit ich mir unterwegs eine

Limonade leisten könnte. Alles war perfekt. Wegner brachte mich mit seinem Auto zum Anhalter Bahnhof. Er stoppte seitlich vom Haupteingang in einer Halteverbotszone, die nicht zuließ, dass er ausstieg und mich zum Zug brachte.

Er verabschiedete sich von mir: »Halten Sie die Ohren steif, Herr Behar! Und grüßen Sie die Prokops von uns! Die wissen schon Bescheid und werden Sie in Prag vom Bahnhof abholen.«

Ich bedankte mich herzlich bei Wegner, fand den Türgriff nicht gleich, stieg schließlich umständlich aus dem Auto und ging die wenigen Schritte in das Bahnhofsgebäude hinein.

Der Polizist

Sobald ich den Bahnhof betreten hatte, lösten sich links und rechts aus dem Halbdunkel zwei Gestalten in Zivil und kamen schnurstracks auf mich zu. Ich war in der Zange. Kein Fluchtweg stand mir offen. Im Handumdrehen hatten sie mir Handschellen angelegt.

Mein lautes Gezeter, sie würden sich irren, sie sollten nur in meine Jackentasche greifen, da wäre mein Marschbefehl, nutzte nichts. Der eine erwiderte barsch: »Das interessiert uns alles überhaupt nicht. Wir haben nur die Anweisung, Sie hier in Empfang zu nehmen.« Auf meine Frage, wohin sie mich bringen würden, antwortete er schroff: »Das werden Sie schon sehen.« Immerhin siezten sie mich.

Sie verfrachteten mich in ein Auto. Wirre Gedanken stürzten auf mich ein: ›Wegner, dieses Schwein! – Oder hat er nichts damit zu tun? – Was mache ich jetzt? – Wie komme ich hier raus?‹

Bald hielten wir vor einer großen Einfahrt. Das Tor öffnete sich geräuschvoll. Ich war im Polizeipräsidium am Alexanderplatz gelandet. Zuerst musste ich die mir schon bekannten erkennungsdienstlichen Schikanen über mich ergehen lassen. Ich musste sämtliche Taschen leeren, der Inhalt verschwand in einem Karton. Bevor man mich abführte, nahm man mir die Schnürsenkel aus den Schuhen, den Gürtel aus der Hose und meine Krawatte weg.

In einem ersten Verhör gab ich meine Personalien zu Protokoll. Der Beamte schien erstaunt ob meiner Bereitschaft, ohne jede Verzögerung, wenn auch nur spärliche Auskunft zu erteilen. Noch ahnte er ja nicht, dass ich das alles schon kannte und wusste, dass ich keine andere Wahl hatte.

Man gab mir eine Decke, einen blechernen Essnapf mit Löffel, einen Trinkbecher und ein kleines Handtuch. Der vor der Zellentür mit der schwarzen Aufschrift P1 an einem Tisch sitzende Beamte vermerkte meine Personalien in einem Eingangsbuch. In der Zelle hausten etwa zwanzig Gefangene auf engstem Raum. ›Was sind das für Leute? Kriminelle? Mörder? Diebe? Oder auch solche wie ich, die nichts verbrochen haben?‹, schoss es mir durch den Kopf. Die »P1« war eine so genannte »Sammelzelle für noch ungeklärte Fälle«. Aus dieser Zelle wurde man ständig herausgeholt, verhört und wieder zurückgebracht, bis der Fall geklärt war. Dann wurde man weiterverlegt. Zunächst musste ich eine Pritsche für die Nacht ergattern. Als Neuzugang wurde einem immer die schlechteste zugewiesen. Wurden Plätze in der Zelle frei, versuchte jeder, seinen Schlafplatz zu verbessern. So bekam ich in der hintersten, dunkelsten Ecke die unterste von drei übereinander angeordneten Pritschen. Ich legte meine Decke ab und schob den Napf und den Becher unter mein neues »Bett«. Meine Zellenkameraden wollten wissen, was ich angestellt hatte. »Bin Jude!« – das war mein einziges Verbrechen.

Einige Tage lang wurde ich nicht verhört. Ich wusste aus Erfahrung, dass die Beamten sich immer erst ein oder zwei Tage Zeit nahmen, um zu überprüfen, wer ich war, wie ich einzuordnen sei und ob meine Angaben der Wahrheit entsprachen.

Die Nächte waren unerträglich. Meine Gedanken kreisten um Wegner. Hatte er mich ans Messer geliefert? Oder war es ein Zufall gewesen? Hatte ich mich ihm zu einem Zeitpunkt offenbart, als er noch nichts von mir wusste? Oder hatte ich ihm gar nichts Neues erzählt? Hätte ich nicht beim Einsteigen in Wegners PKW etwas ahnen müssen? Wer fuhr im Sommer 1944 noch ein eigenes Auto? Hatte er absichtlich im Halteverbot gestoppt? Wieso war an Wegners Wohnungstür in der Kuno-Fischer-Straße kein ordentliches Türschild angebracht, sondern nur eine mit Reißzwecken befestigte kleine Karte, auf der handgeschrieben »Wegner« stand? War ich blöd, wieder einmal sträflich leichtsinnig oder blind vor Hoffnung gewesen, dass ich all diese Vorzeichen nicht erkannt hatte? Und was war mit Betty? Ihr gegenüber hatte ich nicht gerade die feine englische Art an den Tag gelegt. Und außerdem konnte sie jeden Moment von irgendjemandem, der uns zusammen gesehen hatte, verpfiffen werden.

Würde mein arg strapaziertes Glück Betty und auch mich vielleicht doch noch einmal retten? Im Moment sah es nicht danach aus.

In diesen Nächten meldeten sich ganz automatisch meine Eltern zurück. Es musste immer etwas passieren, damit ich wieder an sie, an Alegrina und Jeanne dachte. Szenen unserer Kindheit erstanden vor meinen Augen. Ich durchlebte glückliche Erinnerungen. Die verlockenden Gerüche, die aus der Küche meiner Mutter drangen. Vater, der bedächtig über seinen Schnurrbart strich, bevor er zu reden begann. Das Klackern der Würfel auf dem Tavla-Brett. Alegrina, die in unserem Zimmer herumkasperte und Jeanne, die verlegen lächelnd daneben saß. Jetzt lag alles in Scherben. Warum ließ Gott das zu? Aber ich wollte nicht mit Ihm brechen. Im Gegenteil, ich betete nun des Öfteren, Er möge meine Familie am Leben erhalten. Je deutlicher sich das Kriegsende abzeichnete, um so dringender bat ich Gott um Hilfe. »Schma Israel ...«

In der Zelle stank es, es herrschte ein furchtbarer Lärm und die Luft war von Zigarettenrauch erfüllt. Hier saßen die unterschiedlichsten Typen ein. Nicht weit von mir entfernt schlief ein Zigeuner, zu dem ich mich natürlich besonders hingezogen fühlte, teilten wir doch ein Schicksal.

Eines Morgens holte mich ein Beamter erneut zum Verhör. Wieder wollten sie wissen, wo ich mich aufgehalten hatte, wer mir half und wen ich kannte. Ich log heftig drauflos. Natürlich schob ich alles auf Wegner, den ich sowieso zum Teufel wünschte: Von ihm hatte ich Marschbefehl, Fahrkarte und Geld bekommen. Er hätte mich auch versteckt.

Bei einem weiteren Verhör wurde mir unterstellt, ich hätte Rassenschande getrieben. Augenblicklich durchzuckte mich ein schrecklicher Gedanke: ›Betty! Sie haben Betty. Sie ist in Lebensgefahr. Nur weil ich Idiot ...‹ Ich war erlöst, als sich herausstellte, dass die Beamten die beiden Wegner-Mädchen meinten, die bereits Entsprechendes ausgesagt hätten. Da konnte ich den Vorwurf der Rassenschande guten Gewissens vehement zurückweisen. Außerdem waren die beiden mir mehr oder minder gleichgültig. Sie wollten mir einfach noch etwas unterschieben, damit sie einen Grund mehr hatten, mich umzubringen. Ordnung musste schließlich sein.

Eines Tages kam ein Koloss von Wachmeister an die Zellentür und röhrte: »Wer von euch kann eine Fremdsprache?« Etliche meldeten sich. Die meisten beherrschten Russisch, Polnisch oder Tschechisch. Ich war der Einzige, der Englisch, Französisch und Spanisch anbieten konnte. Der Riese brüllte in meine Richtung: »Name?« »Isaak Behar.« Er schrieb alles fein säuberlich auf.

Dann fragte er auch die anderen nach ihren Namen und verschwand wieder. Von diesem Zeitpunkt an wurde ich manchmal zwei- oder gar dreimal am Tag zum Dolmetschen aus der Zelle geholt. Bei so vielen Zwangsarbeitern und anderen Ausländern, die man für Nichtigkeiten ins Gefängnis steckte, benötigte man Sprachmittler. Dolmetscher von außen wollte man nicht in Anspruch nehmen. Darum bediente man sich einfach der anderen Häftlinge. In der Mehrheit wurden Russen und Polen verhört.

Die Beamten waren nett zu mir, denn ich half ihnen ja, mit ihrer Arbeit fertig zu werden. Sie boten mir als »Lohn« für meine Hilfe oft eine Zigarette an. Ich rauchte nicht, aber in der Zelle wurden Zigaretten zu horrenden Preisen gehandelt. Kostete draußen eine Zigarette offiziell zweieinhalb Pfennig, war sie in der Zelle zwischen dreißig und fünfzig Pfennig wert. Der Preis änderte sich ständig und richtete sich nach Angebot und Nachfrage. Also fragte ich immer: »Darf ich sie nachher in der Zelle rauchen?«

»Natürlich.«

Bei einem meiner Einsätze ließ ein Beamter eine Schachtel Zigaretten auf dem Tisch liegen und sagte: »Du weißt doch, dass ich dir nichts geben darf. Aber ich kann natürlich nichts dagegen tun, wenn du mich heimlich beklaust.«

Ich schnappte mir die Schachtel und steckte sie schnell weg. Die brachte ordentlich Piepen! Gerade dieser Beamte forderte mich mehrmals zum Übersetzen an. Offensichtlich war ich ihm eine besondere Hilfe, vielleicht aber mochte er mich auch.

Immer wenn ich nachmittags einen Einsatz hatte, bekam ich vom Restessen, so welches vorhanden war, zusätzlich eine Sonderration in meinen Essnapf. Nach Gutdünken oder Wohlverhalten verteilte oder verkaufte der Wachhabende vor der Zellentür die Rationen an die Häftlinge. Ich erhielt sie als Belohnung fürs Übersetzen, manchmal aß ich sie auf, aber gelegentlich verscherbelte ich sie auch an Mithäftlinge. Die Vollzugsbeamten waren maßgeblich an dem schwunghaften Handel in der Zelle beteiligt. Eine brandneue Zeitung, die sie selbst draußen für zehn Pfennig erstanden hatten, verkauften sie für eine Mark an einen Häftling. Und auch der verdiente noch daran, da er sie halbstündlich für dreißig oder fünfzig Pfennig an andere auslieh.

Ich wusste genau, was mir bevorstand. Über Mundfunk hatte ich einmal erfahren, dass es noch eine winzige Chance gab zu entkommen. Diese Möglichkeit erforderte außer Mut auch noch etwas sportliches Geschick. Die Einzelheiten aber waren mir nicht mehr gegenwärtig. Ich hatte damals nicht aufmerksam zugehört, da es für mich nicht relevant gewesen war. Jedenfalls erinnerte ich mich, dass es hieß, man solle bei der Flucht ein paar Mark in der Tasche haben, um das nächste Verkehrsmittel benutzen und in einer Absteige für eine Nacht unterkommen zu können. Also entwickelte ich in der Zelle eine gewisse Geschäftstüchtigkeit und häufte schließlich das »riesige Vermögen« von fast 50 Reichsmark an. Mit Wehmut dachte ich einmal mehr an meine 22 000 Reichsmark, die ich nun schon so manches Mal hätte gut gebrauchen können.

Eines Morgens brüllte ein Vollzugsbeamter: »Behar raus! Mit allen Sachen!« Mein Geld hatte ich vorsorglich an verschiedenen Stellen meiner Kleidung versteckt. Ich wusste genau, wie es nun mit mir weitergehen würde. Ich wurde praktisch entlassen, aber zugleich der Gestapo überstellt. Zwei Männer verfrachteten mich in einen PKW, der mich zur Großen Hamburger Straße brachte. Auch dort wiederholte sich alles, was ich bei meiner ersten Verhaftung schon einmal durchgemacht hatte. Ich bekam wieder den Stern angenäht und wurde in einen großen Raum geführt. Hier erlebte ich eine angenehme Überraschung: Da saß Franz. Franz, mit dem ich manches Mal im »Dobrin« zusammengehockt hatte.

Er guckte mich mit großen Augen an und fragte: »Kleener, wat haste dich denn kriegen lassen?« Ich fand die Frage blöd. Wieso war er denn da? Er hatte sich also auch kriegen lassen. Wir kauerten zusammen und ich erzählte ihm meine Geschichte. Zu meinem Erstaunen vermeldete er, es wären noch zwei hier, die fest entschlossen seien, mit ihm zu »flitzen«. Wenn ich wollte, könnte ich mitmachen. Daraufhin sagte ich: »Ich bin doch nur hier reingekommen, um zu flitzen. Ankommen werde ich nicht.« Franz erklärte mir den gesamten Fluchtplan. Ich begann, mich an das eine oder andere Detail aus den Erzählungen der U-Boote zu erinnern. Während der Fahrt im Güterwaggon mussten wir noch im Berliner Stadtgebiet eine Luke oben im Wagen aufbrechen und uns von dem fahrenden Zug rollen lassen. Das war nicht gerade ungefährlich. Franz erzählte weiter, man dürfe die Luken erst nach dem letzten Haltebahnhof öffnen, weil unsere Bewacher an jeder Station in Berlin heraussprangen und unseren Waggon umstellten. Allerdings müsse man auch vor Erkner den Zug verlassen haben, weil das Berliner S-Bahn-Netz dort endete und es einem Juden ohne Papiere völlig unmöglich war, einen Fernbahnzug zu benutzen, um in die Stadt zurückzukommen.

Franz erklärte sich bereit, »den Bock« zu machen. Mir und noch einem anderen kleineren Wuchses wäre es niemals möglich gewesen, die Luke zu erreichen. Also sollten wir auf Franz klettern, er würde es dann schon schaffen, sich als Letzter hochzuziehen. So hatten wir vier alles geplant. Franz hatte sogar ein wenig Werkzeug organisiert. Das würde er vor unserer Verladung einem anderen in die Tasche schmuggeln.

»Das kannst du doch nicht machen«, wisperte ich empört. Franz sah mich mitleidig an. Er erklärte mir, dass man im Bewusstsein, etwas in der Tasche zu haben, bei einer Kontrolle viel befangener wäre als einer, der gar nicht wusste, dass man ihm etwas untergeschoben hatte.

Wieder einmal heulten die Sirenen, wieder einmal kamen wir dem Kriegsende ein Stück näher und wieder einmal wurden wir in den Heizungskeller getrieben. Da stolzierte Stella vorüber. Im Gefolge einige Uniformierte, die auf ihren schwarzen Ärmeln das Zeichen SD trugen, die Abkürzung für Sicherheitsdienst, eine Sondereinheit der SS.

Für Sekunden war ich verblüfft, aber dann keimte Hoffnung in mir auf. Schließlich hatte Stella bei unserer Begegnung am Kurfürstendamm Mitleid gezeigt. Vielleicht würde sie das heute wieder tun.

Doch Stella nahm mich überhaupt nicht wahr. So hauchte ich, für ihre Begleiter nicht hörbar: »Stella!«

Entrüstet drehte sie sich nach mir um. Sie erkannte mich sofort und sagte süffisant lächelnd: »Schau, schau, Isaak. Du bist also schließlich auch hier gelandet. Weißt du, hier finden sich alle wieder zusammen.«

»Stella. Wie komme ich hier raus?«

»Ganz einfach, als Leiche!«

Am nächsten Tag wurden wir in einem mit einer Plane abgedeckten Lastwagen zum Bahnhof Grunewald gefahren. Auf Gleis 17 wurden wir verladen. Wir waren der 57. Osttransport nach Auschwitz. Wir waren 39 Seelen. In den Jahren zuvor waren oft bis zu 1000 Juden in einem Transport deportiert worden. Nun gab es fast keine Juden mehr in Berlin; Gott gingen allmählich die »Sterne« aus.

Unser Waggon wurde an einen fahrplanmäßigen Zug angekoppelt. Unsere Wächter würden, wie wir erfuhren, im letzten Personenwaggon vor uns mitfahren.

Wir wurden von unseren fünf Bewachern, vier Polizeimeistern und einem Gestapo-Beamten, den die anderen immer nur mit »Kamerad« ansprachen, genau gemustert. Vor dem Verladen in den Waggon erklärte der »Kamerad«, der ein ganz besonders scharfer Hund zu sein schien, dass er, sobald er einen Fluchtversuch bemerke, den Zug auf offener Strecke anhalten und wahllos zehn Mann erschießen würde. Auch von diesen Drohungen hatten wir gehört. So wurden diejenigen, die fliehen wollten, oft schon von den anderen Mithäftlingen daran gehindert. Bereits während der Fahrt im Lastwagen war uns Stargater, der uns bewachende jüdische Glaubensgenosse, äußerst unangenehm aufgefallen. Einigen von uns war er bereits zur Genüge aus der Großen Hamburger Straße bekannt. Er beschimpfte und demütigte uns in übelster Weise, schlimmer noch als unsere anderen Bewacher. Sein Gebaren war das eines SSlers und er trug eine Art Uniform aus Schaftstiefeln und Bridges. Er brüllte herum und wollte sich mit seinem besonders widerlichen Verhalten uns gegenüber wohl bei dem Gestapo-Beamten, von dem letztlich auch sein Leben abhing, einschmeicheln.

Zu dieser Zeit wurden zur Bewachung der Deportierten keine einfachen Wachtmeister mehr eingesetzt. Je höher der Rang, desto mehr hatten sie zu verlieren. So waren auch unsere vier Polizisten reife Männer mit dem hohen Rang des Polizeimeisters. Einfache Polizisten hatten immer wieder ein Auge zugedrückt und den Häftlingen die Flucht ermöglicht.

Der Zug hatte sich in Bewegung gesetzt.

Meiner Einschätzung nach hatten wir längst den letzten Haltebahnhof in Berlin passiert, als es auf einmal schrill quietschte und merkwürdig dröhnend krachte. Der Zug hielt. Wir hörten nur lautes Stimmengewirr und konnten trotz größter Anstrengungen nicht ausmachen, worum es ging. Dann merkten wir, dass unser Waggon hin und her gerüttelt wurde. Bei genauerem Lauschen wurde uns klar, dass der Zug weiterfuhr, aber ohne uns – wir waren abgekoppelt worden.

Das war eine Katastrophe! Einen Ersatzfluchtplan hatten wir nicht. Die Waggontür wurde entriegelt und aufgeschoben, vor uns standen der Gestapo-Mann und zwei Polizeimeister. Wir hatten einen Achsenbruch. Natürlich nahm man 1944 nicht die funktionstüchtigsten Waggons für die Judentransporte, denn diese wurden für die Kriegslogistik benötigt.

»Morgen kommt ein neuer Waggon. Da marschiert ihr dann rein. Und ab gehts, fahrplanmäßig, morgen Abend«, erklärte der Gestapo-Mann.

Er habe schon einen Wachtmeister zum Telefonieren weggeschickt, damit alles für den Weitertransport eingeleitet würde. Wenn dieser die Große Hamburger Straße erreichte, sollte er Bescheid sagen, dass sie uns »was zu Fressen« bringen könnten, wenn sie wollten. Wir hatten dort jeder ein Päckchen Schnitten für die Fahrt bekommen, aber das reichte natürlich nicht für mehrere Tage.

In dieser Nacht durften wir den Waggon nicht verlassen. Manch einer musste seine Notdurft in den einzigen, in einer Ecke stehenden Eimer verrichten. Es war unvermeidbar, dass die Leute, die in seiner Nähe kauerten, durch den Gestank erbrechen mussten.

Der Morgen brachte eine kleine Erleichterung. Die Waggontür wurde geöffnet und wir durften alle hinaus. Wir saßen in einem kreisförmigen Pulk mit dem Waggon im Rücken und den fünf Aufsichtsbeamten im Halbkreis vor uns. Franz, ich und die beiden anderen überlegten fieberhaft einen neuen Fluchtplan. Doch keiner von uns hatte eine zündende Idee. Wir erwogen, dass einer von uns austreten gehen sollte. Dieser würde dann seinem Bewacher »in die Eier treten, aber saftig«, bestimmte Franz, diesen Augenblick nutzen und abhauen. Aber wie sollten die anderen drei entkommen? So wurde dieser Plan wieder verworfen. Wir mussten alle vier gemeinsam und gleichzeitig türmen.

Nach einer Weile tauchte ein kleiner, dreirädriger Transporter auf der Chaussee auf, die parallel zu den Gleisen verlief. Der Lieferwagen hielt an, der Fahrer kam auf uns zu und vermeldete dem Gestapo-Mann, er käme von der Großen Hamburger Straße und brächte Verpflegung. Der eine Polizeimeister zeigte auf mich und sagte: »Schwarzer, komm mal her! Schnapp dir einen, lauft über die Gleise zur Straße und holt das Essen her.« Ich griff mir natürlich Franz. Wir gingen den vorgegebenen Weg und trugen als erstes ein Thermosgefäß mit Kaffeeersatz zur Gruppe, danach Kartons mit Schnitten. In einem der Kartons waren zusätzlich Trinkbecher und eine Schöpfkelle. Für Franz stand fest, dass dieser Weg unsere Fluchtroute sein musste.

So fragte Franz den Fahrer des Tempo-Wagens beim Zurückbringen der leeren Thermoskanne, ob er am Mittag noch einmal Essen bringen würde. Dieser bejahte, woraufhin Franz sofort hinzufügte: »Aber bitte gleich zwei von diesen großen Pötten mit warmem Essen! Wir sind ja am Verhungern hier.« Ich war verblüfft, was Franz sich alles traute. Beim Zurücklaufen erklärte er mir: »Mensch, Isaak! Zwei Thermosgefäße. Macht vier Griffe. Wir sind auch vier Mann ...« Ich bewunderte Franz grenzenlos. Und er setzte noch eins drauf: »Wir dürfen auch nicht alle hintereinander in die gleiche Richtung weglaufen, sondern müssen möglichst auf Kommando in vier verschiedene Richtungen abhauen. So schwächen wir die Penner ordentlich, denn die müssen ja auch die restlichen 35 am Waggon im Auge behalten.«

Ich fand seinen neuen Fluchtplan genial. Wir würden zwei und zwei, vorne Franz und der eine Kumpel, dahinter ich und der andere, im Gänsemarsch laufen. Ich sollte bis drei zählen. In dem Augenblick, in dem ich »drei« sagte, sollten wir alle vier die Gefäße fallen lassen und losrennen. Doch sollte ich das Kommando erst kurz vor der Chaussee geben, nachdem wir die Gleise überquert hätten, damit wir wenigstens über die nicht mehr stolpern konnten. Hinter der Straße lag ein Waldgebiet, in das wir hineinrennen wollten. Jeder in eine andere Richtung.

Mittags brachte der Fahrer tatsächlich zwei Gefäße mit. Franz hatte inzwischen weiter an seinem Plan gefeilt: »Noch besser wäre es, wenn er gegen Abend noch einmal käme. Denn dann wird es bald dunkel und damit die Chance größer, dass die uns nicht mehr kriegen.« Wieder bejahte der Fahrer, dass er abends abermals Essen liefern würde. Franz ermahnte ihn, nur warmes Essen zu bringen, damit wir für die Nacht ordentlich etwas im Magen hätten. Hier schien mir Franz ein großes Risiko einzugehen. Sollte der Fahrer abends nicht wiederkommen, hätten wir unsere letzte Möglichkeit zur Flucht verspielt.

Sehnsüchtig erwartet und entgegen meiner Befürchtung rumpelte das Wägelchen schließlich am späten Nachmittag herbei und wir vier schleppten das Abendessen zu den anderen. Nach dem Mahl sammelten wir die Reste in den Eimern zusammen und machten uns wieder auf den Weg Richtung Transportwagen. Wir näherten uns der Chaussee. Ich hatte noch nicht zu zählen begonnen, als Franz und der zweite Vordermann plötzlich ihren Eimer fallen ließen und entgegen unserer Vereinbarung in eine Richtung davonrannten. Der, der mein Gefäß am anderen Henkel festhielt, ließ ebenfalls los und lief den anderen hinterher.

»Achtung! Flucht! Alles in den Waggon zählen!«

Hinter mir wurde es laut und hektisch. Der Thermoseimer hing an meiner Hand und ich wusste nicht, ob schon ein Gewehr auf mich gerichtet war. Konnte ich es noch riskieren wegzurennen? Langsam drehte ich mich um und sah dem einen Polizeimeister direkt ins Gesicht. Der hielt seinen Karabiner vor dem Bauch und fixierte mich. Mir blieb keine andere Wahl, als den Eimer fallen zu lassen. Jetzt war ich genau in jener Situation, die wir um jeden Preis vermeiden wollten: Einer war zurückgeblieben, während den anderen die Flucht geglückt war. Ich saß in der Falle. Mein Gehirn arbeitete fieberhaft. Wie konnte ich hier wegkommen? Als ich mich, um Zeit zum Überlegen zu gewinnen, betont langsam auf den Polizisten zubewegte, fiel mir jene andere Möglichkeit wieder ein. Ich sagte dem Polizeimeister, ich müsste, bevor ich jetzt in den Waggon ginge, unbedingt noch mein großes Geschäft erledigen, sonst würde es dort sofort wieder stinken. Er sah mich recht seltsam an und hob mahnend seinen Zeigefinger: »Na dann geh, Schwarzer! Ich passe aber auf.«

Zu meiner Überraschung folgte er mir nicht, als ich hinter den Waggon ging. Ich versuchte unter den Wagen hindurchzuspähen, um zu sehen, wie viel ich von den Füßen und Beinen auf der anderen Seite erkennen konnte. Würde man von dort meine Flucht bemerken? Erstaunt stellte ich fest, wie breit so ein Waggon war. Ich musste mich fast hinlegen, um darunter noch irgendetwas auszumachen. Somit war auch ich von der anderen Seite nur schlecht zu sehen! Doch jeden Moment konnte der Polizeimeister um den Waggon herumkommen, um nach mir zu schauen. Ich rannte los. Richtung Wald. Rannte. Rannte um mein Leben.

Außer Atem traf ich im Wald nach einiger Zeit auf ein französisch sprechendes Pärchen. Ich sprach sie einfach an und fragte: »Moi, je suis juif. Est-ce que vous avez vu quelqu'un?« (Ich bin Jude. Haben Sie jemanden gesehen?) »Oui, ils sont marchés par là« (Ja, sie sind dort entlanggelaufen), antworteten sie und deuteten dabei in eine bestimmte Richtung. Erfreut rannte ich weiter, doch Franz und die anderen traf ich nicht.

Ich riss mir den Stern herunter und lief weiter. Zum Glück stieß ich irgendwann auf einen Bahnhof. Eine Stunde später stieg ich am Bahnhof Zoo wieder aus, wo ich beinahe zwei Kettenhunden in die Arme lief. Für meine Begriffe stürzte ich ziemlich überhastet aus dem Bahnhof. Ich war wohl übervorsichtig, denn ich merkte bald, dass niemand hinter mir her war.

Ich lief die Joachimsthaler Straße entlang. Auf der linken Straßenseite standen vor einem Haus einige »Damen«. Ein Schild an der Tür deutete auf eine »Pension« hin. Mein Unterschlupf für diese Nacht! Ich fragte die erstbeste »Dame«, was es kostete. Sie nannte den für mich erschwinglichen Preis von 15 Mark. Wir liefen die wenigen Stufen zum Hochparterre hinauf, eine »Wirtin« nahm mir noch einmal fünf Mark für das Zimmer ab, was ich für sehr preisgünstig hielt, und übergab meiner Begleiterin ein Stückchen Seife und ein Handtuch. Wir betraten ein winziges Zimmer. Hier eröffnete ich dem Mädel, dass ich eigentlich viel zu müde wäre. Ich erzählte ihr die damals übliche und mir durch den Mundfunk bekannte Geschichte, ich sei ausgebombt und total erschöpft von der Herumwühlerei in den Trümmern ... Nachdem ich sie entlohnt hatte, trat sie an die Tür, um zu gehen, und drehte sich noch einmal fragend um: »Und was ist mit dir?«

»Ich bleibe hier.«

»Wie?«

»Na, ich hab doch das Zimmer bezahlt.«

Sie lachte: »Du spinnst wohl. Doch nur für eine halbe Stunde. Du kannst nicht die ganze Nacht hier bleiben!«

Hier war wohl bei der Übertragung durch den Mundfunk etwas schief gelaufen oder ich hatte mich verhört. Doch auf keinen Fall konnte ich zurück auf die Straße. Also ging ich zur Wirtin. Ich erzählte ihr die gleiche Geschichte, dass ich ausgebombt sei und spekulierte richtig auf ihren Mitleidsbonus. Nach kurzer Verhandlung und weiteren 15 Mark legte mir die Wirtin ein »Logierbuch« vor, in dem ich mich mit meinem bewährten Pseudonym Fritz Müller eintrug. Allerdings hätte ich dort auch meine Ausweisnummer und die Gültigkeit meiner Papiere verzeichnen sollen. Ich wühlte zum Schein in meinen Taschen. Ohne Ergebnis. Ich erklärte, dass ich meinen Ausweis nicht bei mir hätte.

»Wo ist der denn?«

»In meinem Koffer«, sagte ich. Plötzliche Erleuchtung mimend, fügte ich hinzu: »Und den habe ich bei der Aufbewahrung am Bahnhof abgegeben.«

»Dann gehen Sie und holen ihn! Ist ja nicht weit.«

»Ich bin zu müde.«

»Wenn eine Kontrolle kommt, kriegen Sie aber kräftig Ärger.«

Lässig, als ob ich nichts zu befürchten hätte, nickte ich: »Mag sein. Ist mir egal ...«

Ich legte mich in Kleidern auf das mir nicht sehr appetitlich erscheinende Bett. Erschöpft fiel ich in einen Dämmerschlaf.

Nach kurzer Zeit hörte ich ein entferntes Klopfen. Wieder und wieder, nun schon etwas lauter. Das nächste Klopfen war ganz laut und nah und ließ mich aufschrecken. Eine Stimme rief energisch: »Aufmachen! Ausweiskontrolle.« Sie waren schon an der Nachbartür!

Ich stürzte ans Fenster. Zu meinem Glück lag mein Zimmer zum Hof. Ein schwach beleuchtetes Schild wies darauf hin, dass sich in diesem Haus ein öffentlicher Luftschutzkeller befand. Häuser mit allgemein zugänglichen Luftschutzkellern wurden nachts nicht abgeschlossen. Ich riss das Fenster auf und bemerkte erleichtert, dass auf dem Hof Erde lag, aus der kleine Pflanzen sprossen. Während des Krieges war es üblich, auf jedem verfügbaren Fleckchen etwas anzubauen. Die Höfe wurden mit Erde ausgelegt und mit Radieschen, Tomaten oder Ähnlichem bepflanzt, selbst in den Blumenkästen züchtete man alles bis hin zum Tabak: »Sorte Bahndamm Sonnenseite« wurden die kümmerlichen Pflänzchen liebevoll-spöttisch genannt. Der Tabak selbst roch wie eine alte Matratzenfüllung.

Ich hüpfte aus dem anderthalb Meter hoch gelegenen Fenster in den Hof hinunter, hastete zum Tor hinaus, lief rechts in Richtung Bahnhof Zoo und sprang in die nächstbeste U-Bahn. Immer den Schrecken im Nacken, denn die Beamten würden die Zimmertür eintreten, das geöffnete Fenster sehen und hinter mir herrennen.

Ich hoffte, der Zug möge sehr lange fahren und viel Entfernung zwischen mich und den Ort des Geschehens bringen.

Das war leider nicht der Fall. Nach kurzer Fahrt hielt der Zug in einem Bahnhof. Eine Frauenstimme tönte über den Bahnsteig: »Bitte alles aussteigen! Der Zug endet hier.«

Als ich in die Nacht hinausging und versuchte, mich zu orientieren, fiel mir das Laufen plötzlich sehr schwer. Ich hatte Schmerzen, konnte sie aber nicht richtig lokalisieren.

Ich war im Park am Lietzensee in Charlottenburg gelandet. Keine zehn Minuten von der Kuno-Fischer-Straße entfernt, wo ich Narr dem Verräter Wegner auf den Leim gegangen war!

Seit ich als U-Boot abgetaucht war, gab ich mich jetzt zum ersten und einzigen Mal richtig auf. Ich war vollkommen verzweifelt. Es gelang mir noch nicht einmal, die erste Nacht nach meiner Flucht zu überbrücken. Außerdem hatte ich keine Ahnung, wie ich mich bis Kriegsende weiter über Wasser halten sollte.

Physisch völlig erschöpft und seelisch bitter verzagt, legte ich mich auf die nächste Bank. Mir war alles gleichgültig.

Betty

Ich erwachte am späten Vormittag. Zu meiner Überraschung lag ich noch immer auf meiner Bank am Lietzensee. Als ich aufstehen wollte, durchstach ein brennender Schmerz mein Bein. Mein rechter Knöchel war über Nacht dick angeschwollen. Ich konnte kaum auftreten. Obwohl ich wusste, dass es auffällig und gefährlich war, brach ich mir ungeschickt aus dem hinter der Parkbank wachsenden Gebüsch einen Ast ab, um etwas zum Abstützen zu haben.

Mit meiner Krücke humpelte ich mehr schlecht als recht zur U-Bahn und fuhr zum Kottbusser Tor. Zu Bettys Laden. Zu Betty, von der ich mich vor meiner »Auswanderung nach Prag« so unrühmlich, besser gar nicht, verabschiedet hatte. Wo hätte ich sonst hingehen können? Zu Hans Koslowski? Das wagte ich nicht.

In der Bahn fiel mir auf, wie viel Glück ich wieder einmal gehabt hatte. Mein Leichtsinn musste wohl ein Geburtsfehler sein. Und ich fragte mich, wie oft ich das Schicksal eigentlich noch herausfordern wollte. Wie lange würde das alles noch gut gehen? Warum brachte ich mich immer wieder durch mein eigenes Verschulden in Lebensgefahr? Und warum kam ich immer wieder mit einem blauen Auge davon?

Plötzlich gaben mir diese Gedanken Mut und Kraft. Ich fühlte mich, als könne mir gar nichts passieren. Vielleicht hatte der liebe Gott doch seine Hand im Spiel? Ich sollte doch öfter einmal wieder beten, mit ihm Zwiesprache halten ...

Am Kottbusser Damm guckte ich durch das Schaufenster in Bettys Elektroladen. Eine Kundin stand im Geschäft und schwatzte angeregt mit ihr. Ich wagte nicht hineinzugehen, das hätte Betty in Gefahr bringen können. Unrasiert, mit zerrissener Hose und einem Knüppel in der Hand sah ich nicht gerade Vertrauen erweckend aus. So wartete ich lange Momente vergeblich. Das Gespräch drinnen nahm und nahm kein Ende. Schließlich begann ich mit den Armen und Händen über meinem Kopf zu fuchteln, um auf mich aufmerksam zu machen. In der Tat schaute Betty durch das Schaufenster zu mir. Irgendwie gelang es ihr, die Kundin abzulenken. Betty trat aus der Tür und fragte nur: »Wie siehst du denn aus?«

Dann verschwand sie wieder im Laden, holte ihren Wohnungsschlüssel und gab ihn mir: »Mach, dass du rüber zum Planufer kommst.«

In der Wohnung legte ich mich auf das Bett und wartete auf Betty. Wie sollte ich ihr alles erklären? Am besten, indem ich ihr diesmal die ganze Wahrheit sagte.

Endlich wurde es Mittag. Betty erschien.

»Wo bist du verletzt?«, fragte sie.

»Am Fuß.« Ich zeigte ihr mein rechtes Bein. ›Eigenartig‹, dachte ich, ›sie will gar nicht wissen, warum ich sie so sang- und klanglos verlassen habe und woher ich jetzt komme. Sie kümmert sich nur um meine Verletzung.‹

Betty war unsicher, was zu tun war. Umschläge seien immer gut, aber sie wüsste nicht, ob diese heiß oder kalt sein müssten. Sie habe allerdings eine gute Bekannte, die in der »Urban-Apotheke« arbeite. Die wollte sie bitten, sich meine Verletzung anzusehen. Ich protestierte heftig. Die Lust auf neue Bekanntschaften war mir vergangen. Entrüstet fragte Betty: »Glaubst du denn wirklich, ich würde jemanden herholen, der dir gefährlich werden könnte?«

Mal wieder hatte ich Betty nichts entgegenzusetzen.

Betty kam bald mit der jungen Dame zurück. Natürlich wurde auf Vorstellungsformalitäten verzichtet. Die Frau rollte mir sehr vorsichtig den Strumpf vom Fuß. Ich jammerte vor Schmerzen. »In keinem Fall warme, nur kalte Umschläge.« Gegen die Schwellung habe sie elastische Binden mitgebracht. Im Übrigen sei sowieso nicht mehr viel in der Apotheke, alles Verbandzeug und alle Medikamente würden dringend in den Lazaretten und an der Front gebraucht, da bliebe für die medizinische Versorgung in der Heimat wenig übrig, erklärte sie. Sie gab Betty noch einen Verband und eine Anleitung, wie sie den Knöchel damit zu bandagieren habe. Sie solle immer wieder mit kalten Umschlägen wechseln und nach jedem zweiten Neuverband die elastische Bandage ein wenig fester anziehen, doch nicht etwa so, dass sie mir dabei das Blut abschnürte. Doch das würde ich schon merken. Als Betty sie an die Wohnungstür brachte, hörte ich die beiden miteinander flüstern. Die Apothekenhelferin raunte: »Wenn es nur eine Quetschung, Prellung oder ein Anriss ist, dann lässt sich das, wenn auch ein bisschen langwierig, gut beheben. Ist es aber ein richtiger Bänderriss, muss das Bein im Krankenhaus operiert werden.«

Mir wurde ganz schlecht. Als Betty zurück ins Zimmer kam, sagte ich entschieden: »Betty, ich gehe in kein Krankenhaus. Du weißt doch, was dann passiert. Ich bin geliefert.«

»Na ja, so weit ist es ja noch nicht.«

Und so weit kam es auch nicht. Betty pflegte mich rührend. Meine krampfhaften Versuche, ihr umständlich alles zu erklären, erstickte sie stets im Keim: »Am besten schauen wir jetzt nur noch nach vorne, Isaak, und versuchen beide lebend das Kriegsende zu erreichen.«

Sie versorgte mich so gut, dass ich bald, neben Betty im Bett liegend, den ersten Versuch machte, unsere Beziehung auf körperlicher Basis wieder zu beleben.

Betty nahm meine Hand und schob sie zurück.

»Das vertagen wir mal lieber auf später.«

»Bis morgen? Übermorgen? Oder wann?« Ich war gekränkt.

»Nein. Bis nach dem Krieg.«

»Aha. Du hast also einen anderen«, bellte ich.

»Nein, ich habe keinen anderen. Aber du bist jetzt gar nicht in der Lage zu beurteilen, ob du mich wirklich lieb hast. Heute bist du mir zuallererst dankbar. Ich habe dir geholfen. Und das werde ich selbstverständlich auch weiterhin tun. Dass ich im Augenblick keine körperliche Beziehung mehr mit dir möchte, steht auf einem anderen Blatt. Ich glaube einfach, dass du nach dem Krieg besser weißt, wie du zu mir stehst. Dann brauchst du mir nicht mehr dankbar zu sein. Was dann noch übrig bleibt, kann vielleicht Liebe sein.«

Betty war eben unschlagbar.

Längst gingen wir im Herbst 1944 mit Meilenstiefeln dem Kriegsende entgegen. Brüssel war befreit, Paris von französischen Truppen zurückerobert worden und im Rheinland drangen die Amerikaner vor. Ein gigantischer Luftangriff hatte in Hamburg sämtliche Raffinerien und Ölanlagen vollständig zerstört. Nachdem im Oktober die Lebensmittelrationen erneut gekürzt worden waren, hungerten die Menschen mehr als zuvor.

Eines der letzten großen Verbrechen Hitlers am eigenen Volk bestand darin, einen Monat vorher, also im September 1944, alles, was bislang als kriegsuntauglich gegolten hatte, nämlich die alten, kranken und ganz jungen Männer, einzuziehen, um die Front nach Osten zu verstärken – »der Russe« musste aufgehalten werden. Szenen wie diese gehörten nun zum Alltag: Ein öffentliches Verkehrsmittel wurde angehalten. Soldaten sprangen von einem Lastwagen herunter, besetzten die Ausgänge und verfrachteten alle Männer, die im Bus oder in der Straßenbahn saßen, gleich auf den Lastwagen. Die verdutzten Männer bekamen eine weiße Armbinde, auf der in schwarzen Lettern »Volkssturm« stand, einen Stahlhelm und einen Karabiner in die Hand gedrückt und wurden an die Front gekarrt. Diese Menschen waren reines Kanonenfutter für die russischen »Stalinorgeln«.

Solche Episoden beobachtete ich oft vom Fenster aus. Betty hatte Angst, auch ich könne aufgegriffen werden und beschloss, ich sollte in das kleine Sommerhäuschen nach Karolinenhof umziehen, das ihrem früheren Mann gehörte. Karolinenhof lag weit von der Innenstadt entfernt an der südöstlichen Peripherie Berlins.

Schon mehrfach waren Betty und ich in Karolinenhof gewesen. Dort wohnte auch Bettys ältere Schwester, die mit Joseph Jäger verheiratet war, den alle nur Jupp nannten. Er war praktizierender Katholik und besaß ein Pumpengeschäft für Gartenanlagen in der Neuköllner Sonnenallee. Er war stadtbekannt als »Pumpen-Jäger«. Das Ehepaar hatte eine erwachsene Tochter und einen schneidigen Schwiegersohn, der bei der Luftwaffe war. Betty hatte sie längst über meine Identität informiert, ohne befürchten zu müssen, dass ihrer Familie das missfallen würde. Sie waren ausgesprochen herzlich, hilfsbereit und fast ein bisschen zu freundlich zu mir. Bei Jägers wurde oft und viel gelacht. Es war ein richtig fröhliches Haus, in dem ich meine Sorgen und Nöte eine Zeit lang vergessen konnte.

Das Gartenhäuschen am Radduscher Weg hatte eine kleine Veranda und ein Schlafzimmer, das einige Stufen höher lag. Es als Häuschen zu bezeichnen, ist eigentlich übertrieben, doch es nur als Laube zu betrachten, wäre wiederum zu wenig. Betty pendelte nun oft zwischen Kreuzberg und Karolinenhof. Ich bat sie, mich ganz nah im Porträt zu fotografieren, damit wir ein Passbild zurechtschneiden konnten. Anschließend nahm ich wieder Kontakt zu Behrens auf und fragte ihn, ob wir uns sehen könnten. Behrens willigte ein.

Als wir uns wenige Tage darauf trafen, hatte ich Behrens natürlich erst einmal wieder viel zu erzählen. Mein »Goldfasan« fiel wegen meines Leichtsinns von einer Ohnmacht in die andere. Dann bat ich ihn, mir anhand meines »Passbildes« eine Bescheinigung der Militärfärberei auszustellen, die mich als unabkömmlichen Arbeiter auswies. Nachdem ich ihm mein Bild über den Tisch geschoben hatte, brachte ich mein zweites Anliegen vor:

»Herr Behrens, ich brauche eine Pistole!« Ich war überzeugt, dass ich nicht die Kraft haben würde, noch einmal zu fliehen. Falls ich erneut in die Fänge meiner Verfolger geraten sollte, würde ich mich mit Hilfe der Bescheinigung herausschummeln können. Wenn nicht, würde ich die Pistole ziehen und meine Häscher mit in den Tod nehmen.

Mit 21 Jahren, unreif und verwirrt von all dem, was mir widerfahren war, dachte ich nicht lange darüber nach, ob es richtig war, mich zu bewaffnen. Meine Naivität war grenzenlos: Hätte ich am Anhalter Bahnhof eine Pistole gezückt und den Versuch unternommen, die beiden mir auflauernden Beamten zu erschießen, hätte ich das nicht überlebt.

Behrens war konsterniert: »Wozu denn eine Pistole, Herr Behar? Der Krieg ist bald zu Ende. Sie haben es doch fast geschafft! Wollen Sie sich etwa jetzt noch das Leben nehmen?«

»Ich denke nicht daran! Ich will nur diejenigen, die mir das Leben nehmen wollen, mitnehmen«, verkündete ich voller Pathos.

Obwohl Behrens mir nicht so recht zu glauben schien, erfüllte er zu meiner Überraschung beide Anliegen. Statt der gewünschten Bescheinigung brachte er mir einen echten Pass eines spanischen Marineoffiziers mit meinem Foto darin. Leider war der Pass miserabel manipuliert. Das Bild war mit Heftklammern befestigt, die in mein Haar hineingedonnert waren und der Kartoffelstempel über dem »Passfoto« hätte sogar einen Blinden stutzig gemacht. Außerdem entdeckte ich später, dass der Pass bereits abgelaufen war.

Die kleine Pistole war in ein Tuch gewickelt. Ich bat Behrens noch um Patronen, worauf er sagte: »Mehr bekommen Sie nicht.«

»Sie haben mir doch noch gar keine gegeben.«

»Die sind in der Waffe!«

Ich schüttelte das Bündel und horchte: »Nein, da ist nichts drin, Herr Behrens.«

Behrens unterdrückte ein Lachen.

»Herr Behar, die können Sie doch nicht klappern hören! Die sind in einem Magazin verankert.«

»Und wo bitte soll da ein Magazin sein?«

»Na, im Griff. Da ist unten ein kleiner blockierender Hebel. Von dem lassen Sie mal schön die Finger. Und den kleinen Hebel links am Lauf lassen Sie bitte immer umgelegt. Dann ist die Pistole nämlich gesichert. Nur wenn Sie schießen wollen, müssen Sie den Hebel umdrehen.«

Die Bedienung der Waffe erschien mir auf einmal sehr schwierig. Prompt hatte ich selber mehr Angst vor der Pistole, als ich anderen damit einjagen würde. Während ich sie in der Tasche trug, lebte ich in ständiger Furcht, der Hebel könne sich von alleine umlegen und dann hätte ich ein Loch im Bein.

Dank der »Goebbelsschnauze«, die Betty auch in Karolinenhof besaß, hörten wir ständig BBC London. Als uns die Meldung erreichte, die Russen hätten das Konzentrationslager Auschwitz am 27. Januar befreit, fielen wir uns in die Arme. Vielleicht waren ja meine Eltern, Alegrina und Jeanne unter den Befreiten ...

Die Nacht vom 3. zum 4. Februar 1945 wurde für Berlin zum Inferno. Heftigste Bombenangriffe gingen in mehreren Wellen über der Stadt nieder. Es donnerte und krachte unentwegt, ganz Berlin schien in Flammen zu stehen. Später erfuhren wir, dass ein Großteil der ehemaligen Weltstadt von 3000 Tonnen Sprengbomben in Trümmer gelegt worden war. Über 20 000 Menschen mussten in dieser Nacht ihr Leben lassen. Die Zahl der Verletzten war um ein Vielfaches höher.

Wenig später kam die Nachricht, dass Dresden am 13. und 14. Februar 1945 in mehreren Angriffswellen in Schutt und Asche gelegt worden war. Auch erfuhren wir aus dem Volksempfänger, dass die Siegermächte in Jalta um das Fell des noch nicht ganz erlegten Bären verhandelten. Das alles war Musik in meinen Ohren ...

Im April 1945 lebte ich schon einige Monate in Karolinenhof. Betty kam oft, brachte Essen, Zeitungen und neue Nachrichten vom nahenden Kriegsende. Hin und wieder blieb sie sogar über Nacht. Gelegentlich gingen wir auch zu Jägers und scherzten und lachten. Ich hatte mir mein Leben im Grünen ganz gemütlich eingerichtet, als der Kanonendonner immer näher kam. Ich schlief mit Gedröhne ein und wachte mit Gedröhne wieder auf. Die Front hatte sich zu meiner großen Freude mehr und mehr in meine Hörweite verlagert. Ab und zu sah ich Truppeneinheiten vorbeilaufen. Entsetzt schaute ich durch das Fenster auf Soldaten, die an einem Baum aufgeknüpft worden waren und ein Pappschild um den Hals trugen: »Ich bin ein Verräter«. Die Leichen ließ man zur Abschreckung hängen. Die nachrückenden Männer sollten sehen, was ihnen blühte, wenn sie auf den Gedanken kämen, sich von der Truppe zu entfernen.

Eines Morgens Ende April wehte laue Luft durch das offene Fenster herein. Der Frühling kündigte sich an. Doch der Morgenwind trug auch den Lärm von Geschützfeuer heran. Plötzlich sah ich, wie ein Landser über die kleine Hecke links in den winzigen Garten vor dem Haus sprang. Der Mann hatte einen Karabiner in der Hand, trug keinen Stahlhelm und hatte nur eine Uniformhose und Stiefel an. Er sah sich hektisch nach allen Seiten um. ›Der sucht mich!‹, dachte ich, packte meine Pistole, rannte hinunter in den Garten und schrie ihn an: »Was machen Sie hier?«

Am ganzen Leib zitternd stammelte er immer wieder: »Sie verraten mich doch nicht!? Bitte! Sie verraten mich doch nicht!?« Ich wiederholte: »Was wollen Sie hier in meinem Garten?« Ich verstand gar nichts, auch nicht, als er erneut wiederholte: »Sie verraten mich doch nicht!?« Der Schweiß lief ihm in Strömen übers Gesicht.

»Ich verrate Sie nicht. Aber jetzt antworten Sie mir! Sofort!« Mit der rechten Hand entsicherte ich vorsorglich die Pistole in meiner Hosentasche. ›Wenn ich den nicht erschieße, knallt er mich ab‹, ging es mir durch den Kopf. Ich begann ebenfalls zu zittern. Vielleicht war es doch nicht so leicht, einen Menschen zu erschießen.

Der Landser schaute unruhig hin und her und fragte mich schließlich: »Können wir nicht ins Haus gehen?« Ich war einverstanden, denn drinnen würde ich ihn wahrscheinlich besser treffen als hier draußen, wo er dauernd hin und her sprang. Zu meiner Erleichterung legte er seinen Karabiner auf den kleinen Verandatisch. Die Gefahr eines Schusswechsels war also zunächst gebannt. Er berichtete, er hätte sich mit einem ganzen Trupp Soldaten abgesetzt. Man würde sie schon mit einem Panzerspähwagen suchen. Ich wusste nicht einmal, wie eine Pistole funktionierte, geschweige denn, was ein Panzerspähwagen war, versicherte ihm aber, er brauche vor mir keine Angst zu haben, da man mich ebenfalls suche.

»Wie lange schon?«, fragte er in dem Glauben, auch ich hätte mich von der Truppe abgesetzt.

»Den ganzen Krieg schon.«

»Wie haben Sie denn das fertig gebracht?«, wunderte er sich.

»Sie verkennen die Situation. Ich bin Jude.«

»Das ist ja interessant.«

Dieser Satz reizte mich aufs Blut: »Was ist denn so interessant an einem Juden?«, fauchte ich den deutschen Landser an.

Abwehrend und entschuldigend hob er die Hände: »Ich meine ja nur, dass ich unwahrscheinliches Glück gehabt habe. Ich hätte ja auch in die falschen Hände fallen können.«

»Allerdings! Aber so sind Sie direkt in Abrahams Schoß gefallen.«

Er erzählte mir, dass die Russen vor den Toren Berlins stünden. »Wenn's lange dauert, sind die in einer Woche hier. Spätestens in zehn Tagen«, mutmaßte er.

»Großartig! Sie können hier bleiben. Ich habe genug Verpflegung. Wir können dann gemeinsam auf das Kriegsende anstoßen.«

»Nein, vielen Dank. Das ist sehr freundlich von Ihnen. Aber ich habe meine Familie in Neukölln und will versuchen, mich zu ihnen durchzuschlagen.«

Er verabschiedete sich, schnappte seinen Karabiner und lief davon.

Familie hatte er gesagt.

Wo war meine Familie? Lebten meine Eltern, Alegrina und Jeanne noch? Ich betete laut: Schma Jisrael Adonai Elohenu ...

Alexej

Lärm und Stimmengewirr rissen mich aus dem Bett. Ich tapste ans Fenster und traute meinen verschlafenen Augen nicht: In dem kleinen Garten vor »meinem« Häuschen lagerten russische Soldaten in verdreckten Uniformen. Gegenüber am Zaun waren zwei vor einen kleinen Leiterwagen gespannte Pferdchen angebunden. Dieses Stillleben überforderte mich vollends: Am Abend war ich mit den Nazis eingeschlafen. Am nächsten Morgen wachte ich mit den Russen auf. Ich hatte die seit Jahren herbeigesehnte Stunde meiner Befreiung einfach verpennt!

Und jetzt war ich frei und konnte meine Freude darüber niemandem mitteilen. Keiner war da, keine Betty, niemand, dem ich hätte um den Hals fallen und mit dem ich laut oder still hätte feiern können. Auf den Gedanken, zu Jägers hinüberzugehen, kam ich nicht. Ich rannte also aus dem Haus, an den vorüberziehenden Soldaten vorbei den Radduscher Weg entlang, direkt den Russen entgegen. Ich riss die Arme in die Höhe und schrie immer wieder: »Ich bin frei! Ich bin frei! Ich bin frei!«

Kein Mensch verstand mich.

Dass es durchaus gefährlich sein konnte, den Russen so offen ins Visier zu laufen, bedachte ich nicht. Warum sollte mir ausgerechnet von meinen Befreiern Gefahr drohen?

Über Nacht waren in Karolinenhof schwarze SS- oder braune SA-Uniformen aus der Mode gekommen. Und derart unmodern zu sein, war nun lebensgefährlich. So eine Uniform durfte nicht nur nicht mehr getragen werden, sondern auch nicht im Schrank hängen. Ein Mann, bei dem eine Uniform gefunden wurde, war schon tot, bevor er irgendeine Erklärung abgeben konnte. Diejenigen, die eine Waffe besaßen, taten gut daran, sie zu vergraben oder in den See zu werfen.

Natürlich dachte auch ich an meine Pistole und meinen falschen Pass. Sorgen darüber machte ich mir aber nicht, denn eines war ja nun klar: Ich war wieder Isaak Behar! Ich musste meine Pistole nicht verstecken, sondern konnte sie ganz offiziell besitzen. Meinen gefälschten Pass konnte ich auch erklären. Im Geiste begann ich mich langsam auf die andere Seite des Ladentisches zu schwingen. Nun war ich nicht mehr ein Verfolgter ohne Rechte, sondern hatte alles Recht auf meiner Seite. Vielleicht konnte ich auch zum Verfolger werden. Wer sollte mir jetzt noch verbieten, eine Waffe zu tragen? Mir, der ich doch ständig bedroht worden war! Wer sollte mir jetzt noch eine geborgte Identität verübeln, wo meine wahre Identität über Jahre hinweg akute Lebensgefahr für mich bedeutet hatte?

Trotzdem erschien es mir sinnvoll, den Besitz der Pistole legitimieren und meine echte Identität bestätigen zu lassen. Kleine Formalitäten, doch wo konnte ich sie erledigen? Der Krieg war noch nicht vorbei, es wurde noch immer heftig geschossen. Ich beschloss, mich einfach dem nächsten russischen Kommandanten oder General, dem ich begegnete, vorzustellen.

Am folgenden Morgen brach ich zeitig auf. Alle meine Versuche, von den russischen Soldaten in Erfahrung zu bringen, wo denn ein Oberster wäre, dem ich mein Anliegen vortragen könnte, gingen ins Leere. Kein Mensch verstand mich und was die Russen sagten, blieb mir auch ein Rätsel. Aufgrund meiner Sprachkenntnisse, so dachte ich mir, während ich hin und her irrte, wären mir die Engländer, Amerikaner oder Franzosen als Befreier eigentlich lieber gewesen. Ich lief immer weiter, bis einer mir fragend antwortete: »Kommandantura?«, und dann in die Richtung zeigte, in die ich gehen sollte.

Nach einer Weile landete ich vor einer prächtigen Villa. Rechts und links des Eingangs hatten sich breitbeinig und finster dreinblickend zwei Furcht erregende Rotarmisten postiert, die am linken Arm eine rote Binde mit einem weißen kyrillischen Buchstaben darauf trugen. Militärpolizei, mutmaßte ich. Sie hielten Maschinenpistolen mit großen, runden, schwarzen Munitionstrommeln vor dem Bauch. Hier musste demnach ein besonders »hohes Tier« residieren. Um meinen guten Willen zu demonstrieren, legte ich meine Pistole und meinen falschen Pass auf meine ausgestreckte flache Hand und näherte mich meinen Befreiern ganz langsam.

Der eine Uniformierte schaute nur den Bruchteil einer Sekunde auf meine Pistole. Dann machte er einen Satz auf mich zu, riss mir die Waffe weg, drehte mir den Arm auf den Rücken und warf mich zu Boden. Er zerrte mich rücklings über eine Stufe in das Haus hinein. Ich schrie wie nie zuvor in meinem Leben vor Schmerzen. Das Zappeln ließ ich allerdings bald sein, denn jede Bewegung verstärkte den Druck nur.

Ich wurde in eine große Halle mit einer mächtigen, geschwungenen Freitreppe geschleift. Man drückte mich brutal auf einen Stuhl. Ich spürte, wie mir eine warme Flüssigkeit langsam den Nacken hinunterlief. Als ich mir an den Hinterkopf fasste, war die ganze Hand voller Blut. Der vor mir stehende Russe tobte, ich verstand immer nur: »Sottahoi, sottahoi!?« Ich glotzte ihn an. Allerdings begriff ich sehr schnell, als er mir meine Pistole unter die Nase hielt und plötzlich langsam und deutlich mit drohender Stimme wiederholte: »Schto eto sa pistolet?«

Ich begann zu gestikulieren und erklärte: »Ich Pistole – ich Jude!« Der Soldat und ich hatten eine Gemeinsamkeit: Wir verstanden einander nicht! Er zischte: »Nepanimaju!« und als ich nicht reagierte, rief er laut ins obere Geschoss hinauf.

Kurz darauf beugte sich ein weiterer Uniformierter über das Treppengeländer. Die beiden sprachen miteinander. Offenbar war ich der Gegenstand ihres Disputes. Plötzlich rief der Soldat von oben: »Waruum duuh Pistolet?« Ich konnte mein Glück nicht fassen: ›Der kann Deutsch!‹ Ich antwortete, ebenfalls möglichst simpel: »Ich Pistolet – ich Jude.« Er sah mich groß an und kniff dann zweifelnd die Augen zusammen. Nach einem weiteren Blick rief er plötzlich dreimal hintereinander ein Wort, das sich anhörte wie »Ewrei«. Ewrei, Jewrei? Das klang so ähnlich wie Jude, also nickte ich eifrig: »Ja, ja.« Woraufhin er meinte: »Nix ja, ja. Hitler alle Jewrei krrrch.« Er runzelte die Stirn und fuhr sich mit der Hand ruckartig quer über seinen Hals. Meine Hand ahmte seine Bewegung nach und ich widersprach laut und deutlich: »Ich nix krrch!« Von oben herunter gebot er mir: »Duuh ruhiig, ich kooomen.« Er kam herunter, packte mich am Handgelenk und führte mich in einen großen Raum. Mehrfach wiederholte er eindringlich: »Duuh ruhiig. Kooomen Kollega.« Als der Uniformierte den Raum verließ, rief ich ihm ein »Na, hoffentlich bald!« hinterher.

Nachdem er die Tür hinter sich geschlossen hatte, hörte ich mit Entsetzen, wie sich der Schlüssel im Schloss drehte. Er hatte mich eingeschlossen! Ich war fassungslos: Meine Befreier sperrten mich ein wie einst meine Verfolger.

Nach einiger Zeit wurde die Tür geöffnet und herein traten zwei baumlange Kerle, die im Gegensatz zu den anderen dreckverschmierten Soldaten geradezu vor Sauberkeit blitzten. Sie rochen nach Rasierwasser, hatten Bügelfalten in Hemden und Hosen und ordentliche Haarschnitte. Plötzlich dachte ich: ›Vielleicht sind das gar keine Russen, sondern Amerikaner.‹ Doch, kein Zweifel, es waren Russen, wie ich an den großen Epauletten auf ihren Schultern erkannte. Mir gegenüber am Tisch sitzend fragte mich der eine, der auch später alleiniger Wortführer bleiben sollte, mit Siegermine in perfektem, akzentfreiem Hochdeutsch: »Wie heißen Sie?«

»Isaak Behar.«

»Sind Sie sich sicher?«

»Wie ich heiße, werde ich doch wohl wissen.«

Mein Gegenüber lächelte spöttisch: »Ich bin sicher, Sie wissen alles Mögliche!« Mit blasierter Stimme forderte er mich auf: »Fangen Sie einfach an, uns Ihr Märchen zu erzählen.«

»Was für ein Märchen?«

»Na, Ihre Lügengeschichten. Sie haben uns doch bestimmt allerhand zu berichten. Warum sind Sie sonst hierher gekommen?«

»Ich bin Jude.«

Allmählich wurde er unwirsch: »Erzählen Sie uns alles. Wer sind Ihre Eltern? Wo sind Ihre Eltern ...?«

»Das wüsste ich auch gerne«, erwiderte ich gereizt.

Nun ließ er sich nicht beirren: »... Wo wohnen Sie und so weiter und so weiter. Von Anfang an! Los!«

So fügte ich mich in mein Schicksal und begann zu reden. Erzählte, was am 13. Dezember 1942 geschehen war. Als ich in die versteinerten Gesichter sah, merkte ich, dass ich erneut um mein Leben kämpfen musste. Dieses Mal, indem ich erzählte. Nach etwa drei Stunden klopfte es an der Tür. Eine Ordonnanz sprach mit den beiden Männern, die mich verhörten. Sie gaben ein zustimmendes Signal. Zehn Minuten später wurden mehrere Teewagen hereingeschoben, und der Tisch mit edlem Porzellan und schweren Kristallgläsern gedeckt. Sicher das Tafelservice des Hauses, das man in Beschlag genommen hatten. Es wurde für drei Personen angerichtet. Bald war der Tisch voll mit Speisen, Getränken und sogar mit Wein. Nicht eben freundlich forderte man mich auf zuzugreifen. Es gab Suppe, Vor- und Hauptspeisen, alles sehr üppig und besonders gut zubereitet. Sehr angetan war ich von einer säuerlich schmeckenden Fleischsuppe mit Sahne. »Soljanka«, klärte mich mein Befrager bündig auf.

Schon lange hatte ich nicht mehr so erlesen und reichlich gespeist. Ich deutete das Essen als Ende der Vernehmung und Beginn einer kleinen Befreiungsfeier.

Die Enttäuschung kam prompt. Sobald die Ordonnanzen den Tisch wieder abgeräumt hatten, ging es mit dem Verhör weiter. Am späten Nachmittag meinte der Wortführer: »So, für heute haben wir genug gehört und Sie sind ja auch fast am Ende.« Das war ich in der Tat, sowohl mit meiner Geschichte als auch mit meinen Nerven.

Der andere saß nach wie vor nur stumm wie ein Fisch daneben.

»Am besten unterhalten wir uns morgen weiter«, fuhr mein Befrager fort.

»Dann komme ich also morgen wieder her«, sagte ich, ohne auch nur im Entferntesten daran zu denken. »Wann soll ich hier sein?«

»Sie sind doch schon hier.«

Das begriff ich nicht. Ich wollte wissen, um welche Uhrzeit ich mich am nächsten Tag einfinden sollte. Ungeduldig wurde mir erwidert: »Sie haben mich wohl nicht verstanden. Sie bleiben hier!«

Ich war erneut inhaftiert! Arretiert von den Russen. Kaum »in Freiheit« und schon wieder eingesperrt!

Ich wurde in ein anderes Zimmer gebracht, das man offensichtlich vorher hergerichtet hatte. Eine Ordonnanz brachte mir später Tee und ein Abendessen, das dem Mittagessen in Qualität und Umfang gleichkam, und wies mich auf eine altmodische Porzellanwaschschüssel inklusive Wasserkanne, Seife und Handtuch hin. Ich konnte mich also frisch machen und auch das Bett, in dem ich schlafen sollte, sah einladend sauber aus. Die üppigen Mahlzeiten deuteten sicherlich nicht auf eine bevorzugte Behandlung meiner Person hin, sondern darauf, dass in diesem Hause für hohe Offiziere gekocht wurde.

Ich hatte schon wieder einen kapitalen Fehler begangen. Was hatte mich geritten, mit der Pistole zu den Russen zu laufen? Ich verfluchte mich und meine Waffe. Mich bedrückte, dass ich eingeschlossen war und auch der Hinweis des Russen »Wenn Sie etwas brauchen, klopfen Sie einfach an der Tür« munterte mich nicht gerade auf. Mein Blick wanderte zum Fenster, das mit einem kunstvollen schmiedeeisernen Gitter versehen war und mir jede Hoffnung auf Flucht raubte.

Am nächsten Morgen klopften die Soldaten artig an die Tür, bevor sie aufschlossen und mir ein großes Frühstück brachten. Meine Frage, wann es denn hier weitergehen würde, verstanden sie natürlich nicht. So ergab ich mich in mein Schicksal und wartete. In der Tat erschienen bald die beiden Russen vom Vortag.

Der Wortführer rang sich ein »Guten Morgen!« ab und fragte mit gequältem Lächeln: »Wie haben Sie geschlafen?«

»Schlecht natürlich!«

»Darauf habe ich keinen Einfluss ...«

Wir gingen wieder in das Zimmer vom Vortag. Im Unterschied zu gestern hatte sein stummer Kollege einen Block, ein Tintenfass und einen Federhalter dabei. All diese Utensilien breitete er gewichtig auf dem Tisch aus, nachdem sie sich hingesetzt hatten. Freilassung oder Todesurteil? Was stand mir nun bevor? Doch ehe ich mir darüber noch weitere Gedanken machen konnte, erhielt ich eine Anweisung: »So, und jetzt erzählen Sie uns Ihre Geschichte noch einmal.«

»Wie? Alles, die ganze Geschichte noch einmal?«

»Ja.«

Erst später begriff ich, dass ich alles wiederholen sollte, weil sie sehen wollten, ob ich mich in Widersprüche verwickelte. Wie am Tag zuvor begann ich zu erzählen und kämpfte mit Worten um mein Leben. Es irritierte mich, wenn der Schreiber die Feder eintauchte, geräuschvoll am Rand des Fasses die Tinte abstrich und eilig mitkritzelte. Trotz angestrengter Bemühungen herauszufinden, was er da schrieb, brachten meine Seitenblicke nichts, da ich die kyrillische Schrift nicht lesen konnte. Quälende Ungewissheit befiel mich.

Am frühen Nachmittag sagte der Vernehmer: »So, jetzt ist Schluss. Wir sind mit Ihnen fertig.«

»Endlich. Dann kann ich ja gehen ...«

Er fiel mir mit seiner anhaltend überheblichen Art ins Wort:

»Nein, das gerade können Sie nicht.«

Innerlich zitterte ich vor Ohnmacht und Wut. Er fuhr spöttisch fort: »Ein Kollege möchte Sie gerne noch kennen lernen.« Langsam verlor ich die Nerven und fragte patzig: »Kommt der aus Moskau angereist oder ist der schon hier in der Nähe?«

Mein Gegenüber ließ sich nicht provozieren und sagte kühl: »Der Kamerad ist hier im Hause und wird gleich zu Ihnen kommen.«

Beide Männer verschwanden grußlos. Wenige Minuten später trat der angekündigte Offizier ins Zimmer. Er war von der gleichen Statur und trug die gleiche Uniform wie seine Vorgänger, allerdings strahlte er im Gegensatz zu ihnen über beide Backen. Mir dagegen war nicht so sehr zum Lächeln zu Mute. Als er sich rittlings auf einen Stuhl setzte und die Arme über der Lehne verschränkte, sah ich, dass er ein kleines schwarzes Buch in der Hand hielt. Auch er sprach akzentfrei Deutsch. »Sie sind also der Herr Behar?« Gereizt erwiderte ich: »Ja, stellen Sie sich mal vor ...« Fing dieser Kerl noch einmal an? Sollte ich nun ihm mein ganzes »Märchen« erzählen?

Er fragte jedoch ganz freundlich weiter: »Wie geht es Ihnen, Herr Behar?« Ich explodierte: »Das fragen Sie noch?! Beschissen geht es mir! Oder meinen Sie, es macht Freude, von meinen Befreiern eingesperrt zu werden?«

Er hatte wohl nicht mit dieser mutigen, aber unkontrollierten Reaktion gerechnet, und meinte dennoch beschwichtigend: »Beruhigen Sie sich doch bitte, Herr Behar! Wir werden das jetzt klären.«

»Das klären wir doch schon unentwegt ...«

»Bitte, Herr Behar.«

Seine gleich bleibende Freundlichkeit war mir ebenso suspekt wie die Überheblichkeit des anderen Offiziers.

Mein Gegenüber drückte mir lächelnd das schwarze Büchlein in die Hand. Seine betonte Freundlichkeit verwirrte mich, da sie in krassem Gegensatz zum Verhalten der anderen stand. Ich öffnete das Buch von hinten. Mit gleich bleibend wohlwollender Miene forderte er mich höflich auf: »Bitte lesen Sie mir doch etwas vom Anfang vor!« Ich veränderte die Lage des Buches nicht und stotterte: »Ha Malach ha göel oti mi kol Ra ...« (Der Engel, der mich vor allem Bösen beschützt ...)

Als er ruckartig aufsprang, erschrak ich und tat das gleiche. Er umarmte mich und küsste mich auf beide Wangen: »Du bist Jude!« Ich erntete zwei weitere kräftige Küsse. Von einem fremden Mann abgeküsst zu werden, war eine neue, wenn auch keineswegs angenehme Erfahrung für mich. Mein Gegenüber störte dies nicht. »Ich bin Alexej!«, lachte er mich an und klopfte mir kräftig auf die Schulter.

Das jetzt auf dem Tisch liegende Büchlein war ein hebräisches Gebetsbuch, das selbstverständlich von hinten nach vorne und von rechts nach links gelesen wurde. Hätte ich das Buch aufgrund seiner hinterhältig freundlichen Aufforderung wie ein normales Buch aufgeschlagen, wäre ich möglicherweise dran gewesen. So aber hatte ich diese letzte Prüfung auf Herz und Nieren bestanden.

Alexej erklärte weiter, er sei leider der Einzige im Hause, der sich freue, dass ich Jude sei. Für die anderen wäre ich ein »Spielverderber«. Er sei der einzige jüdische Offizier in dieser Sondereinheit des NKWD, des russischen Geheimdienstes. Diese aus hochintelligenten Menschen zusammengesetzte Sondertruppe wäre bereits in der Sowjetunion intensiv auf den Tag X, an dem man Berlin besetzen würde, vorbereitet worden, um möglichst alle Nazis, angefangen von Adolf Hitler bis hin zum kleinen Ortsgruppenleiter oder SS-Mann, ausfindig zu machen.

Man hatte sie natürlich mit allen Tricks vertraut gemacht, die es den Nazis ermöglichen würden, sich hinter einer falschen Identität zu verbergen, um sich der Verantwortung zu entziehen. Fast entschuldigend erklärte Alexej, dass unter all den Geschichten, die sich die SA, SS oder sonstige Mörder zurechtlegten, auch die Variante denkbar wäre, sich als Juden – die natürlich keine Personalpapiere haben konnten – auszugeben. So waren die Geheimdienstler zunächst der festen Überzeugung gewesen, sie hätten in mir einen großen Fisch, einen wichtigen Nazi, gefangen.

Mein Glaubensgenosse bat mich um Geduld, zumal er nun den Auftrag hätte, meinen Aufenthalt noch etwas zu verlängern, um den Obersten des Hauses davon zu unterrichten, dass ich wirklich ein Jude war. Der Kommandeur wollte mich persönlich begrüßen und beglückwünschen. Die Verzögerung würde etwa eine halbe Stunde dauern, entschuldigte er sich.

Alexej verließ mich, nicht ohne vorher einer Ordonnanz den Auftrag zu erteilen, mir Tee und Kuchen zu bringen. Obwohl die Zimmertür jetzt offen blieb, kamen mir Zweifel, als aus der halben Stunde anderthalb wurden. Ich wollte endlich hier raus!

Schließlich wurde ich in einen großen Saal geführt. An einem langen Tisch saßen mehrere Offiziere, auch die beiden mir bekannten Gesichter waren darunter und nickten mir jetzt freundlich zu. Als ich mit meinem Begleiter den Raum betrat, sprangen alle auf und setzten sich erst wieder, als ich mich auf dem für mich bereitgestellten Stuhl am Kopfende niederließ. Meine Lage hatte sich jetzt um 180 Grad gedreht. Lauthals kommandierte einer der Männer in den Raum hinein, woraufhin am anderen Ende des Tisches ein ranghoher Offizier durch die Tür trat. Das Zeremoniell wiederholte sich, auch ich sprang diesmal auf und wartete, bis der Eintretende Platz genommen hatte und seine Worte an mich richtete. Alexej, der neben mir saß, übersetzte. Der Offizier beglückwünschte mich zu meiner Befreiung. Er schätze sich glücklich, dass er mich mit seinem ganz persönlichen Kampfeinsatz gegen die Nazis befreien konnte. Die Rote Armee sei ein Heer des Friedens. Seine mit viel Pathos vorgetragene Rede klang so, als ob er extra mit seiner Truppe aus Russland losgezogen sei, um mich, den Juden Isaak Behar, zu befreien. Er deutete auf die neben ihm stehende Ordonnanz, die einen großen Sack festhielt, und trug mir auf, statt Blumen diesen »der tapferen Heldin«, die mir das Leben gerettet hatte, als Zeichen seines Dankes zu übergeben.

Alexej erlauterte mir, dass mich nun zwei Soldaten samt Sack und Verpflegung nach Karolinenhof begleiten und als Wache bei mir bleiben würden. Das sei aber keine Ehren-, sondern eine Schutzwache. Noch herrsche Krieg und bis der Frieden gefestigt sei, wollten sie mich als Juden nicht schutzlos möglichen Angriffen des »Wehrwolfes« ausgeliefert lassen. Es handelte sich dabei um Hitlers Partisanentruppe, die hinter den Linien noch immer kämpfte, indem sie die »Feinde« aus dem Hinterhalt angriff.

Das hörte sich alles sehr gut an und so stieg ich ohne zu zögern zum ersten Mal in meinem Leben auf den Sozius eines Motorrades. Der Fahrer schnallte seine Maschinenpistole auf den Rücken und legte den Sack quer auf das Lenkrad. Während der rasenden Fahrt musste er ihn mit so viel Mühe im Gleichgewicht halten, dass ich bei jeder Kurve dachte, es würde mich gleich aus dem Sattel schmeißen. Ich schickte ein Stoßgebet gen Himmel: »Lieber Gott, du hast mich den Krieg überleben lassen. Lass mich bitte auch diese Fahrt überstehen!«

Er musste mich erhört haben, denn wir kamen heil am Radduscher Weg an. Uns folgte ein zweiter Rotarmist, der auf seiner Lenkstange eine riesengroße Blechschüssel mit Lebensmitteln balancierte. Da war alles drin, was das Herz begehrte: Fleisch, Wurst, Butter, Käse, Brot, Wodka und sogar Machorka-Tabak – alles wild durcheinander gewürfelt und mit Tabakkrümeln garniert. Solange sich die Einheit in der Nähe befand, würde man mich jeden Tag mit Lebensmitteln versorgen.

Die beiden stellten ihre Motorräder an den Zaun, trugen Sack und Schüssel in das Häuschen und bezogen dann vor dem Haus Wache.

Das war für die Karolinenhofer ein außergewöhnlicher Anblick. Ihre Reaktionen bekam ich jedoch erst zu spüren, als ich die täglich von der Wachablösung gelieferte Verpflegung in der Nachbarschaft zu verteilen begann. Die Nahrungsmittel hatten sich inzwischen bei mir so reichlich angehäuft, dass sie zu verderben drohten, auch wenn mittlerweile Betty zu mir durchgedrungen war und nun eifrig mithalf, die Vorräte zu verringern.

Die Nachbarn in Karolinenhof öffneten mir die Tür mit einer Mischung aus Misstrauen und Achtung. Außergewöhnlich war es schon, dass einer aus dem von Russen bewachten Haus anfing, Lebensmittel zu verteilen, als von ihnen keiner mehr eine Tasse Mehl für einen anderen übrig hatte. Die Karolinenhofer nahmen an, ich sei ein Kommissar, den die Russen mitgebracht hatten, damit er das Kommando oder die Verwaltung vor Ort in die Hand nähme und die Versorgung der Bevölkerung organisiere. Sie wurden rasch eines Besseren belehrt, denn später, als meine Bewacher abzogen, stellten sie leider auch die Lebensmittellieferungen ein.

In den nächsten Wochen waren wir in Karolinenhof von der Innenstadt vollkommen abgetrennt. Nach der Kapitulation Berlins am 2. Mai und auch nach dem 8. Mai, der Kapitulation Deutschlands, lag der Verkehr mehr oder minder lahm. Die Russen beherrschten das Stadtbild. Sie kontrollierten alles, was Räder oder Beine hatte.

Die russischen Offiziere statteten mir bald einen Besuch ab und baten mich, ihnen bei der Versorgung der Bevölkerung hier in Karolinenhof, Schmöckwitz und Rauchfangswerder zu helfen, zumal die hier verbleibenden Russen nicht gut Deutsch sprechen würden. So war man sofort auf mich gekommen. Selbstverständlich sagte ich zu und übernahm nun tatsächlich jene Arbeit, die mir die Karolinenhofer ohnehin schon angedichtet hatten. Meine Aufgabe beschränkte sich zunächst nur darauf, im gesamten Umkreis, das hieß in allen Häusern und Geschäften Lebensmittel zu konfiszieren, damit man sie später gerecht an die Bevölkerung im Ort verteilen konnte. Natürlich sollte ich nicht alleine losziehen, sondern von Russen mit einem Lastauto und nach Möglichkeit von mehreren Deutschen begleitet werden. Die Rotarmisten machten einen Aushang. Sie suchten Menschen, die mithalfen, die Verwaltung neu zu ordnen. Es fand dann tatsächlich eine Art »Casting« statt, bei dem ich stets dabei war und Kommentare abgab. Man wollte herausfinden, wer vertrauenswürdig und wer vielleicht ein Nazi gewesen war.

Ein Bewerber kam den Russen verdächtig vor. Nachdem sie mit mir über ihn gesprochen hatten und ein anderer ihn als Parteigenossen identifiziert hatte, stellten die Russen den Mann zur Rede. In Panik versuchte er davonzulaufen. Zwei Soldaten, die Maschinenpistolen im Anschlag, nahmen sofort die Verfolgung auf und schossen ihn nieder. Sie warfen die Leiche wie einen Sack Kartoffeln auf einen Geländewagen. Ich war erschrocken, aber nicht erschüttert.

Der Aufforderung zu helfen, kam etwa ein Dutzend Leute nach. Wir begannen, den Ort nach Lebensmitteln zu durchkämmen. Unser Erfolg war sehr mäßig. Die Menschen, die etwas Essbares gehamstert hatten, wussten es gut zu verstecken. Für mich war es sehr zwiespältig jetzt in Begleitung von Russen »Besuche« zu machen. Die Bewohner brachten mir wenig Zuneigung entgegen.

Ich wollte nun dringend meine Lebensretter und Freunde wieder sehen: Behrens, Koslowski, Inge Meyer, Angers ... Hatten sie überlebt? Standen ihre Häuser noch? Das alles herauszufinden, gestaltete sich sehr schwierig, es fuhren noch immer keine Verkehrsmittel. Ab und zu konnte ich die Russen überreden, mich in die Innenstadt mitzunehmen. Doch auch mit einem Geländewagen war es schwer durchzukommen, denn die Straßen waren teilweise noch gar nicht passierbar. Dennoch kam ich so manches Mal in die Stadt. Neben einem russischen Soldaten in einem Fahrzeug mit einem riesigen roten Sowjet-Stern auf der Kühlerhaube zu sitzen, erweckte jedoch auch nicht gerade Sympathien.

Ende Mai schlug ich mich endlich in den Wedding durch. Als ich in der Maxstraße auf Hans' Haus zuging, sah ich erfreut, dass es weitgehend erhalten geblieben war. Ich kletterte über Schutt und die in Mitleidenschaft gezogene Treppe zu seiner Wohnung hoch und rasselte mit der Türschraube. Mein Herz raste. Nach einem kurzen Augenblick, der mir wie eine Ewigkeit erschien, öffnete Hans die Tür.

»Wusste ich's doch! Ich hab's gewusst. Isaak. Du bleibst am Leben.«

»Hatte ich dir doch versprochen«, feixte ich, wohl wissend, dass ich selbst nicht immer mein Bestes getan hatte, das Versprechen einzulösen.

»Komm rin!« Hans war nicht der Typ, der seine Gefühle offen zeigte, aber ich sah, dass ihm vor Freude die Tränen in den Augen standen. Ich berichtete ihm, wie es mir ergangen war, wo ich jetzt lebte und dass es sehr schwierig sei, zu ihm durchzukommen. Ich versprach dennoch, dass ich ihn wieder besuchen würde, sobald sich die Verhältnisse gebessert hätten.

Wenige Wochen später fuhr ich mit der Straßenbahn, die nun schon wieder streckenweise funktionierte, durch Adlershof. Ich stand auf der vorderen Plattform hinter dem Fahrer, neben mir ein russischer Soldat. In der anderen Ecke sah ich einen schmächtigen kleinen Mann. Aus lauter Langeweile guckte ich ihn mir genauer an. Irgendwo hatte ich ihn schon einmal gesehen. Aber wo?

Plötzlich kam mir eine Erinnerung. Ich hörte einen Mann brüllen. Bahnhof Grunewald. Gleis 17. 57. Osttransport, Sommer 1944 ...

War das etwa Stargater? Dieses kleine Würstchen, das hier in der Straßenbahn herumgondelte, hatte kaum noch Ähnlichkeit mit dem grausamen Mann in Schaftstiefeln und Bridges von der Verladerampe. Ich ging auf ihn zu, tippte ihm auf die Schulter und fragte betont höflich: »Entschuldigen Sie, sind Sie Herr Stargater?«

Er drehte sich ruckartig herum und sagte: »Ja. Aber ich kenne Sie nicht.«

»Das ist mir klar. Sie kennen nicht jeden Einzelnen, den Sie damals in die Güterwagen getrieben haben. Aber was glauben Sie, wie viele sich sehr gut an Sie erinnern? Alle, von denen Sie sich vor den Todestransporten am Bahnhof Grunewald so herzlich und freundlich verabschiedet haben.«

»Ja, schlimme Zeiten waren das, nicht wahr? Man wurde ja zu allerhand gezwungen ...«

»Gezwungen? Ja, sicher. Und Sie sind auch dazu gezwungen worden, uns wie Schweine zu behandeln und uns zusammenzubrüllen? Man hat Ihnen richtig angesehen, wie unangenehm Ihnen das war!«

Es machte mir Freude, ihn zu verunsichern. Mit geheucheltem Interesse fragte ich ihn: »Was machen Sie denn jetzt? Wo fahren Sie gerade hin?«

»Zum Bezirksamt Neukölln, da bin ich Kurier.«

Kuriere wurden eingesetzt, da es in dieser Zeit noch keine funktionierende Post gab. Verschlagen lächelnd beteuerte ich, dass ich das sehr tüchtig fände, nur müssten wir beide jetzt leider sofort aussteigen. Nun wurde ihm bewusst, was ihm blühte. Er fing an, jämmerlich zu weinen. Unter Tränen flehte er mich immer wieder an: »Ach, haben Sie doch bitte Mitleid, meine Frau hat heute Geburtstag!«

Ich fiel aus allen Wolken: »Mitleid? Sie wagen es, mich um Mitleid zu bitten? Wie viel Mitleid hatten Sie denn, als Sie uns, all die Männer, Frauen und Kinder in die Waggons hineinbrüllten?«

Stargarter hörte gar nicht mehr auf zu heulen. Ich ging zum Fahrer und bat ihn, die Bahn anzuhalten. Er brummte bestimmt: »Ich halte erst, wenn Haltestelle ist.« Als ich in schärferer Tonart mein Anliegen wiederholte, brüllte er mir die gleichen Worte noch einmal ins Gesicht. Längst war der russische Soldat auf unseren lauten Disput aufmerksam geworden und wandte sich nun an mich: »Schto takoe?« Ich sagte: »Stopp. Nazi-Spion!«, und zeigte auf Stargater. Der Soldat bekam große Augen und als ich wiederholte: »Stopp!«, und eine Handbewegung zum Fahrer machte, ging er nach vorne und kommandierte entschieden: »Stopp, dawai!«

Der Fahrer reagierte sofort. Er bediente die Kurbel und brachte die Straßenbahn zum Stehen. Ich packte Stargater am Kragen, zerrte ihn aus der Tram und setzte ihn an einer Kreuzung auf die Bordsteinkante. Dort regelte eine junge Russin, rote Fähnchen schwingend, den Verkehr. Neben ihr stand ein Mann, der aufmerksam all ihre Bewegungen verfolgte. Wahrscheinlich wurde er gerade von ihr eingearbeitet. Zu meiner angenehmen Überraschung radebrechte die Russin ein wenig Deutsch. Ich erklärte, dass ich den neben ihr stehenden Mann bräuchte, um den »Nazi-Spion« festzuhalten. »Nazi-Spion« war ein Zauberwort. Der Polizistenlehrling beschrieb mir den Weg zum nächsten Revier und versicherte, er würde gut auf Stargater aufpassen. Natürlich hätte ich mir das Häufchen Elend auch selbst unter den Arm klemmen und ihn zur Polizei schleppen können, aber ich wollte, dass er von zwei Mann mit Handschellen abgeholt würde. Die Erinnerung an meine Verhaftung im September 1943 auf dem Kaiserdamm und das Gefühl, gefesselt abgeführt zu werden wie bei meiner zweiten Verhaftung am Anhalter-Bahnhof, waren so lebendig, dass ich Stargater dieses Erlebnis auch gerne zukommen lassen wollte. Ich schärfte dem Hilfspolizisten ein, Stargater ja nicht laufen zu lassen, wenn ihm an seinem Leben etwas läge, und ging zur Polizei.

Auf dem Revier waren keine Uniformen zu sehen, schließlich konnte man die alten, die mit Nazi-Emblemen versehen waren, nicht mehr benutzen und neue hatte man noch nicht. Ich fragte mich zum Revierleiter durch, tat mich ungeheuer wichtig und bat ihn, einen Nazi-Spion in Handschellen abführen zu lassen. Er reagierte zackig: »Vier Mann zu mir.« Das war nun auch wieder übertrieben. Ich brauchte nur zwei Mann.

»Na gut, aber ich komme mit.«

Er fühlte sich offenbar plötzlich mit einer großen politischen Aufgabe betraut. Etwas kleinlaut sagte er: »Aber wir haben keine Handschellen.«

»Irgendetwas werden Sie doch haben.«

»Ja, eine Kette.«

»Dann nehmen wir eben die mit. Sieht ja auch hübsch aus.« Wir liefen zur Kreuzung zurück. Wie erwartet saßen der Polizist und Stargater noch am Straßenrand. Ich bedankte mich bei meinem Helfer und alles geschah so, wie ich es mir vorgestellt hatte. Man band Stargater mit der Kette die Hände auf den Rücken und griff ihn links und rechts am Oberarm, ein Anblick, den ich genoss, als ich mit dem Revierleiter hinter ihm herging.

Die Polizei hatte damals grundsätzlich noch überhaupt keine Befehlshoheit. Um tätig werden zu können, mussten erst einmal die Russen gerufen werden. Man sperrte Stargater in eine Zelle. Kurz darauf kam ein Geländewagen mit zwei hervorragend Deutsch sprechenden Russen. Sie befragten mich und Stargater nacheinander. Er versuchte glaubwürdig zu beteuern, dass er zu seinen Handlungen gezwungen worden war und brachte dann schließlich das vor Ort wenig zu entkräftende Argument, dass er sonst Schaden genommen hätte.

Unterdessen war es Mitternacht und in Karolinenhof würde sich Betty wieder einmal Sorgen um mich machen. Als die Verhöre beendet und die Protokolle unterschrieben waren, brachten mich die Russen nach Hause.

Ich fand keine Ruhe. Alles in mir war in Aufruhr. Nachdem ich Betty mehrfach jedes Detail erzählt hatte, bat sie mich, doch endlich die Augen zuzumachen und zu schlafen, weil ich sonst auch ihr den Schlaf raubte.

»Ich fahre da morgen wieder hin. Ich muss Stargater noch einmal in den Hintern treten.«

»Wozu? Lass es doch jetzt gut sein. Du hast getan, was du glaubtest tun zu müssen.«

Ich konnte mich damit nicht zufrieden geben. Also fuhr ich am nächsten Tag in die Stadt. Als ich im Polizeirevier darum bat, noch einmal zu Stargater in die Zelle gelassen zu werden, winkte der Revierführer ab: »Der ist nicht mehr da.«

»Haben Sie den etwa laufen lassen???«

»Eine Stunde, nachdem Sie weg waren, kamen die Russen zurück. Sie sind mit ihm hinters Haus gegangen. Dort haben sie ihn erschossen. Dann nahmen sie ihn auf ihrem Geländewagen mit.«

Ständig überlegte ich hin und her, wie ich es anstellen sollte, meine Eltern und meine Schwestern zu suchen. Immer wieder kam ich zu der wohl richtigen Erkenntnis, es sei noch zu früh. Die chaotischen Verhältnisse machten gezielte Nachforschungen unmöglich.

Meine anderen Berliner Freunde jedoch konnte ich aufsuchen. Als ich das nächste Mal in der Innenstadt war, traf ich zunächst Behrens, meinen Lebensretter, dem ich endlich als freier Mann danken konnte für all das, was er für mich getan hatte.

Dann lief ich zur Carmerstraße. Ich wollte Inge Meyer wiedersehen. Ich war schon einige Zeit durch das zerstörte Viertel geirrt, als ich entsetzt feststellte, dass dort, wo Inges Haus gestanden hatte, kein Stein auf dem anderen geblieben war. Ich suchte auf den Trümmerbergen nach einer Nachricht von Inge. Menschen, die ausgebombt worden waren, hefteten oft Mitteilungen auf Zetteln an die Trümmer oder ritzten sie etwas wetterfester in die Mauerreste ein. Obwohl ich mich wie ein Archäologe durch die Trümmer arbeitete, fand ich keine Nachricht von ihr. So blieb mir nichts anderes übrig, als selbst meine Adresse für sie in die Steine zu kratzen.

Schon nach ein paar Tagen erhielt ich die traurige Bestätigung, dass Inge während des Luftangriffes am 23. Februar 1945 ums Leben gekommen war.

Ich trauerte sehr um meine Freundin, die in der finsteren Zeit von 1942 mein hellstes Lebenslicht gewesen war. Inge hatte mich geliebt, mich als Menschen geachtet, in einer Zeit, in der wir sonst nur Verachtung erfuhren. Inge hatte mir, wenn auch nur für Stunden, das Gefühl zurückgegeben, ein Mensch, ein normaler junger Mann zu sein.

Als Nächstes wollte ich mir drei Wünsche erfüllen: Ich wollte Angers und unsere alte Wohnung sehen und Wegner stellen.

Meine Anstrengungen, Wegner zu finden, waren langwierig und blieben erfolglos. Das Haus in der Kuno-Fischer-Straße war vom Erdboden verschwunden. Ich suchte persönlich nach der Familie Wegner und versuchte auch später immer wieder, ihrer habhaft zu werden. Man hat sie nie gefunden. Auch nicht in Prag, denn die Suche nach den Prokops blieb ebenfalls erfolglos. Einen Menschen mit dem Namen Prokop in Prag ausfindig zu machen, kommt dem Versuch gleich, einen bestimmten Schulze in Berlin zu finden.

Doch der schwierigste Weg stand mir erst noch bevor. Mit wildem Herzklopfen näherte ich mich unserem Haus in der Kantstraße. Voller Freude registrierte ich, dass es unversehrt geblieben war. Fast gleichzeitig glitt mein Blick nach links und heftete sich auf die Überreste der Synagoge. Meine Gedanken wanderten zurück zum Morgen des 10. November 1938. Ich sah den Flammenschein, der an den Wänden und der Decke unseres Wohnzimmers flackerte. Das tränenüberströmte Gesicht meiner Mutter. Meinen erstarrten Vater. Alegrina und Jeanne, die völlig verschreckt waren.

Ich hockte mich auf den Bordstein und weinte.

Nach einiger Zeit sah ich zufällig, dass die Tür zu Angers Geschäft einen Spalt weit offen stand. Als ich über die Schwelle trat, sah ich links hinter dem Glastresen die beiden Eheleute. Frau Anger rief sofort: »Isaak!«

Mit dem Riesenkloß, den ich im Hals hatte, konnte ich nur nicken.

»Papa und Mama?«

Ich schüttelte den Kopf.

»Und die Mädchen?«

Wieder verneinte ich. Da liefen Frau Anger auch schon die Tränen über die Wangen. Sofort füllten sich auch meine Augen wieder. Sie eilte zur Tür und schloss sie hinter uns ab. »Komm rein, mein Junge!« Angers konnten ruhig schließen. Es gab sowieso nichts mehr zu verkaufen.

Wir gingen in den hinteren Wohnbereich und unterhielten uns die ganze Nacht lang. Unsere Sätze begannen fast immer mit: »Weißt du noch ...?« Wir erinnerten uns, wie ich mir als kleiner Knirps bei ihnen in die Hosen gemacht hatte, wie ich mich strampelnd dagegen gewehrt hatte, ihren Laden zu verlassen. Wie ich, lustlos meine Schrippe mümmelnd, ständig auf die Bonbonnieren starrte. Wie Frau Anger uns die Schweinsbrühe gekocht hatte. Viele, auch ganz kleine Erinnerungen, die ich in den letzten Jahren verdrängt hatte, kamen wieder. Erinnerungen an jene Zeit, als ich noch eine Familie hatte. In dieser Nacht waren mir meine Eltern, Alegrina und Jeanne so gegenwärtig wie seit Jahren nicht mehr.

Im Morgengrauen verabschiedete ich mich von Angers. Jetzt wollte ich nicht mehr nach oben in unsere Wohnung gehen. Ich trat aus der Haustür. Auf der gegenüberliegenden Straßenseite angelangt, drehte ich mich um und sah noch einmal auf unser Haus. Die Fenster unserer Wohnung waren erleuchtet. Ich wendete mich ab und lief eiligen Schrittes davon.

Jacky

Allmählich musste ich mir, ob ich wollte oder nicht, auch Gedanken darüber machen, wie es mit mir weitergehen sollte. Zweieinhalb Jahre war ich als U-Boot abgetaucht und hatte überlebt; nun war ich wieder nach oben gekommen und musste – weiterleben. Ich war jetzt 21 Jahre alt und meine Voraussetzungen waren nicht eben rosig: Ich hatte keine Familie, die mich unterstützen würde, keinen Schulabschluss, kein Geld. Außerdem war ich staatenlos. Einer von hunderttausenden DPs, Displaced Persons, die in Deutschland gestrandet waren und auf ihre Auswanderung warteten. Ein neuer Überlebenskampf begann für mich.

Zunächst beschloss ich, dass ich nicht länger Isaak heißen mochte. Ich wollte nicht mehr für jedermann von vornherein als Jude erkennbar sein. Jacques klang gut, fand ich, elegant und weltläufig. Und vielleicht hatte ich ja auch ein bisschen von der »französischen Macke« meiner Mutter geerbt. Abkürzen würde ich meinen neuen Namen auf Jacky. Amerikanisches war ja nun schwer in Mode.

Dann kam mir, wie ich glaubte, eine geniale Idee: Um die Tatsache zu bemänteln, dass ich keinen Beruf hatte, entschloss ich mich, mein Geburtsdatum ein wenig zu retuschieren. Den 6. September als Geburtstag behielt ich bei, nur das Jahr verschob ich: 1917 schon sollte ich das Licht der Welt erblickt haben. Mit sechs Jahren mehr auf dem Buckel könnte ich bereits eine Kneipe oder einen Laden besessen haben. Diese könnte ich nun zurückfordern. Das wäre schon mal eine Existenzgrundlage. Und als Berufsbezeichnung »Gastronom« einsetzen zu können, war allemal besser, als die Zeile leer zu lassen. Ich nutzte also den Umstand, dass Berlin in Schutt und Asche lag und mit Sicherheit keine Unterlagen übrig geblieben waren, und ließ mir am 28. Mai 1945 auf dem Polizeirevier in der Meineckestraße meinen ersten Ausweis mit den geänderten Daten ausstellen. Stolz nahm ich meinen schreibmaschinengetippten Papp-Ausweis in Empfang. Jacky Behar!

Später, am 13. September 1945, erhielt ich in Karolinenhof gleich noch einen Ausweis: Diesmal handgeschrieben, in kyrillischer Schrift. Jahrelang hatte ich überhaupt keine Papiere haben dürfen, jetzt hatte ich sie in doppelter Ausführung. Auch gut.

Gerade noch rechtzeitig vor dem Stichtag, an dem man nachweisen musste, in welchem Berliner Sektor man wohnte, zog ich in den amerikanischen Sektor in ein möbliertes Zimmer in der Rheinstraße in Friedenau. Hin und wieder traf ich mich mit Betty. Wir tauschten Neuigkeiten aus. Doch recht viel mehr als praktische Hinweise, wo was zu bekommen war und wann, hatten wir uns nicht mehr zu erzählen. Langsam, aber sicher gingen wir auseinander.

Meine kluge Betty sollte eben wie immer Recht behalten: Was mich an sie gebunden hatte, war wohl nicht die große Liebe gewesen. Zumindest nicht eine, die lange hielt. Aber vielleicht war ich auch einfach zu unreif, zu durcheinander nach den Jahren des Versteckens und der Angst, kreiste so sehr um mich, dass ich unfähig war, Betty die Liebe und Aufmerksamkeit zu schenken, die sie verdiente. Auch kehrte Bettys geschiedener Mann aus der Kriegsgefangenschaft heim. Offensichtlich hingen die beiden doch noch mehr aneinander, als wir alle es uns eingeredet hatten.

Eines Tages erhielt ich Besuch von Herrn Behrens. Er hatte etwas auf dem Herzen, tat sich aber schwer, es loszuwerden. Nach einigem Hin und Her »beichtete« er mir, dass er sich einer Entnazifizierungskommission stellen müsse. Er fragte mich, ob ich eventuell bereit sei, für ihn auszusagen. Ich war erschüttert: Behrens hatte mir das Leben gerettet! Und nun fiel es ihm so schwer, mich um diesen kleinen Gefallen zu bitten. Außerdem konnte ich guten Gewissens beschwören, dass Behrens, was uns Juden betraf, eine vollkommen reine Weste hatte.

Pünktlich zu dem Termin marschierte ich an und machte meine Aussage. Ich berichtete, dass Behrens sich immer anständig und fair gegenüber meinem Vater, mir und den anderen jüdischen Zwangsarbeitern in der Militärfärberei verhalten hatte. Niemals habe er sich an den Demütigungen und Schikanen, die damals an der Tagesordnung waren, beteiligt, sondern seine schützende Hand über uns gehalten. Dann erzählte ich, wie er mir ein lebensrettendes Quartier besorgt hatte. Wie er Hans und mich unterstützt hatte, mir immer wieder geholfen hatte. Dass mit dem gefälschten Pass und der Pistole ließ ich lieber weg. Am Ende meines Plädoyers setzte ich mich zufrieden hin und erwartete einen umgehenden Freispruch. Doch die Kommission ließ sich Zeit. Man müsse noch weitere Zeugen vernehmen. Ich war empört und machte den Herren deutlich, dass ich, der dies am besten beurteilen könne, Behrens' sofortige Entlastung, und zwar hier vor meinen Augen, forderte. Ich würde nicht eher den Raum verlassen, bis Behrens freigesprochen war. Ein älterer, freundlicher Herr beruhigte mich: Eine sofortige Entlastung sei unmöglich, man müsse noch weitere Zeugen hören, würde meine Aussage aber auf alle Fälle berücksichtigen. Mir blieb nichts übrig, als mich zu trollen. Wenig später berichtete mir Behrens, er habe aufgrund meines Plädoyers und anderer entlastender Aussagen einen »Persilschein« erhalten: Er war nur als »Mitläufer« eingestuft worden. Behrens dankte mir sehr herzlich. Ich wehrte ab: Verglichen mit dem, was er für mich getan hatte, waren dies Kinkerlitzchen gewesen.

Nun musste ich meiner angeblichen Berufstätigkeit als »Gastronom« auch eine tatsächliche folgen lassen. Unweit meiner neuen Bleibe in der Rheinstraße befand sich am Lauterplatz das »Bierlokal« von Kurt Hochstetter. Kurtchen, wie er allgemein hieß, war der Schieber vom Dienst. Seine Haupthandelsware war Margarine, die reißenden Absatz fand. Von Kurtchen lernte ich die Maxime »Im Handel liegt der Segen« und begann bald, mich selbst kaufmännisch zu betätigen. Zunächst als »Ameise«, als Kleinverkäufer. Ich veräußerte unter anderem Kugelschreiber, die ich von einem Mann am Hermannplatz bezog, der sie selber herstellte. Der Bedarf an Schreibgeräten war groß, denn es gab ja kaum etwas, und ich war bald recht erfolgreich. Ich beschloss, meinen Handel auf solide Füße zu stellen und eröffnete mit meinem Kompagnon Rüdiger, den ich bei Kurtchen am Tresen kennen gelernt hatte, einen Laden in der Rheinstraße. »Geschenkartikel« schrieben wir über die Eingangstür. Rüdiger und ich verkauften, wie wir es selber nannten, »Mistdreck«: Lineale, Maßbänder, Puppen, Krimskrams und bald auch Christbaumkugeln, die sich als Renner herausstellten. Unsere Lineale und Maßbänder – und dazu alles Mögliche, was wir noch dort auftreiben konnten – erstanden wir in Leipzig im Kaufhaus Merkur und schafften sie in unserem Fiat Topolino, den wir uns gekauft hatten und abwechselnd chauffierten, nach Berlin. Der Christbaumschmuck, so hatten wir in Erfahrung gebracht, wurde in Lauscha in Thüringen in Handarbeit gefertigt. Die emsigen Heimwerker, auch das hatten wir gehört, wollten allerdings nicht in Geld, sondern in Naturalien entlohnt werden. Also kauften Rüdiger und ich im Spätsommer, als es ans Abholen unserer Ware ging, ein kleines Lastauto. Über einen Kontakt in Kurtchens Lokal hatten wir von einem Bauern gehört, der ein halbes Schwein verkaufen wollte. Wir machten uns auf nach Treuenbrietzen südlich von Berlin und erstanden das halbe Vieh. Da man ständig kontrolliert wurde und das Fleisch sofort einkassiert worden wäre, beschlossen wir, das Polster in der Rückenlehne des Fahrersitzes herauszureißen und ihn stattdessen mit der Schweinehälfte zu »stopfen«. Sowohl wir als auch das halbierte Schwein kamen wohlbehalten in Lauscha an.

Eines Tages im Winter hatte ich weniger Glück. Ich war gerade mit einer Ladung Rechenmaschinen unterwegs, die ich im Osten für gute Dollar gekauft hatte und nun im Westsektor verscherbeln wollte. Die Maschinen hatte ich fein säuberlich unter der Verkleidung meines Wagens versteckt. Am Kontrollpunkt Dreilinden wurde ich angehalten, das Auto durchsucht, konfisziert und ich selbst landete im Potsdamer Gefängnis.

Ich war verzweifelt und wütend zugleich. Von deutschen Gefängnissen hatte ich nun wirklich die Nase voll! Und jetzt saß ich schon wieder ein.

Eine Freundin schickte mir zum Trost ein Fresspaket. Ein Uniformierter packte es vor meinen Augen aus. Unter anderem enthielt es ein kleines Päckchen Datteln. Der Beamte drehte die getrockneten Früchte hin und her und meinte schließlich: »Is ja noch nich Weihnachten.« Dann steckte er die Datteln in seine Jackentasche. Ich habe nie auch nur eine einzige davon zu Gesicht bekommen.

Nach meiner Entlassung einen Monat später machte ich mich auf den Weg nach Ost-Berlin, um mein Auto abzuholen. Der zuständige Beamte bedeutete mir, dass ich mein Auto niemals wieder sehen würde. Sollte ich dennoch diesbezüglich irgendwelche Versuche starten, würde ich augenblicklich »verknackt werden – und zwar saftig!« So schnell habe ich noch nie eine Behörde betreten und wieder verlassen.

Obwohl ich, von diesen Missgeschicken abgesehen, geschäftlich recht gut vorankam und bald meinen kleinen Einzelhandel gegen eine Anstellung als Verkaufsleiter bei einer amerikanischen Automatenfirma tauschte, wollte ich mich weiterbilden, etwas lernen, einen »richtigen Beruf« ergreifen. Im Jahre 1954 begann ich wieder die Schulbank zu drücken. Durch einen Zufall stieß ich auf Dr. Rabau, den Mathematiklehrer, der meine Freundin Inge damals in der Goldschmidt-Schule mit seinem herben Scherz gekränkt hatte. Rabau war mittlerweile Schulrat in Berlin geworden. Dank seiner Unterstützung erwarb ich die Berechtigung, an einer Fachhochschule Vertriebsorganisation zu studieren.

Oft trug ich mich mit dem Gedanken, Deutschland zu verlassen. Hier, in Berlin, hatte ich die schlimmste Zeit meines Lebens erlitten. Auf der anderen Seite war ich hier auch immer wieder Menschen begegnet, die »nicht so« waren, sondern die mir im Gegenteil halfen und mir das Leben retteten. Inge, Behrens, Hannah, Hans, Betty ... Die deutsche Sprache war mir die vertrauteste, in ihr war ich groß geworden. In ihr hatte ich denken, sprechen, singen (wenn auch schlecht) gelernt. Doch ich konnte ja auch Englisch, Französisch, Spanisch und ein wenig Türkisch. Sollte ich nach Amerika auswandern? Nach Frankreich? Oder in die Türkei, aus der meine Eltern vor so langer Zeit nach Berlin gekommen waren? Meine Gefühle waren zwiespältig. Und ein bisschen feige war ich zudem. Das Leben in Berlin kannte ich, was würde mich anderswo erwarten? Würden mich Nachrichten von meinen Eltern und meinen Schwestern auch im Ausland erreichen oder war es sinnvoller, hier in Berlin zu bleiben und auf sie zu warten? Noch immer suchte ich mit Hilfe des Roten Kreuzes und anderer internationaler Organisationen nach meiner Familie. Noch immer hatte ich keine Antwort erhalten, wo sie geblieben waren.

Im Jahre 1949 besuchte ich Onkel Marco und Tante Rebecca in Lyon. Auf die Frage, wo denn ihr Bruder Nissim sei, konnte ich Rebecca keine Antwort geben. Ich wurde nach Strich und Faden verwöhnt und mir fiel auf, dass im Hause meiner Tante ständig junge Damen eingeladen wurden. Ich genoss kleine Flirts, bis mir eines Abends der Sinn dieser Veranstaltungen offenkundig wurde: Ich sollte verheiratet werden! Wenn meine Tante schon nicht meinen Vater in ihrer Nähe haben konnte, so sollte nun wenigstens ich bei ihr bleiben. Und so wollte sie mich möglichst rasch der dritten Begegnung eines jüdischen Mannes mit Gott, der unter der Chuppa, dem Traubaldachin, zuführen. Da eine Hochzeit nun wirklich das letzte war, wonach mir im Moment der Sinn stand, musste ich, wieder einmal, schnellstens Fersengeld geben. Doch wohin sollte ich?

In meiner Not fiel mir Fred Zacouto ein, mit dem ich mich damals ins Olympiastadion geschmuggelt hatte. Ich wusste, dass er in Paris lebte. Also rief ich ihn an und bat ihn: »Hol mich hier raus!« Fred kam prompt nach Lyon gereist und unter irgendwelchen Vorwänden verabschiedeten wir uns wortreich und zügig von meinen Verwandten und reisten nach Paris. Kaum dass wir im Abteil saßen, schwatzte ich – natürlich auf Deutsch – auf Fred ein. Der hielt mir sofort den Mund zu und zischte: »Mensch, Jacky, bist du lebensmüde? Hier in Frankreich jetzt Deutsch zu sprechen ...?«

So musste ich Fred auf Französisch für das »Care-Paket«, das er mir ein Jahr zuvor nach Berlin geschickt hatte, danken.

Als ich Freds Päckchen damals auspackte, war mir sofort eine Dose mit blauem Deckel aufgefallen. Ich riss sie auf, schnüffelte daran. Unbekannt! Ich hob die Dose hoch: »Kaviar« stand unten. Ich kostete einen Löffel davon und beschloss, solche Genüsse auf bessere Tage zu verschieben. Den Rest verkaufte ich für gutes Geld.

In Paris suchte ich Tante Rachel Alsafrana auf, die ich seit unserer »Auswanderung« nach Spanien im Jahre 1933 nicht mehr gesehen hatte. Auch auf ihre Fragen, was mit ihrer Schwester Lea sei, konnte ich ihr keine Antwort geben. Bald wieder zog es mich nach Berlin zurück. Ich verabschiedete mich von Rachel und Fred und bestieg den Zug nach Osten.

Kurz darauf kam auch Freds Vater, Nissim Zacouto, nach Berlin, um dort Fragen seines früheren Immobilienbesitzes zu klären. Umgehend bat er mich zu sich ins Hotel. »Isaak, ich habe dir etwas Wichtiges mitzuteilen. Ich habe gute Nachrichten für dich. Aber du musst jetzt auch ganz stark sein.« Mir wurde flau, denn das letzte Mal, als ich diesen Satz hörte, hatte ihn Petar Dimitrow gesagt. Anschließend hatte er mir von der Deportation meiner Familie berichtet.

»Isaak«, fuhr Nissim Zacouto fort: »Dein Vater lebt. Aber von all dem Schrecklichen, das er durchgemacht hat, soll er geistig völlig verwirrt sein. Er ist in der Nervenklinik in Buch untergebracht. Wir fahren jetzt sofort zusammen dorthin.«

Unterwegs kaufte ich zitternd einen kleinen Strauß Blumen.

Je näher wir nach Buch kamen, desto heftiger schlug mein Herz. Vater lebte. Wie und in welchem Zustand er sich befand, das war doch egal. Er lebte! Und er würde wissen, wo Mutter, Alegrina und Jeanne waren. Vielleicht wären wir bald alle wieder zusammen. Meine Familie und ich.

In der Nervenklinik ging ich zur Verwaltung. In den Unterlagen fand sich tatsächlich »Nissim Behar«. Die Angestellte nannte mir die Zimmernummer. Ich stürzte die Treppen zu der Station hoch. Fand das Krankenzimmer, öffnete die Tür. Ein Einzelzimmer.

In dem Bett am Fenster lag ein Mann, der zu schlafen schien. Ich trat an das Fußende.

Ich kannte den Mann, der dort im Bett lag.

Es war nicht mein Vater.

Der Mann war Nissim Bohor. Ich war ihm früher manchmal in unserer sephardischen Gemeinde begegnet. Ich legte die Blumen auf die Bettdecke und rannte aus dem Zimmer.

Mitte der fünfziger Jahre erhielt ich eine Einladung aus Istanbul. Verwandte meiner Eltern hatten mich in Berlin ausfindig gemacht und beschworen mich, sie bald und möglichst ausführlich zu besuchen. So beschloss ich, in die Türkei zu reisen; vor Ort könnte ich außerdem die Angelegenheit meiner Staatsangehörigkeit besser und schneller regeln als von Berlin aus.

War ich schon bei den Geschwistern meiner Eltern in Frankreich liebevoll aufgenommen worden, so glich mein Empfang in Istanbul einem Staatsbesuch. Die Nachricht, »der Sohn von Nissim und Lea kommt«, hatte sich wie ein Lauffeuer verbreitet und als ich schließlich, eskortiert von meinen Verwandten, die mich am Flughafen abgeholt hatten, in die enge Gasse des ärmlichen Viertels, in dem sie lebten, trat, traute ich meinen Augen nicht. Trauben von Menschen, die Frauen alle in weißen Blusen und in Festtagsstaat, hingen aus den Fenstern. Alle wollten den Sohn von Nissim und Lea die sie entweder noch persönlich oder wenn nicht, so aus Erzählungen kannten, sehen und begrüßen.

Ich wurde von einer Familie zur nächsten gereicht, vielen jungen Damen vorgestellt und bewirtet wie ein Sultan. Eines Abends besuchten wir entfernte Verwandte. Kaum dass wir einander begrüßt hatten, betrat eine junge Frau den Raum, die uns ein Tablett, auf dem Wassergläser, kleine Löffelchen und Konfitüre arrangiert waren, darbot. »Iss, Isaak, nimm süße Konfitüre und gutes Wasser, das bringt Glück!«, forderten mich meine Gastgeber auf. Unbeholfen griff ich nach einem Löffelchen, denn eigentlich hatte ich nur Augen für das Geschöpf aus Tausend-und-einer-Nacht, das das Tablett balancierte. Eine solche orientalische Schönheit hatte ich Berliner Junge mir in kühnsten Träumen noch nicht vorgestellt ...

Auf dem Heimweg schwatzte meine Cousine, die mich begleitet hatte, auf mich ein: »Und, wie hat es dir heute Abend gefallen?«

»Ja, schön ...«, murmelte ich, dessen Gedanken ganz woanders waren.

»Nächste Woche, da besuchen wir noch einen Brillenimporteur – der hat zwei Töchter ...«

»Wer war denn das Mädchen, das Mädchen mit dem Tablett ...?«, unterbrach ich den Redefluss meiner Cousine.

Sie sah mich streng an: »Isaak, du musst nach guten Sachen schauen! Das ist doch nur ein armes Ding ...«

Ich war wütend.

Alle weiteren Bemühungen meiner Verwandten, den schon dreißigjährigen Junggesellen aus Berlin mit Hilfe glutäugiger Schönheiten vom Bosporus in den Hafen der Ehe zu lotsen, schlugen fehl.

Andere Verbindungen hingegen knüpfte ich durchaus: Mehrere türkische Firmen wollten ihre Produkte nach Ostdeutschland exportieren und suchten einen Verbindungsmann, der ihnen vor Ort in Berlin und bei der Leipziger

Messe bei ihren Transaktionen behilflich sein konnte. Das wollte ich gerne tun.

Einen türkischen Pass zu erhalten, stellte sich als vollkommen problemlos heraus. Voller Bitterkeit dachte ich daran zurück, wie die Türkei uns damals, als wir in größter Not waren, die Staatsbürgerschaft entzogen hatte. Wie leicht wäre es zu diesem Zeitpunkt gewesen, mich und meine Familie durch einen türkischen Pass in Sicherheit zu bringen. Und wie leicht war es heute für mich, meinen türkischen Pass wiederzubekommen!

Wenig später entschied ich mich allerdings, meine türkische Staatsbürgerschaft abzulegen. Als mich ein Einberufungsbescheid der türkischen Armee erreichte, ergriff mich eine ohnmächtige Wut. Als Achtzehnjähriger wäre ich auf Knien in den türkischen Militärdienst gezogen, hätte meinem Gott gedankt, aus Deutschland herauszukommen. Nun verspürte ich nicht mehr die geringste Lust, all das, was ich mir mühsam allmählich aufbaute, im Stich zu lassen und zu den Waffen zu eilen.

Da ich nun einmal alle Voraussetzungen dazu mitbrachte, entschloss ich mich, Deutscher zu werden.

Isaak

Lange Zeit arbeitete ich als Geschäftsführer des jüdischen Sportbundes Maccabi in Berlin. Es war mir ein großes Anliegen, diesem Verband, der ursprünglich 1898 unter dem Namen Bar Kochba als erster jüdischer Turn- und Sportverein der Welt gegründet worden war, wieder zu seinem verdienten Ansehen zu verhelfen und ihn auf der internationalen Sportbühne zu etablieren. Auch war ich selbst als Jugendlicher Maccabi beigetreten, um meine Fertigkeiten als Faustkämpfer zu trainieren. Damals war es uns Juden verboten, in anderen Sportvereinen Mitglied zu sein. Selbst Sportveranstaltungen durften wir nicht mehr besuchen. Doch gerade der Sport soll nicht ausgrenzen, sondern verbinden. Gerade im Sport können junge Menschen einander begegnen, sich kennen lernen, Vorurteile abbauen und Toleranz und Fairness üben.

Ich freute mich sehr, als mir für meine Bemühungen »um die Verständigung zwischen dem israelischen und dem deutschen Sport auf der Jugendebene« 1982 der Aegina-Diskus der deutschen Sportjugend verliehen wurde.

»Versprich mir, dass du am Leben bleibst!«

Das hatte ich Hans Koslowski 1943 versichern müssen, als wir uns voneinander verabschiedeten. Ich habe dieses Versprechen gehalten. Während meiner Jahre als U-Boot. Nach dem Ende des Krieges und der Verfolgung. Bis zum heutigen Tag. Doch ein solches Versprechen einzulösen, liegt nicht immer nur allein in der eigenen Hand. Man braucht dazu andere Menschen, Gottvertrauen und – jede Menge Glück. All das habe ich nun schon fast achtzig Jahre meines Lebens in reichem Maß erfahren dürfen.

Meine Lebensretter, die ganz entscheidend meinen Kurs als U-Boot steuerten und ihn letztlich zu einem guten Ende führten, werde ich bis zu meinem letzten Atemzug in meinem Herzen tragen: Meine Freundin Inge, die ihre Liebe zu mir mutig gelebt hat, Behrens, der sich trotz des Goldenen Parteiabzeichens am Revers seine Menschlichkeit bewahrte, Hans Koslowski, der mich aufnahm und meine Eskapaden ertrug, die uns beide in Lebensgefahr brachten; Hannah, die ihr ganzes Geld für mich gab und statt meiner in den Tod ging, aber auch den Polizeimeister, den irgendetwas bewog, einen Augenblick lang wegzusehen. Und natürlich meine Freundin Betty, die mich versteckt, umsorgt und geliebt hat und von der ich nie ein Wort des Vorwurfes gehört habe, auch wenn ich mich ihr gegenüber nicht gerade mustergültig benommen habe.

Aber ich denke auch an Sultana Dimitrow, die mehr Courage hatte als ihr Ehemann und mir bei meinen ersten Schritten in die Illegalität half. An Robert Gaffron, den Weggefährten aus Kindertagen, den tapferen Jungen aus dem Gemüseladen in der Kantstraße, der sich durch nichts davon abbringen ließ, mein Freund zu sein. Und ich denke an den Schreibwarenhändler und an die elegante Dame, die mir auf der Straße begegneten und mir mit Blicken und Schulterklopfen zu verstehen gaben, dass mir ihr Mitgefühl galt, dass sie auf meiner Seite waren.

Mitte der sechziger Jahre habe ich – aus freien Stücken und nicht aufgrund der Arrangements umtriebiger Behar-Clanmitglieder – geheiratet. Meine schöne, beherzte und lebensfrohe Barbara-Lea, die mir voller Liebe und Beharrlichkeit beigebracht hat, dass ich, dass wir zusammen das haben können, wonach ich mich seit meinem 19. Lebensjahr sehnte und das ich seither für mich für immer verloren glaubte: eine Familie. Ich weiß wohl, dass das Leben mit einem zutiefst traumatisierten Menschen, wie ich es bin, sehr schwierig ist. Ich bewundere meine Frau und danke ihr von Herzen dafür, dass sie seit 35 Jahren dazu jeden Tag die Liebe und den Mut findet. Barbara-Lea hat mein Leben wieder zusammengefügt. Und sie hat mir eine jüdische Familie gegeben und die Traditionen, die ich von meinen Eltern gelernt habe, mit mir gemeinsam in die nächste Generation getragen.

Als unser erster Sohn Daniel geboren wurde, trat ich in Verhandlungen mit Gott. Wir kamen überein, dass ich noch die Bar Mitzwa meines Buben würde erleben dürfen.

Doch fünf Jahre nach dieser Vereinbarung mussten Gott und ich nachverhandeln. Benjamin kam auf die Welt. Mittlerweile sind unsere Jungs erwachsen. Auch sie haben es mit mir nicht immer so einfach gehabt wie ich mit ihnen, das weiß ich. Aufgrund dessen, was ich erlebt habe, war ich ihnen gegenüber sicher oft unnötig streng und ungeduldig.

Meine erwachsenen Söhne mit mir in der Synagoge zu sehen, mit ihnen gemeinsam zu beten und unseren Glauben zu leben, erfüllt mich mit unendlichem Stolz. Und es bricht mir das Herz: Mein Vater Nissim durfte diese Gnade nicht erleben.

Lange Jahre habe ich trotz intensivster Bemühungen, trotz Einschaltung deutscher und internationaler Suchorganisationen, keine genauen Angaben darüber erhalten können, was mit meinen Eltern und meinen Schwestern Alegrina und Jeanne geschehen war. Mitte der fünfziger Jahre hatte ich lediglich eine lapidare Auskunft aus dem Archiv in der Oranienburger Straße erhalten. Darin hieß es knapp: »Nissim, Lea, Alegrina und Jeanne Behar sind von dem 25. Osttransport am 14. 12. 1942 nicht zurückgekehrt.« ›Nicht zurückgekehrt‹ – das konnte doch auch heißen, dass meine Familie noch lebte.

Durch einen Zufall sollte ich schreckliche Gewissheit erhalten: Im Berliner Landesarchiv ließ ich mir die Unterlagen meiner eigenen Deportationen bringen. Bei meiner ersten Verhaftung im September 1943 stand ich auf der Deportationsliste. Aber da Hannah mich freikaufte, bin ich nicht mitgefahren.

Bei meiner zweiten Deportation, dem 57. Osttransport nach Auschwitz, bin ich verladen worden, aber nicht in der Liste verzeichnet. ›Schau an‹, dachte ich mir, ›die Buchführung war also nicht immer ganz so korrekt, wie man es von den ordentlichen Deutschen erwartet.‹

»Unter ›Behar‹ habe ich noch etwas gefunden«, unterbrach die Archivarin meine Überlegungen. Sie legte mir eine Kopie der Transportliste vom 14. Dezember 1942 vor: An diesem Tag waren 811 jüdische Männer, Frauen und Kinder am Gleis 17 des Bahnhofes Berlin Grunewald verladen worden. Der Transport war für Auschwitz bestimmt.

Auf der Liste standen schwarz auf weiß die Namen meines Vaters, meiner Mutter, meiner beiden Schwestern.

Ich brach zusammen.

Ich weiß nicht, was schlimmer war: die Jahre der Ungewissheit, des Wartens, oder diese furchtbare Wahrheit nun.

Nach allem, was ich in Erfahrung bringen konnte, sind meine Eltern und Schwestern gleich nach ihrer Ankunft in Auschwitz ermordet worden. Mein Vater Nissim Behar war 56 Jahre alt, meine Mutter Lea 52. Alegrina, der lebenslustige

Witzbold, war 26 Jahre alt, meine schüchterne Schwester Jeanne gerade 22.

Bei meiner Geburt waren meine Eltern überglücklich, dass ihnen ein Sohn geschenkt worden war, der einst an ihrem Grab Kaddisch sagen würde.

Ich habe kein Grab, an dem ich Kaddisch sagen kann.

Man kann nie etwas wieder gutmachen, nichts zurückholen. Was einem genommen wird, bleibt ewig verloren. Nichts auf der Welt kann mir meine Eltern und meine Schwestern wiedergeben. Aber ich kann Lea und Nissim, Alegrina und Jeanne unvergessen machen. Indem ich über sie erzähle und niederschreibe, wer sie waren. Indem ich erzähle, was unserer Familie widerfahren ist.

Und so habe ich mich entschlossen zu reden. Jahrzehntelang habe ich geschwiegen. Ich konnte nicht über die Jahre meiner Demütigungen, über meinen Schmerz und den Verlust meiner Eltern und Schwestern sprechen. Meinen erwachsenen Söhnen habe ich bis auf den heutigen Tag meine ganze Geschichte nicht erzählen können. Selbst meiner Frau habe ich lange Zeit vieles von dem, was ich erlebt habe, verschwiegen. Aber plötzlich, im Jahre 1988, brach ein Damm und ich begann zu sprechen. Meine Geschichte zu erzählen, zu berichten, wie es uns Juden, die wir ein fester Bestandteil der deutschen Gesellschaft, des deutschen Alltags waren, seit 1933 erging. Wie wir in die Enge getrieben wurden, gedemütigt, entrechtet, vertrieben, und schließlich verschleppt und ermordet.

Gerade junge Menschen sollten diese Geschichte hören, dachte ich. Und so begann ich zunächst vor Berliner Schulklassen zu erzählen, denen ein lebendiger Zeitzeuge vielleicht als Exot vorkam, aber allemal eine willkommene Abwechslung im Geschichtsunterricht darstellte. Dass ich den

Kindern etwas auf ihren Weg mitgeben konnte, zeigte mir bald ein »Dankesschreiben«: »An Isaak – Gott wusste, warum er Dein Leben so beschützt hat. Du hast uns viel gegeben, auch wenn unsere Geschichte Dir so viel genommen hat. Vielen Dank, Deine Klasse 10 Gb.

P. S.: Wir freuen uns auf ein Wiedersehen – und das nicht nur, weil Stunden ausfallen!!!«

Anfang der neunziger Jahre bat mich die Landespolizeischule Berlin und bald darauf die Bundeswehr, vor ihren Anwärtern, Rekruten und Offizieren meinen Lebensbericht vorzutragen. Zunächst zögerte ich. Mit Deutschen in Uniform hatte ich eigentlich schon mehr Erfahrungen gesammelt, als man in einem Leben brauchen kann. Aber irgendetwas sagte mir: ›Gerade zu denen musst du gehen.‹ Und dass die Vorbehalte auf der anderen Seite nicht geringer waren, zeigte mir ein Brief, den mir ein Ausbilder nach einem meiner Vorträge schickte:

»7:20 Uhr. Was liegt heute an? Ich muss meine Klasse zu einem Vortrag begleiten. ›Zeitzeuge Behar‹! Na gut, so schlimm wird es schon nicht werden!

Was will mir ein alter Mann denn noch erzählen? Es gab einen Zweiten Weltkrieg. Was habe ich damit zu tun? Ich bin dreißig Jahre alt. Ich werde mal eine Stunde zuhören und dann abschalten. Denn ich weiß alles, was ich wissen muss.

Der alte Mann erzählt und erzählt ... Und ich merke: Diese Geschichte ist spannender als alles andere, was ich bisher gehört habe. Interessanter als jeder Film, der jemals gedreht wurde. Jetzt glaube ich zu wissen, dass ich doch nicht alles weiß. Der alte Mann unterbricht seine Geschichte. Er sagt, ›Feierabend, sonst wird das Haus abgeschlossen und wir kommen nicht mehr raus.‹

Spinnt der? Der kann doch jetzt nicht aufhören. Aus dem

Haus kommen wir immer noch raus, auch wenn wir aus dem Fenster springen müssten.«

Auch für mich sind diese Begegnungen mit jungen Menschen eine ständige Bereicherung, wenn ich spüre, wie gebannt sie zuhören, wie sie lernen wollen, wie sie das »Unbegreifliche« verstehen wollen, dem sich viele nur zu gerne entziehen, von dem sie sich abwenden möchten.

Oft sagen meine jungen Zuhörer, sie hätten gehört, dass die Bevölkerung gar nicht gemerkt habe, was mit den Juden geschah. Nicht gemerkt? Konnten die alle nicht lesen, was auf den Schildern, die überall hingen, geschrieben stand? Konnten sie nicht hören, was im Radio und auf der Straße gesagt wurde? Und das, was später die Soldaten auf Heimaturlaub erzählten, von dem, was sie an der Ostfront gesehen hatten, hat das auch niemand vernommen? Und hatten sie keine Augen im Kopf? Über 50 000 Menschen verschwanden allein in Berlin. Das wollen Nachbarn, Freunde und Arbeitskollegen nicht bemerkt haben? Fiel denn dem Nachbarn nicht auf, dass die Familie, mit der man seit Jahren, Jahrzehnten mitunter, Tür an Tür gewohnt hatte, mit der man vielleicht befreundet war oder zumindest gutnachbarlichen Umgang pflegte, auf einmal nicht mehr da war? Und sahen sie nicht, dass manchmal tausend und mehr Menschen mit gelben Sternen an ihren Mänteln, mit Gepäck beladen, durch die Straßen Berlins getrieben wurden? Hat sich nie jemand gefragt, wohin diese Reisen eigentlich gehen würden?

Aber es sei doch sehr schwierig, ja eigentlich fast unmöglich gewesen, den bedrängten Juden zu helfen, meinen die jungen Menschen. Das sei ihnen immer wieder gesagt worden. Aber es ist nicht wahr. Ich selbst bin das beste Beispiel dafür, dass man sehr wohl helfen konnte. Auch wenn man nicht den

Mut eines Hans Koslowski hatte oder die Möglichkeit, einen verfolgten Juden aufzunehmen, so konnte man auf vielfältige, andere Art Unterstützung leisten: Man denke nur an die anonymen Lebensmittelpäckchen, die nachts vor unsere Tür gelegt wurden. Irgendjemand teilte das wenige, das ihm selbst noch geblieben war, mit uns. Ohne dass wir uns je hätten bedanken oder revanchieren können.

Und man konnte auch auf eine nicht »greifbare« Art helfen: Indem man uns Juden wie Menschen behandelte, uns zu verstehen gab, dass man die Ausgrenzungen und Demütigungen, die wir erleiden mussten, nicht guthieß. Jede noch so kleine Geste, ein Lächeln oder ein aufmunternder Blick – all das war nicht lebensgefährlich – gab uns ein Stück unserer Würde zurück. Mochte es Anstand, Zivilcourage, Freundschaft oder Liebe sein, ich habe selbst in den dunkelsten Stunden meines Lebens immer wieder diese menschliche Zuwendung erfahren dürfen. Anderen ist sie leider nicht zuteil geworden.

Meinen Zuhörer interessiert natürlich besonders, woher ich den Mut nahm, als U-Boot abzutauchen und die vielen Gefahren, die Entbehrungen, denen ich ausgesetzt war, zu meistern. Ich war zu keiner Zeit ein Held. Oft habe ich schreckliche Angst gehabt – wie in den Nächten, als ich in meinem Segelboot kauerte und die Bomben auf Berlin hagelten. Oder als ich in irgendeinem Keller irgendwo in der Stadt unter meiner Decke hockte und mich kaum zu atmen traute, weil ich glaubte, jeder müsste hören können, wie laut mein Herz trommelte. Oder als ich in der Großen Hamburger Straße zusah, wie ein Todestransport zusammengestellt wurde, auf dem auch ich würde mitreisen müssen.

Ich hatte, neben meinen Lebensrettern und Helfern, vor allem zwei Dinge, auf die ich mich während meiner ganzen

Zeit im Untergrund immer verlassen konnte: meinen unbezwingbaren Willen zu überleben – und jede Menge Glück! In die Illegalität abzutauchen, war keine Entscheidung, die ich bewusst gefällt habe. Mir blieb einfach nichts anderes übrig. Wo sonst hätte ich denn hingekonnt? Liebend gerne hätte ich alles für meine Familie getan, um sie zu retten. Aber ich wusste nicht, was ich tun sollte. Ich hatte kein Geld, Beamte zu bestechen. Und die Ausreise aus Deutschland war uns ohnehin seit 1941 verwehrt.

Ich war gerade mal 19 Jahre alt. Ich wollte mein Leben in die Hand nehmen, es leben und es nicht einfach in die Hände meiner Mörder legen.

Immer wieder habe ich, ohne dass mir das damals bewusst war – und wenn ich es je begriff, so war es mir egal –, aus Trotz, aus Dummheit, aus Leichtsinn, aus Daffke, mein Leben aufs Spiel gesetzt. Auch als ich längst eine sichere Unterkunft gefunden hatte. Mit Mut hatte all das überhaupt nichts zu tun. Wenn ich an das Glück denke, das ich in höchst brenzligen Situationen immer wieder gehabt habe, dann kommt es mir manchmal so vor, als würde ich mir selbst ein Märchen erzählen.

Sehr häufig werde ich gefragt, warum ich es mir antue, über das, was mir widerfahren ist, zu sprechen. Ich könnte mich doch im Vergessen üben, gemeinsam mit meiner Frau und unseren Söhnen unsere glücklichen Tage genießen. Ich kann es nicht. Ich muss gegen das Vergessen anreden. Gegen mein eigenes und das der Menschen des Landes, in dem ich lebe. Vielleicht ist das Reden, das Erzählen auch meine Art zu versuchen, mit meinem Schicksal umzugehen, damit fertig zu werden.

Jedes Mal, wenn ich meine Geschichte erzähle, ist das für mich eine traumatische Erfahrung, denn im Erzählen ersteht alles vor meinem inneren Auge wieder: meine glückliche

Kindheit, die extrem enge Bindung an meine Mutter, die Liebe, die mir mein Vater und meine Schwestern schenkten. Ebenso die ständige Lebensbedrohung in der Zeit des Verstecks wie auch, und das ist für mich am schlimmsten zu ertragen, die Tatsache, dass man meine Eltern und meine Schwestern, die nie irgendjemandem etwas getan haben, brutal ermordet hat.

Doch über all das zu schweigen, ist mindestens ebenso schmerzhaft wie darüber zu reden.

Und vielleicht kann ich durch mein Erzählen ja auch etwas bewirken. Bewirken, dass die Menschen aufmerksam werden, wenn jemand in ihrer Mitte plötzlich verteufelt und ausgegrenzt wird. Dass die Menschen sich wehren, wenn die Rechte eines anderen beschnitten werden. Und nicht nur, weil es dann auch bald die eigenen Rechte sein könnten, die in Mitleidenschaft gezogen werden. Dass ich in meinem Anliegen, etwas bewirken zu wollen, auf dem richtigen Weg bin, hat mir zunächst die Verleihung des Bundesverdienstkreuzes im Jahre 1983 gezeigt. Ebenso das Lob, das mir Ignatz Bubis sel. A., damals Präsident des Zentralrats der Juden in Deutschland, anlässlich der Verleihung des Ehrenkreuzes der Bundeswehr in Gold zu meinem 75. Geburtstag in seiner Laudatio mitgab.

Unser Haus in der Kantstraße habe ich nicht mehr betreten. Ich hasse es. Nie wieder werde ich in dieses Haus, in dem sich sehr, sehr glückliche, aber auch die schlimmsten Momente meines Lebens abspielten, gehen. Oft haben mich Journalisten und Fotografen gebeten, nur für einen Schnappschuss, auf dem Balkon ... Nein, niemals!

Aber ein anderes Stück Kantstraße habe ich zurückgeschenkt bekommen. Anfang der neunziger Jahre waren meine Frau und ich zu einer großen Abendveranstaltung eingeladen. Als wir an unseren Tisch traten, stand ein Herr auf, blickte mich lange an und sagte schließlich: »Isaak? Ich bin's. Robert. Weißt du, Robert Gaffron.« Ich wusste genau. Mit Robert, einem der ganz wenigen Zeugen meiner Kindheit, treffe ich mich heute oft. Ich bin sehr froh, dass ich ihn habe. Robert ist einer der paar Menschen, die wissen, wer und wie meine Eltern und Alegrina und Jeanne waren, einer der wenigen, die sich an die Dinge erinnern könnten, die sie sagten oder taten.

Auch zu meinem Cousin Isaak, der damals in der Pogromnacht ins Konzentrationslager Buchenwald verschleppt wurde, pflege ich besonders innigen Kontakt. Isaak wurde mit einigen andern Hundert Kindern und Jugendlichen aus dem KZ von schwedischen Helfern nach Dänemark gerettet. Isaak lebt seit Jahrzehnten in Israel, wo er sich in dem berühmten Hotel Arkadia in Herzliya einen Namen als Landschaftsgärtner gemacht hat.

Eine Frage hat mich seit jenem Sonntag, dem 13. Dezember 1942 nie mehr losgelassen. Warum hat meine Mutter an jenem Abend laut aufgeschluchzt, als sie Petar Dimitrows ansichtig wurde?

Weinte sie, weil ich, der Sohn, auf den meine Eltern so stolz waren, der Kaddisch, sie nun im Stich ließ? Weinte sie vor Erleichterung, war sie jetzt geradezu froh, weil sie seit Stunden voller Angst auf mich gewartet hatte und nun, endlich, statt meiner ein anderer kam? Unzählige Male habe ich meine Frau gefragt, was ihre Reaktion gewesen wäre. Immer wieder hat sie mir gesagt, dass eine Mutter in einem solchen Moment nicht an sich selbst, sondern nur an ihre Kinder denkt. Ich möchte das gerne glauben. Ich habe Ärzte um Rat gefragt, vielen anderen Menschen meine Geschichte erzählt.

Sie alle haben mir immer wieder versichert, dass meine Schuldgefühle unbegründet seien. Das, was meiner Familie bevorstand, hätte ich niemals verhindern können.

Seit bald sechzig Jahren stelle ich mir diese eine Frage. Eine Gewissheit habe ich mittlerweile erlangen können: Nichts, niemand, kein Gespräch, kein Trost, keine Überlegungen, keine Logik, nicht die viele Zeit, die seither verstrichen ist, wird mir diese Frage je beantworten können. Meinen Seelenfrieden habe ich am 13. Dezember 1942 für immer verloren.

Ich werde niemals wissen, warum meine Mutter geweint hat.

Fritz J. Raddatz

Unruhestifter

Erinnerungen. www.list-taschenbuch.de

ISBN 978-3-548-60479-4

Wo er hinkam, stiftete er Unruhe – aber eine aufklärerische, anregende, produktive. Furios und brillant führt uns Fritz J. Raddatz durch sein bewegtes Leben. Alle Großen aus Literatur und Publizistik der vergangenen Jahrzehnte treten auf: von James Baldwin bis Henry Miller, von Christa Wolf bis Günter Grass. Ein kulturhistorisches Kaleidoskop unserer Zeit – glamourös, amüsant, bewegend.

»Bravourös« *Focus*

»Fabelhaft fesselnd geschrieben – ein Buchereignis von Rang.« *Joachim Kaiser, Süddeutsche Zeitung*

»Nur wenige Autobiographien sind gut – zum Beispiel die von Raddatz.« *Die Welt*